Barry Neil Kaufman

Ein neuer Tag

Wie wir unser Sorgenkind heilten

Aus dem Amerikanischen
übertragen von Ursula Locke

Deutsche Verlags-Anstalt

Titel der amerikanischen Originalausgabe: SON-RISE.
Das Buch erschien 1976 bei Harper & Row Publishers,
New York, Evanston, San Francisco, London.

CIP-Kurztitelaufnahme der Deutschen Bibliothek

Kaufman, Barry Neil:
Ein neuer Tag: wie wir unser Sorgenkind
heilten / Barry Neil Kaufman. Aus d. Amerikan.
übertr. von Ursula Locke. – Stuttgart:
Deutsche Verlags-Anstalt, 1981.
Einheitssacht.: Son-rise ‹dt.›
ISBN 3-421-01979-7

Verantwortlicher Lektor: Ursula Locke
Gesamtherstellung: W. Röck, Weinsberg
Printed in Germany

Für Suzi
die unerschöpfliche Quelle all der Liebe
und Begeisterung, die wir brauchten
... mit Dir begann alles.

Für Raun Kahlil
Du hast uns berührt und uns weitergebracht
... die Liebe zu Dir hat uns den Weg gewiesen.

Für Bryn und Thea
meine beiden kleinen Töchter
... die mich jeden Tag aufs neue inspirieren.

Für Nancy, Maire, Vikki, Laura und Jerry: Ihr habt Euer Bestes gegeben, nur so konnten wir erreichen, was wir erreicht haben. – Für Abraham: Ich danke Dir, daß Du mir meinen Teil der Last gezeigt hast. – Für Marv, meinen liebevollen Mentor, der, ohne Bedingungen zu stellen und Urteile zu fällen, immer für mich da war. – Für Elise, die mir die Sterne erschloß. – Für Bruce, der mir alle Türen öffnete. – Für die Options-Methode und der daraus folgenden Einstellung »lieben heißt, mit etwas glücklich zu sein«: Ohne diese Einstellung hätten wir unseren Weg kaum beginnen können.

Für jedes Kind, das irgendwo auf der Welt eine Chance haben möchte.

Eins

Seine kleinen Hände halten vorsichtig den Teller: Mit den Augen mißt er das glatte Rund und seine Lippen kräuseln sich vor Vergnügen. Er bereitet seinen Auftritt vor – dies ist allein sein Augenblick, wie der letzte es war und jeder Augenblick davor. Er taucht in die Einsamkeit weg, die seine Welt geworden ist. Langsam, mit der Hand eines Meisters, plaziert er den Teller mit dem Rand auf dem Boden, nimmt eine bequeme Haltung ein, balanciert aus und setzt ihn mit einem fachmännischen Dreh des Handgelenks in Bewegung. Der Teller beginnt mit großer Perfektion zu kreiseln. Er dreht sich um sich selbst, wie wenn er von einer genau berechnenden Maschinerie in Bewegung gesetzt worden wäre. Und so war es auch.

Was sich hier abspielte, geschah nicht zufällig, war nicht einer von vielen Aspekten einer kindlichen Phantasie: Hier führte ein kleiner Junge vor einem sehr wichtigen und erwartungsvollen Publikum – sich selbst – etwas auf, und er meisterte sein Handwerk mit Bravour.

Während der Teller sich schnell vorwärtsbewegte, während er hypnotisch auf seinem Rand kreiselte, beugte sich der Junge darüber und starrte gebannt in das Kreiseln. Hommage für sich selbst, für den Teller. Für einen Augenblick schien der Körper des Jungen kaum wahrnehmbar die Drehbewegung aufzunehmen. Für einen Augenblick wurde der Junge eins mit seiner kreiselnden Schöpfung. Seine Augen glänzten. Er verlor sich in seinem Spielland, in sich selbst. Er war lebendig, lebendig.

Raun Kahlil – ein kleiner Mensch am Rande des Universums.

Bis zu dieser Zeit, diesem speziellen Augenblick, hatte uns bei Raun, unserem sichtbar besonderen Kind, immer etwas wie Ehrfurcht angerührt. Manchmal sagten wir von ihm, er sei ein mit außergewöhnlicher Intelligenz gesegnetes Kind. Er schien uns besonders glücklich. Hochentwickelt. Er schrie selten, äußerte überhaupt selten Unbehagen. Seine Zufriedenheit und sein Für-sich-Sein schienen aus einem tiefen inneren Frieden zu kommen. Er war ein kleiner Buddha, siebzehn Monate alt, in die Betrachtung einer anderen Dimension versunken.

Ein kleiner Junge, der auf dem Kreisen seines eigenen Systems abtrieb. Abgekapselt hinter einer unsichtbaren und scheinbar undurchdringlichen Mauer. Nicht mehr lange, und er würde abgestempelt sein: eine Tragödie, unerreichbar, bizarr. Statistisch gesehen würde er in die Kategorie gehören, die für all die reserviert war, die wir für hoffnungslos, unzugänglich, unheilbar erklären. Wir standen vor der Frage:

Konnten wir den Boden küssen, den andere verflucht hatten?

*

Wie es anfing: Nur ein Jahr und fünf Monate sind seither vergangen. Es war Viertel sechs Uhr abends. Um diese Zeit in New York City nach Hause zu fahren, gleicht dem Versuch, mechanischen Treibsand zu durchqueren. Als ich zum Fenster hinuntersah, konnte ich das Geschiebe von Blech und das zerstreute Gedränge eiliger Menschen mit leeren Gesichtern sehen, die ihrem täglichen Feierabend zustrebten. Es war der Höhepunkt des allabendlichen Berufsverkehrs. Ein letzter Energieausstoß an diesem Tag.

Ich saß, von all dem unberührt, in meinem Büro in der Sixth Avenue.

Ich entwickelte Konzept, Bildmaterial und Inhalt einer Werbekampagne. Stöße von Schmierpapier lagen vor mir, bedeckt und bekritzelt mit Tausenden von Einfällen. Wieder und wieder spielte ich es durch. Ganz von der Herausforderung erfüllt, ein Produkt auf den Markt zu bringen. Im Gefühl, frei zu erfinden und zu gestalten, den Text zu verändern, mir das Bild dazu vorzustellen, die Zeichnungen, es umzusetzen in Fotos, es plastisch werden zu lassen, es zu illustrieren. Hier entstanden meine Lieblingsideen, die sich durchsetzten, und hier wurden auch die Pläne zu Grabe getragen, die durchgefallen waren, exekutiert von kommerziellen Schießkommandos, ausblutend auf dem Parkett raucherfüllter Konferenzräume.

Ich war dabei, über ein Projekt und seine eventuelle Umsetzung nachzudenken, und machte mich wie jeden Tag fertig, durch die Menschenmasse hindurch nach Hause zu fahren. Heim zu Suzi, deren liebevolle Umarmung diesen Tag beruhigend beschließen würde. Heim zu Bryn, meiner siebenjährigen attraktiven Tochter, einer kleinen Lady, die Clownerien aus dem Handgelenk schüttelte. Heim zu Thea, deren dunkle Augen und winzige dreijährige Gestalt eine kleine Mystikerin verriet. Heim zu Sascha und Riguette, unseren beiden belgischen Hirtenhunden, etwas verrückt die eine, majestätisch die andere, groß, imposant, bärenhaft, an die 70 Pfund schwer, die beide eine verblüffende Ähnlichkeit mit mir hatten.

Plötzlich läutete das Telefon. Der schrille Ton riß mich aus meinen Gedanken. Der Summer – ein Gespräch für mich.

»Es ist soweit – es hat gerade angefangen, und die Wehen kommen schon alle vier Minuten. Ich besorge mir jemand, der auf die Mädchen aufpaßt, und jemand, der mich in die Klinik fährt. Geht es dir gut? Werd' nicht nervös. Du brauchst dich nicht zu beeilen, ich warte, bis du da bist. Alles wird gut gehen – die Schwestern kennen die Methode und helfen mir bis du eintriffst.«

Suzi schien alles so gut im Griff zu haben! Die Aufregung lief wie in Wellen durch meinen Körper. Nicht jetzt, guter Gott, nicht jetzt während der Hauptverkehrszeit. Als ich die Treppen hinunterrannte, mußte ich unwillkürlich über die Ironie der Situation lachen. Monatelanges Üben lag hinter uns. Übungen, die wir zusammen gemacht hatten. Im Gegensatz zur Geburt unserer anderen Kinder sollte dies ein gemeinsames Erlebnis sein, eine Geburt für Suzi und für mich. Eine natürliche Geburt. Wir folgten der Lamazemethode: keine Betäubung, keine Schmerzmittel. Vater und Mutter waren bei dieser Methode verbunden in genau abgezählten Atemzügen, in der Technik des Atmens. Beide hatten wir ein ausführliches Trainingsprogramm hinter uns, so daß wir vom Beginn der Wehen bis hin zur tatsächlichen Geburt zusammenarbeiten würden. In diesem wunderbaren Geschehen hatte ich einen wesentlichen Teil der Arbeit mit zu leisten. Aber dazu mußte ich erst einmal hinkommen, um mit ihr zusammen sein zu können.

Ich geriet in Panik. Ich würde nie rechtzeitig durch dieses Labyrinth gelangen, um sie zu unterstützen, ihr meine Liebe zu geben; die Schöpfung mit zu vollziehen. Halten und anfahren. Erinnerungen leuchteten auf wie in Zeitlupe. Fahr! Fahr schneller! Ich spürte mein Herz bis in den Hals schlagen, als ob es helfen wolle, die Autoschlange vorwärtszutreiben. Schieb sie vorwärts! Mit deinem Willen! Laß den Verkehr verschwinden! Ich stellte mir Suzi vor, wie sie allein in irgendeinem kalten, zugigen gekachelten Raum lag – zählend, atmend, nur ihr eigenes Echo bei sich. All das Üben, all die Geduld wurden uns geraubt durch irgendwelche grausamen und willkürlichen Umstände. Undenkbar. Das konnte ich einfach nicht geschehen lassen.

Meine Gedanken eilten dem Wagen voraus. Für Suzi war dies nicht nur die Geburt unseres dritten Kindes. Es war die Erfüllung eines Traums: Sie wollte die Erfahrung mit mir teilen. Ich sollte teilhaben. Und sie wollte einen Sohn. Sie hatte dies zusammen mit ihrem Arzt geplant, und beide waren übereinstimmend der Meinung, daß es ein Junge werden würde. Unser erster Sohn! Die Mädchen hatten unser Leben mit neuer Liebe und Sanftheit gefüllt. Für mich wäre ein weiteres kleines weibliches Wesen im Hause schön gewesen. Ein Junge würde ein unerwartetes Geschenk sein. Für Suzi lag die Sache emotional anders. Sie liebte die Mädchen mit unveränderter Stärke, aber sie hatte sich immer zumindest ein männliches Kind gewünscht. Und nun war sie sicher, daß es gelingen würde und ihr Leben damit auch diese Besonderheit enthalten werde.

Meine Hände begannen am Lenkrad festzukleben – eine Stunde war schon vergangen. Diese Stunde war mir, war uns gestohlen worden. Ich quälte den Wagen auf den Grünstreifen und gab Gas. Über den Randstein. Eine endlose Schlange von bewegungslosen Wagen neben mir. Ich überfuhr die Signale. Ich wurde zum Phantomfahrer am hellichten Tage. Ich mußte es einfach schaffen! Ich wußte, daß ich mehr war als nur das wichtigste Familienmitglied. Ich war der einzige, den Suzi noch hatte. Suzis Vater war weit entfernt und unerreichbar, beschäftigt mit seiner zweiten Ehe, einer neuen Familie mit kleinen Kindern. Vor vier Jahren war ihre Mutter, zu früh, mit sechsundvierzig Jahren gestorben, auch sie mit dem Gelingen einer zweiten Ehe beschäftigt. Von ihrer Schwester war sie seit jeher wie durch eine Mauer getrennt. Wie Suzi hatte auch sie eine einsame Kindheit zu ertragen gehabt, die geprägt war durch Konfusion und Scheidung. Schmerz und Angst hatten beide Schwestern geprägt. Aber Suzi hatte versucht, auch etwas Liebe und Freude zu bekommen. All diese Jahre hatte sie versucht, den Schaden wiedergutzumachen, hatte ihre Persönlichkeit neu aufgebaut und hatte Alternativen gefunden. Es war eine schwierige und widersprüchliche Zeit für sie gewesen. Aber das meiste war jetzt nur noch Erinnerung, nur verschwommen deutlich durch die matten Gläser eines anderen Zeitabschnittes. Zusammen hatten wir neue Gründe gefunden, deretwegen es sich lohnte zu leben.

Endlich – das Krankenhaus. Ich parkte, wo es gerade zu gehen schien, und schoß im wahrsten Sinn des Wortes wie ein Blitz aus dem Wagen. Ich rannte in riesigen Sätzen über den Rasen, erreichte den Eingang, und warf mich wie ein Wahnsinniger in einen offenen Aufzug. Ich raste die langen Korridore hinunter. Die Leute machten mir Platz. Nicht sosehr, weil sie die Dringlichkeit spürten, sondern um sich in Sicherheit zu bringen. Das Ganze erinnerte mich an Football: Ein Meter achtzig groß und 225 Pfund schwer, rempelte ich mich mit Gewalt durch das Innere dieses öffentlichen Gebäudes. Mit meinem dichten und langen Haar, das hinter mir herwehte und meinem Bart, der sich beim Rennen hob und senkte, muß ich so ausgesehen haben, als hätte sich der Geist eines Fußballverteidigers in einem Grislybären wieder verkörpert. Der Große Bär! Ein Spitzname, den mir Suzi und meine Töchter verliehen hatten, poetischer und liebevoller Ausdruck, mit dem sie mich meines Aussehens und meiner Körpergröße wegen neckten. Barry wurde zu Barz, Barz wurde zu Bär und das schließlich zu »Der Große Bär«: mir. Wie ich da, verrückt, wie aus einem Comic, durch die spiegelblanken Flure rannte, erreichte mich der Ruf einer Schwester. Mein Name prallte ab vom Boden und von den Wänden. In einiger Entfernung winkte sie aufgeregt.

Ich hatte das Ziel dieses Langlaufs erreicht. Keine Zeit! Umziehen im Gang. Unser Kind würde jeden Augenblick geboren werden. Ich hatte es gerade noch geschafft.

»Wie geht es ihr?«

»Sehr gut.«

Eine zweite Schwester half mir, hielt mir den weißen Mantel und den Mundschutz bereit, zog mir die Schuhe aus.

Irgendwie hatte Suzi es geschafft, auf mich zu warten. Sie hatte entschieden, sich keine Betäubungsmittel geben zu lassen. Sie wollte dabei nicht halb bewußtlos sein. Sie hätte es auch alleine geschafft, wenn es nicht anders gegangen wäre. Sie verließ sich auf sich selbst.

Aus den anderen Entbindungssälen drangen Schreie, die Symphonie der Wehen, die nicht unter Kontrolle gehalten werden. Ich glitt mehr als ich ging in eine ruhige Kabine, endlich war ich bei Suzi, eine Schwester, wieder eine andere, gab mir die Hand meiner Frau. Sie war mitten in einer Wehe. Der Bauch wölbte sich nach oben wie ein großer Hügel. Sie hechelte, stieß die Luft in schnellen, flachen Stößen ein und aus. Ganz konzentriert. Ruhig. Eine unsagbar schöne Pantomime.

Zuerst schaute sie mich nicht an, aber ich wußte, daß sie bemerkt hatte, daß ich da war. Sie preßte ihre Hand eng in meine, als ich sie ganz vorsichtig küßte, dann fingen wir beide an, laut zu zählen. Ihre Mundwinkel verzogen sich in einem leichten Lächeln.

Den Korridor entlang in den Entbindungssaal: Weiß gekachelte Wände, Instrumente aus Aluminium und starke Lampen. Mehr Atmen. Wir unterhielten uns in den Wehenpausen. Die Wehen waren stärker, als wir es uns vorgestellt hatten, aber wir verloren beide die Kontrolle nicht. Sogar der Arzt ließ sich mitreißen, und summte ein vage bekanntes italienisches Lied vor sich hin, das er als Kind vielleicht einst gehört hatte. Die Schwestern nahmen schnell ihre Plätze ein. Jeder bereitete seine Rolle vor: den Auftritt in einem sehr aktuellen Stück – es war wie ein Theaterereignis.

Dammschnitt. Niemand in dem Kurs, der uns auf die natürliche Geburt vorbereiten sollte, hatte dies je erwähnt – daß geschnitten werden könnte. Als ich zusah, begann der Raum vor meinen Augen zu tanzen. Dann fing er an sich zu drehen. Mein Bewußtsein bekam Sprünge und fiel in sich zusammen. Jemand fing mich auf, als ich vornüber kippte und führte mich aus dem Raum. Die Schwester lächelte und sagte nur, daß dies oft passiere. Aber das war mir gleichgültig. Ich konnte doch jetzt nicht die Geburt versäumen! Ich stopfte etwas Riechsalz unter meinen Mundschutz und stahl mich wieder in den Entbindungsraum zurück. Jedermann lächelte. Suzi schien mir so voller Intensität, so kontrolliert.

Auch sie lächelte ein wenig, als ich zu ihr zurückkam und konzentrierte sich dann schnell auf die nächste Wehe.

Der Arzt sagte ihr, sie dürfe jetzt pressen, so stark sie könne. Innerlich preßte ich mit. Sie erschien mir so mutig. Keine Schreie, keine Angst. Sie war vollständig absorbiert. Ein Schöpfer und teilnehmend an der Schöpfung. Plötzlich, nach einer unendlich langen Preßwehe glitt ein wunderschönes stahlgraues Kind aus ihrem Schoß. Ein Junge. Er begann gleichzeitig zu atmen und zu schreien. Der Arzt legte ihn Suzi auf den Leib, während er die Nabelschnur durchtrennte. Es war kaum faßbar. Dies war unser Kind, und wir hatten gesehen, wie es geboren worden war.

Die Schwester meinte, er sei ein perfektes Kind. Wir sahen uns voll Ehrfurcht an. Von Sekunde zu Sekunde veränderte sich die Farbe des Gesichts und des Körpers. Als er zu atmen begann, wurde das neblige Grau zu einem Rosa und mit großen Augen betrachtete er die Welt. Suzi traten die Tränen in die Augen. Freudentränen. Es war die Erfüllung. Ich fühlte mich so lebendig, so verbunden mit allem. Wir würden ihn Raun Kahlil nennen.

*

Der erste Monat zuhause mit Raun war nicht ganz so, wie wir es erwartet und uns gewünscht hatten. Er schien irritiert, er schrie Tag und Nacht. Er reagierte nicht, wenn man ihn auf den Arm nahm oder fütterte, als wenn er von irgendeiner inneren Störung abgelenkt sei. Wir pendelten zwischen dem Kinderarzt hin und her, der uns versicherte, daß unser Kind absolut gesund und normal sei.

Doch Suzi spürte, daß irgend etwas nicht in Ordnung war. Ihr intuitiver Verdacht hielt uns beide wachsam.

Dann, in der vierten Woche, entwickelte sich eine ernste Infektion des Ohrs. Wieder wandten wir uns an den Arzt, der Antibiotika verschrieb. Aber das Schreien hörte nicht auf. Es ging weiter. Der Arzt erhöhte die Dosis.

Die Infektion breitete sich eruptionsartig aus, erfaßte beide Ohren und den Rachen. Eine anfangs scheinbar geringfügige Dehydration, die auf die Antibiotika zurückzuführen war, verschlimmerte sich und wurde kritisch. Raun verlor seine Lebenskraft. Seine Lider waren auf Halbmast. Seine Bewegungen wurden lethargisch. Suzi ließ dem Arzt keine Ruhe, sie beschrieb Rauns Symptome und wie es um ihn stand. Der Arzt wollte noch einen Tag warten, da er meinte, daß alles eine normale Reaktion auf die Medikamente sein könnte. Doch Suzi wollte, daß er sich Raun sofort anschaue, und da sie darauf bestand, willigte er ein. Da Hausbesuche nicht mehr üblich sind, mußte sie das kranke Kind in Decken eingewickelt in die Praxis transportieren. Sie raste durch die Straßen, sie manipulierte und boxte sich durch den Verkehr, denn sie bemerkte, wie Raun, obwohl er normal atmete, immer blasser wurde.

Der Arzt war entsetzt und konnte es nicht fassen, er hatte nicht vorausgesehen, daß die Dehydration so schwerwiegend werden könnte. Raun entschwand uns hinter seinen geschlossenen Augen. Selbst der Arzt konnte keine Bewegung mehr bei ihm hervorrufen. Alles wurde für eine sofortige Notaufnahme im Krankenhaus vorbereitet, unser Sohn wurde auf die Intensivstation gelegt. Sein Name erschien auf der Liste der kritischen Fälle. Alles geschah so schnell, es war, als bewege man sich durch einen Nebel von unkontrollierbarem Geschehen.

Unsere Besuche waren kurz und begrenzt, wie das Krankenhaus es vorschrieb. Raun war in einer Couveuse isoliert, er war uns entzogen, verloren in einer mechanischen Welt von Schläuchen und Glas. Suzi und ich mußten sterile weiße Mäntel tragen. Wir wuschen Hände und Gesicht in sterilisierender Jodlösung, eine Vorsichtsmaßnahme. Obwohl wir den Raum betreten durften, war es uns nicht erlaubt, unser Kind zu berühren. Wir sahen ihn und fühlten uns hilflos, als wenn wir kein Teil dieser Welt wären. Wir wußten, daß wir ihn verlieren konnten.

Um uns herum lagen überall Säuglinge, angeschlossen an Apparate und Pumpen, die ihren dünnen Lebensfaden aufrechterhielten. Im nächsten Raum steckte eine junge Schwester ihre gummibehandschuhten Hände durch die dafür vorgesehenen Öffnungen an der Seite der Couveuse. Das kleine Mädchen, das darin lag, bewegte sich unruhig, während die junge Frau mit größter Präzision und Besonnenheit die vielen Ventile und Vorrichtungen anbrachte. Plötzlich hielt die Schwester in ihrer Geschäftigkeit inne, als ob sie aus einem Traum erwache. Sie sah das Baby an und lächelte. Dann beugte sie sich nahe über die Couveuse, begann zu singen und streichelte das Kleine mit ihren gummibehandschuhten Fingern sanft über den Bauch. Die Bewegungen des kleinen Mädchens wurden weniger suchend. Ihre winzigen Finger griffen nach der Hand der Schwester. Beide berührten sich – ein wunderschönes Bild des Füreinander-Sorgens, des Sich-Erinnerns.

Diese Szene machte uns wieder etwas Mut und wir schöpften Hoffnung für Raun und all die anderen Kinder, die auf dieser Station lagen. Jeden Tag, wenn wir ihn besuchten, bekamen wir vorsichtige Prognosen zu hören. Obwohl die Infektion der Ohren ernst war, hatte die hohe Medikation die gegenwärtige Krise ausgelöst. Etwas in meinem Inneren zog sich zusammen. Die gleichen Leute, die die Dehydration verursacht hatten, waren nun fieberhaft bemüht, den Schaden, den sie angerichtet hatten, wiedergutzumachen. Was eventuell zu tun gewesen wäre, wie hätten wir es wissen können?

Wie hätten wir irgendetwas beurteilen können? Hilflos befanden wir uns inmitten einer Unmenge von Tabellen, Injektionen und Fragen.

Es vergingen mehrere Tage, in denen wir uns alle am Rande eines Abgrundes befanden. Wir klammerten uns an. Morgens in aller Frühe Frühstück, bei dem Suzi und ich schweigend zusammensaßen und den Anblick des leeren Bettchens vermieden. Aber unsere Gefühle waren zu stark, ihre Intensität durchbrach das Schweigen, das uns so unüberwindlich erschien. Durch unsere Gespräche und dadurch, daß wir unsere starken Gefühle und unsere Liebe zu Raun miteinander teilten, blieben wir mit ihm verbunden.

Die Nachmittage und die Abende verbrachten wir im Krankenhaus. Am fünften Tag bekamen wir die erste wirklich positive Prognose. Raun würde es überstehen. Er fing an Nahrung bei sich zu behalten und sein Gewicht hatte sich stabilisiert. Aber leider hatte die Infektion Schaden angerichtet. Das Trommelfell war in beiden Ohren vom Druck der Flüssigkeit geplatzt, was den Verlust oder die Beeinträchtigung des Gehörs zur Folge haben konnte. Es machte uns nichts aus. Sollte Raun taub oder teilweise taub sein, würden wir einen Weg finden, um die Musik der Welt in seinen Kopf hineinzupumpen. Alles, worauf es ankam, war, daß er lebte und daß es ihm besser ging.

Glücklich zu Hause starteten wir ein zweites Mal. Ohne Schmerzen war Raun ein neues Kind. Er lächelte den ganzen Tag, war glücklich, lebhaft und reagierte auf alles. Er aß gut und liebte die Welt um sich herum. Wir lebten auf, waren wieder zusammen. Der Alptraum hatte einem neuen Morgen Platz gemacht.

Als alles wieder seinen üblichen Gang ging, konzentrierten Suzi und ich uns wieder mehr auf unsere beiden Töchter. Wir wollten ihren Bedürfnissen und dem, was es für sie hieß, sich mit diesem neuen Wesen in unserem Heim auseinanderzusetzen, gegenüber nicht unsensibel sein. Bryn war schön, intensiv und dramatisch. Sie war extravertiert, sprachgewandt, und konnte sich so gut ausdrücken, daß sie häufig den Grat zwischen Tiefgründigkeit und Herausforderung überschritt. Sie war mehr ein Freund, ein Kamerad, als eine Tochter. Raun war für sie nicht einfach ihr Bruder; für sie war er ein eigenes Kind. Er trat an die Stelle der Puppen und der phantasievollen Spiele.

Für Thea sah das ganz anders aus. Künstlerisch, Stimmungen unterworfen, unberechenbar und geheimnisvoll wie sie war, war sie nun plötzlich das mittlere Kind geworden. Diese schwierige Stellung hatte auch ich in meiner Familie innegehabt und hatte mich dabei nicht wohl gefühlt. Das mittlere Kind ist nicht das erste, das man in die Arme nimmt und bei dem alles neu ist. Und es ist nicht mehr länger das jüngste Kind, das immer das jüngste bleibt und so normalerweise unendlich viel mehr Aufmerksamkeit und Zuwendung einheimsen kann. Thea war von Raun entthront worden. Wir wollten nicht, daß sie sich womöglich ersetzt und zur Seite gedrängt fühlen würde. Wir wollten ihr gezielte und besonders große Portionen offenkundiger Aufmerksamkeit und Liebe geben. Sie sollte sich weiterhin in ihrer ganz spezifischen individuellen Art entwickeln können.

Rauns erstes Jahr verging unglaublich schnell. Er wurde immer schöner. Er lächelte, er lachte und er spielte, wie die Mädchen es auch getan hatten. Sogar sein Gehör schien in Ordnung zu sein, er hörte zu und schaute sich nach den verschiedenen Geräuschen um. Raun schien in jeder Beziehung normal und gesund zu sein, mit der einen Ausnahme: Er streckte seine Arme nicht aus, um auf den Arm genommen zu werden.

Als er ein Jahr alt war, bemerkten wir eine zunehmende Geräuschunempfindlichkeit. Er reagierte immer weniger, wenn man ihn beim Namen rief, und auch auf allgemeine Geräusche kam zunehmend weniger Reaktion. Es war, als wenn er zunehmend weniger hörte. Von Woche zu Woche schien er uninteressierter zu werden. Wir wußten, daß die Möglichkeit einer Gehörschädigung bestand. Vielleicht konnten wir ihm helfen, vielleicht gab es etwas, was wir für ihn tun konnten.

Wir ließen sein Gehör untersuchen. Obwohl es zu früh war, um das etwaige Ausmaß einer Gehörschädigung exakt festzustellen, sagte mir der Arzt, daß Raun trotz der Möglichkeit, daß er eventuell taub sei, »in guter Verfassung« sei, daß sein zeitweiliges Desinteresse an der Welt bedeutungslos sei. Er sei überzeugt, daß unser Sohn diese Absonderlichkeiten auswachsen würde.

Im Laufe der nächsten vier Monate gesellte sich zu der angenommenen oder möglichen Gehörschädigung bei Raun noch die Neigung, vor sich hin zu starren und passiv zu sein. Er schien lieber allein für sich zu spielen als mit uns zusammen zu sein. Wenn man ihn aufnahm, ließ er die Arme gleichgültig hängen, als ob sie nicht zu ihm gehören würden. Oft äußerte er eine Abneigung gegen Körperkontakt und zeigte, daß er sich dabei unwohl fühlte, indem er unsere Hände wegschob, wenn wir ihn umarmen oder streicheln wollten. Er zeigte eine Vorliebe für Gleichförmigkeit und Wiederholung, indem er beständig mit nur ein oder zwei Dingen spielte und sich damit an immer den gleichen Platz im Haus zurückzog.

Und dann fielen uns, was seine Hörfähigkeit anbelangte, einige offensichtliche Unstimmigkeiten auf. Es konnte sein, daß er ein lautes und scharfes Geräusch in der Nähe nicht zu hören schien, aber aufmerksam wurde auf ein leises, das weit weg war. Oder auch, daß ein Geräusch seine Aufmerksamkeit erregte, auf das er bei früheren Gelegenheiten nicht reagiert hatte.

Sogar die Töne, die er selbst hervorbrachte und die ein oder zwei Worte, die er nachgesprochen hatte, verlernte er. Statt sprechen zu lernen, war er stumm geworden. Nicht einmal eine präverbale Sprache von Gesten und Zeichen existierte.

Wir brachten ihn ins Krankenhaus zurück. Nach wiederholten Untersuchungen seiner Hörfähigkeit bekamen wir die Versicherung, daß Raun hören konnte, daß aber sein augenscheinlich distanziertes und gefühlloses Verhalten eine genaue Diagnose kaum möglich mache. Während eines Tests, bei dem die Techniker Raun mit einer bestimmten Sequenz von Tönen bombardierten, hatte er überhaupt nicht reagiert. Da nicht einmal Reflexe der Augen oder Augenlider vorhanden waren, schien er tatsächlich taub zu sein.

Zehn Minuten später allerdings, als er zwischen zwei Untersuchungen zur Wand hingedreht saß, fing er an, die Töne, die er zuvor gehört hatte, in derselben Tonart und Tonfolge zu summen, in der sie ihm vorgespielt worden waren. Zum Erstaunen aller konnte unser Sohn, der so wenig reagiert hatte, als ob er taub sei, tatsächlich hören. Aber es blieb fraglich, wie konsistent sein Hörvermögen war, was er hörte und was er mit dem, was er hörte, anfangen konnte.

Es war Sonntag nachmittag, die Zeit, wenn die Sonne das Gras zu warmen Gelbtönen bleicht. Ein Vater und sein Sohn, zusammen im Park. Ein Stilleben von Rembrandt, aber zwanzigstes Jahrhundert. Ich sah ihm zu, während er schaukelte. Ich betrachtete dieses Kind, von dem ich jetzt überzeugt war, daß es hören konnte, vielleicht sogar ausgezeichnet hören konnte. Ich sprach ihn, wie ich das oft tat, als Ebenbürtigen an. Redete direkt mit ihm. »Warum?« fragte ich. Was geschah mit ihm? Mit uns? Irgendwie wußte ich, daß er das, was ich da etwas zusammenhanglos redete, verstehen würde ... ein kleiner und doch großer Mensch mit einer tiefen und unendlich großen Sensibilität. Ich redete weiter. Ich wollte, daß er mir helfen solle, etwas mehr über seine Besonderheit zu wissen. Taube Ohren ... stumm, scheinbar unaufmerksam. Aber war diese Reaktionslosigkeit wirklich das Auffälligste?

Er schaute mich immer noch an, durch mich hindurch. Seine Augen schienen mein Bild nicht in sich aufzunehmen, sie spiegelten mich nur. Ich fragte ihn noch einmal, aber es war, als ob man den Wind frage. Und jedesmal, wenn ich meinen Sohn ansah, fand ich mich in mir selbst wieder. Suchte ich die Antwort in mir selbst.

Schließlich versank ich in Gedanken ... ich begann zu ordnen, ich begann die Teilchen bloßzulegen, deren Ganzes Raun Kahlil war. Das Schaukeln, vor und zurück, in Bewegung gehalten von einer eigenen Ewigkeit. Der leise und sanfte Rückzug ans äußerste Ende unserer Welt. Das Kreiseln und das fixierte Vor-sich-hin-Starren. Seine große Geschicklichkeit und seine hypnotische Faszination von unbelebten Objekten. Das Lächeln, das nur aus ihm selbst kam und das ständige Spielen der Finger mit den Lippen. Das Wegschieben der ihn umgebenden Menschen und seine schweigsame Einsamkeit. Wenn Raun sich einem zuwandte, schaute er durch einen hindurch, als ob man durchsichtig sei.

Und dann die scharfe Erkenntnis, daß er die Sprache nicht benutzte. Das war nicht einfach ein Kind, das langsam sprechen lernte, es gab überhaupt keine Kommunikation, weder durch Töne noch durch Gesten, kein Ausdruck für Wünsche, Vorlieben oder Ablehnung. Er war fast anderthalb Jahre alt ... Raun, ein neues Wesen in einem fremden Land.

Ich stand auf dem Spielplatz und sann vor mich hin, ich ließ meinen Gedanken freien Lauf. Ich sichtete, was mir einfiel, während diese innere Wanderung mich näher an ein Ergebnis heranbrachte. Wieder betrachtete ich Raun; er war so weit weg. Der hölzerne Sitz der Schaukel und die Ketten, die ihn hielten, waren ein Ersatz geworden für den Teller, den er so oft kreiseln ließ. Für ihn waren auch sie nur ein Transportmittel, das ihn leichter in eine einsame und stille Welt brachte, die nur ihm offenstand.

Ich rief ihm etwas zu und hörte das Echo von den Talwänden seines Inneren widerhallen. Ich lachte und erhaschte ein Phantasiegebilde, sein Lächeln, das ich mir einbildete. Ich redete wieder mit ihm. Diesmal sah er mich an und für einen flüchtigen, kaum wahrnehmbaren Augenblick waren wir in Kontakt. Dann zog er sich wieder zurück. Blonde Ringellocken wie einst Shirley Temple, große braune Augen, die irgendwo ganz anders hinschauten, während sie mir mein Bild zurückwarfen.

Ein Wort tauchte plötzlich aus meinen Gedanken auf wie ein Neonlicht. Eine Bezeichnung, verwirrend, furchterregend und bizarr. Ich zog es näher heran, konzentrierte mich darauf. Dann schreckte ich zurück und versuchte es abzuschütteln. Wieder schaute ich Raun an. Seine Sanftheit ermutigte mich. Ich konzentrierte mich stärker auf das Wort. Es kreiste in meinem Kopf wie ein Geier, es wartete, bis ich mich ihm überlassen würde. Und unleugbar war ich hier an einem äußersten Punkt angelangt, einer Vision, die nur mir gehörte, und ich hatte die Wahl, sie zum Wahnsinn werden zu lassen. Das Wort konnte nicht mehr verleugnet werden, und ich sprach es aus.

Autismus . . . Kindlicher Autismus. Eine Art Schizophrenie, die nur bei Kindern auftrat . . . von allen Psychosen die mit der geringsten Aussicht auf eine Heilung. Würde dieses Wort den Traum zerstören, würde es für immer unser Kind eingrenzen und es in eine abgeschlossene Ecke des Lebens verbannen: anders als die anderen?

Es war nur eine Hypothese, aber sie schien zu stimmen. Während ich meinen Sohn weiter beobachtete, fiel mir alles ein, was ich während meiner Ausbildung einmal gewußt hatte. Stückweise kam mein Wissen zurück. Teile eines unendlichen Puzzles. Vielleicht waren diese Erinnerungsfetzen unvollständig und irreführend. Ich hob Raun von der Schaukel und verstaute ihn hinter mir auf dem Fahrrad. Während der Heimfahrt hatte ich das Gefühl, daß meine Vermutung richtig war.

Wie ein Süchtiger nach dem nächsten Schuß, so lechzte ich danach, daß mir etwas einfallen möge, daß sich ein Schlupfloch auftun würde. Es gab einen Unterschied: Die Symptome waren nicht vollständig. Raun war immer glücklich und friedlich, wie wenn eine tausendjährige Meditation ihm eine weiche Färbung verliehen hätte. Durch diese Heiterkeit unterschied er sich von der klassischen Erscheinungsform des autistischen Kindes. Autistische Kinder waren im allgemeinen unglücklich, sogar aggressiv.

Was sich mir da enthüllt hatte, beschäftigte mich noch den ganzen Rest des Tages. Es wurde Abend, die Zeremonie des Zubettgehens begann. Suzi, Bryn und Thea hatten ihren letzten Auftritt: Mit zehn Verabschiedungen »Gute Nacht«, mit Bitten »Noch fünf Minuten«, mit viel Hin- und Her. Lächeln, verspielte Seufzer. Vierhundert Küsse wurden getauscht, jeder hatte den Zweck, noch etwas Zeit herauszuschlagen, das Unvermeidliche hinauszuzögern – das unumgängliche, endliche Zubettgehen. Die Mädchen versuchten alle Manipulationen und Umwege, Suzi redete gut zu und trieb sie in Richtung Treppe, während sie den letzten Rest der Hausarbeit verrichtete. Es war ein gut choreographiertes Ballett, dem ich jeden Abend mit Vergnügen zusah. Drei Frauen, lebendig und beseelt. Raun, der sich zurückgezogen hatte, war ruhig, friedlich, beziehungslos. Während ich wartete, daß Suzi fertig würde, wiederholte ich das Wort wieder und wieder. Ich sagte es leise und ruhig vor mich hin. Ich äußerte es mit Autorität und Überzeugung. Ich stellte es als Frage. Ja, so würde es gehen, als Frage.

Als sie zurückkam, setzte sie sich mir gegenüber und sah mich direkt an, als ob sie etwas ahne. Als ob sie wisse, daß ich etwas bereden wolle und daß es etwas Ernstes sei. Ich konnte plötzlich nicht mehr sprechen, meine Energie war von mir abgefallen, ich befand mich auf unbekanntem Terrain. Schließlich brachte ich das Wort »Autismus« hervor. Suzi zuckte mit keiner Wimper. Sie hörte sich meine Hypothese aufmerksam an. Ihre klaren blauen Augen leuchteten vor Eifer, sie wollte wissen, verstehen, Sicherheit haben, so daß wir endlich etwas unternehmen könnten. Ihre langen blonden Haare fielen in weichen Wellen über ihre Schultern, mit den Fingern strich sie langsam ihre Oberlippe entlang, während ihre Stirn sich runzelte.

In den leichten Unebenheiten ihres Gesichts hinterließ das Licht schwache Schatten. Durch einen Tränenschleier hindurch sahen wir uns an.

Schweigend saßen wir in unserem Wohnzimmer, während das Wort »Autismus« den Raum um uns herum ausfüllte und uns einhüllte. Es hatte solche Macht, daß mir klar war, daß Suzi einige Minuten für sich brauchte, um es aufzunehmen. Während ich wartete, wanderten meine Blicke über die Dinge in unserem Zimmer ... verweilten auf unserem »Holzschnitt eines vierhundertjährigen Mannes«, wanderten weiter zu »Angst«, einer Skulptur, die aus einem Onyx ausgehöhlt war. Unser Haus hatte immer eine Sammlung von Dingen enthalten, die wir selbst gemacht hatten. Den Nachttopf, den ich zu Ehren von Suzis Geburtstag bemalt hatte. Das Kohleportrait, das sie von mir gemacht hatte, und das sie mir vor drei Jahren geschenkt hatte, als sie nach einem Reitunfall im Krankenhaus lag.

Ich lächelte über »Great Murray«, den ich an einem Wochenende aus Verbandszeug, das ich um ein Drahtgestell wickelte, geschaffen hatte – eine lebensgroße, kalkweiße Figur, die friedlich in einem renovierten Friseurstuhl aus dem Anfang dieses Jahrhunderts saß und ein Exemplar von Walt Whitmans »Leaves of Grass« offen in der Hand hielt.

Sieben Yosemite-Bronzefiguren standen auf einem Glastisch. Ein Geschenk, das uns ein Freund, der in Kalifornien ein niedergeschlagenes und schmerzliches Künstlerleben ertrug, vor acht Jahren gemacht hatte. Die fast drei Meter hohe Konstruktion, die ich aus alten Holztypen gemacht hatte. Und Suzis eindrucksvolle Acrylplastiken – Formen und Bilder aus durchscheinendem Material. Komprimiert und gleichzeitig durchsichtig. Intensive und geheimnisvolle Aussagen. Einige Originalfotografien, Nebenprodukte schöpferischer Werbetätigkeit, hingen an den Wänden.

Als ich die Beine hochlegte, fiel mir ein, daß sogar die Platte unseres Kaffeetisches ihre Geschichte hatte ... ursprünglich war sie eine Falltür auf einem Libertyschiff gewesen, das während des Zweiten Weltkrieges Truppen über den Atlantik transportiert hatte. Ich war ganz versunken in den Reichtum, den unser Leben hatte. All diese Dinge waren schöne Erinnerungen daran, wo wir überall gewesen waren, was wir getan hatten und wie wir uns gefühlt hatten. In ihnen spiegelte sich eine Entwicklung von elf Jahren, die zeitenweise unberechenbar und von empfindlichem Gleichgewicht gewesen war. Jene schwierigen ersten Jahre, mit ihren Hochs und Tiefs. Die letzten Jahre, in denen wir zusammengewachsen waren. Und jetzt, gerade als alles uns fast vollkommen erschien, standen wir vor dem Unmöglichen; vor dem, das immer den anderen passiert, nie einem selbst. Wir waren mit einer Realität konfrontiert, die unser Leben werden würde und die es in eine Tragödie verwandeln konnte.

Suzis Augen waren auf einen unbestimmten Punkt im Raum gerichtet. Ihr leuchtendes Gesicht war von ihren weich herabfallenden Haaren gerahmt. Sie war schlank, trug alte Jeans, die mit Leder und Patchwork verziert waren und ein langärmeliges Polohemd, bestickt mit Rosen und einer Art-Deco-Landschaft. Sie war eine voll erblühte Frau, voller Tiefe und Sinnlichkeit. Aber ihr ansteckendes Lachen, wenn sie im Schneidersitz mitten auf dem Boden saß, oder die Art, wie sie aufsprang, um zu tanzen, wenn Musik im Radio sie mitriß, verrieten, daß noch etwas von dem jungen Mädchen und dem Kind, das sie einmal gewesen war, in ihr lebte: ein weicher rosenfarbener Duft von Jasmin und das Strahlende des Mädchens, das seine Weiblichkeit erforscht. Sogar unter den gegenwärtigen Schatten tanzte die Lust am Leben noch wie Reflexe auf der Oberfläche. Sie wandte sich mir zu und seufzte tief, sie bewegte ihren Kopf hin und her, als ob sie nicht aufhören könne zu sagen: »Ja, ich weiß ja. Ich weiß es ja.«

Gemeinsam entschlossen wir uns, die Sache zu erforschen. Sie war immer der Überzeugung gewesen, daß Raun hören könne und daß »etwas anderes« mit ihm los sei. Wir holten meine alten Psychologiebücher mit den gekritzelten Randbemerkungen aus einer anderen Zeit hervor. Wir liehen uns neue Bücher von der Bibliothek. Schließlich nahm es Gestalt an. Leo Kanner hatte den Autismus 1943 zum ersten Mal beschrieben. Andere erweiterten die Liste von Kriterien, die er ursprünglich aufgestellt hatte und beschrieben Konstellationen von Symptomen. Autismus ist eine Krankheit, die nicht dadurch definiert ist, wie sie entsteht oder warum, sondern durch einen Komplex von untereinander verbundenen Symptomen und Verhaltensweisen.

Die Merkmale:

Unsoziales und distanziertes Verhalten, hypnotische Beschäftigung vor allem mit drehenden, schaukelnden, sich wiederholenden Bewegungen, keine verbale Kommunikation und manchmal auch das Fehlen vorverbaler Gestik, die Kinder schauen scheinbar durch andere Personen hindurch, sind fasziniert von unbelebten Dingen, reagieren in keiner Weise, wenn man sich ihnen nähert oder sie auf den Arm nimmt, scheinen oft taub zu sein, reaktionslos, selbststimulierend, bevorzugen Gleichförmigkeit und weisen Körperkontakt zurück. Meistens sind es attraktive Kinder, warum, weiß man nicht. Dreißig Jahre zuvor hatte dieser Mann unseren kleinen Sohn beschrieben. Alles traf auf Raun zu, mit einer Ausnahme: Er war nicht selbstzerstörerisch (schlug sich z. B. nicht den Kopf auf, etc.).

Suzi und ich sahen uns an. Eine Zeitlang suchten wir unsere Reaktionen gegenseitig zu ergründen. Wir erforschten unsere Ängste, unsere Gefühle von Verzweiflung und die sichtliche Ungeheuerlichkeit unserer Entdeckung. Wir würden versuchen, es richtig zu machen. Wir würden es durchstehen. Wenn Raun autistisch war, würden wir ihm helfen. Wir würden ihn lieben. Zusammen mit seinen Schwestern würden wir einen Weg finden, ihm zu helfen.

Was wir lasen, sprach gegen unseren Optimismus. In der Literatur wurden diese Kinder als nicht kommunikativ beschrieben, als Kinder, die die meiste Zeit hinter dem Schleier ihrer eigenen Einsamkeit verschwanden und unerreichbar waren. In »The Empty Fortress« beschreibt Bruno Bettelheim Autismus als Trauma und sagt deutlich, wie aussichtslos die Krankheit ihm aufgrund der Ergebnisse seiner Studien erscheint. Der überwiegende Prozentsatz dieser Kinder mußte auf Lebenszeit interniert werden. Ihre Persönlichkeit zerfiel (oder entwickelte sich nie), und die

Familien oder die Umgebung, in der sie sich befanden, bröckelte ab. Bettelheim erwähnte auch die wenigen, die er erreicht hatte, aber im Endeffekt waren alle in ihren kommunikativen und adaptiven Fähigkeiten schwer gestört. Bettelheim war überzeugt, daß diese Kinder gegen eine kalte und gefühllose Umwelt protestierten, seine Vorstellung von den Ursachen, die diese Krankheit auslösten, enthielt demzufolge einen Vorwurf gegen die Eltern. So viel von dem, was er sagte, war verurteilend; er definierte das ganze autistische Verhalten als Symptome und Äußerungen, die das Kind seiner Meinung nach als Reaktion auf seine nächste Umgebung entwickelte.

Wir registrierten auch all die Unregelmäßigkeiten und die niedrige Erfolgsquote, auf die man bei der Behandlung dieser Kinder verweisen mußte ... ein Erfolg, der an einer abstrakten Norm von Normalität gemessen wurde. Wir mußten für alles offen bleiben – zu viel gab es noch, was wir aufnehmen und lernen mußten, wir konnten noch nicht anfangen, endgültige Schlüsse aus allem zu ziehen. Wir wollten von Angst vor der Zukunft freibleiben, wir wollten verstehen, was mit uns und unserem Kind geschah.

Suzi fing an, endlose Telefongespräche mit Fachleuten zu führen. Meist gaben sie nur knappe Auskunft und oft widersprachen sich ihre Ratschläge. »Er ist zu jung.« »So jung behandeln wir sie nicht.« »Gehen Sie zu ...; gehen Sie zu ...« »Hoffnungslos.« »Großartig. Je jünger desto besser.« »Lassen Sie einen gründlichen psychiatrischen Test machen.« »Machen Sie sich schon jetzt mit der Tatsache vertraut, daß er vermutlich institutionalisiert werden muß.« »Man muß eine neurologische Untersuchung machen und ein EEG.« »Er wird es vermutlich auswachsen.« »Es könnte ein Tumor sein – ein Tumor im Gehirn.« »Wir wissen so wenig über Autismus.« »Wir können nicht viel tun. Bringen Sie ihn in einem Jahr her.« »Leider wissen wir sehr wenig über diese Kinder.«

Wir sprachen mit Ärzten der Krankenhäuser in und um

New York. Wir befragten ein Institut in Philadelphia, das sich auf Gehirnschäden bei Kindern und kindlichen Autismus spezialisiert hatte. Da gab es die »specialized environmental schools«, eine in Brooklyn und eine in Nassau Country, aber bei keiner bekamen wir einen Termin, bevor unser Kind sehr viel älter sein würde – und sogar dann nur »vielleicht«. Wir wandten uns an einen Spezialisten in Kalifornien, der sich mit Behaviorismus befaßte, eine größere Universität leitete und ein Stipendium des Landes zur Finanzierung seiner Studien über Autismus bekommen hatte. Wir beschäftigten uns mit Psychopharmakologie, mit Psychoanalyse, Behaviorismus, Vitamintherapie, Ernährungswissenschaft, dem ZNS-Faktor, der Vererbungslehre. Es gab endlose Meinungen, Für und Wider, endlose Theorien ohne Belege und endlose Annahmen, die zu überlegen waren.

Während Suzi Information von überallher sammelte, zog ich mich wie ein Einsiedler zurück und las alles, was es zu diesem Thema gab. Ich vertiefte mich in die Schriften von Carl Delacato und sein Konzept der Strukturierung von sensorischen Schäden.

Im Gegensatz zu Bettelheim nahm Delacato an, daß autistische Kinder nicht psychotisch seien, sondern gehirngeschädigt, gestört in ihrer Perzeption.

Tag und Nacht lesend ging ich die psychoanalytische Literatur zu diesem Thema durch. Prüfte J. Newton Kugelmass. Durchforschte die Schriften des genauen und durchdringenden Bernard Rimland, sein Konzept der gestörten kognitiven Funktion; die Unfähigkeit dieser Kinder, neue Wahrnehmungen zu bereits bekanntem Wahrnehmungsmaterial in Verbindung zu setzen. Ich beschäftigte mich mit Martin Kozloff und seiner These, daß man diese Kinder konditionieren könne. Ich arbeitete mich in das komplexe System von Belohnungen und Strafen des Behaviorismus ein, ohne Rücksicht auf Kausalitäten oder Bedeutung entworfen, um das Leben dieser Kinder neu zu strukturieren. Versuchte man, sie zu Robotern zu machen?

Ich zog die Schriften von Ivar Lovaas heran und seine hoffnungsvolle Suche inmitten all der Hoffnungslosigkeit. Ich hatte tiefen Respekt vor seiner Hingabe an sein Werk und vor seiner Forschungsarbeit, konnte aber einige seiner grundsätzlichen Ausgangsthesen nur schwer akzeptieren. Ich kam auf B. F. Skinner zurück und sogar auf Freud. Ein Berg von Schriften zu diesem Thema erhob sich vor mir, widersprüchliches Schrifttum. Beobachtungen, Statistiken, Theorien und Spekulationen. In der alten Welt hätte man Raun als Gesegneten betrachtet, seine Krankheit als »heilige Krankheit«.

Wir versuchten zusammenzufassen, einen Sinn aus den Miasmen von Büchern und endlosen Telefongesprächen herauszudestillieren. Wir versuchten, einen Weg zu finden.

Wir entschlossen uns, Raun gründlich untersuchen zu lassen.

Er war fast siebzehn Monate alt. Wir mußten den Sprung irgendwo wagen, aber zumindest hatten wir das Gefühl besser Bescheid zu wissen. Wir bekamen einen Gesprächs- und Untersuchungstermin an einer großen Klinik, deren psychiatrische Abteilung einen ausgezeichneten Ruf hatte. Sie bestätigten, daß unser Sohn ernste Entwicklungsstörungen hatte und sein bizarres Verhalten dem autistischen Muster entsprach, aber sie lehnten es ab, eine endgültige Diagnose zu stellen.

Man war der Überzeugung, daß Diagnosen oft »selffulfilling prophecies« seien. Man sagte uns, daß eine offizielle Diagnose, die auf Autismus laute, zur Folge haben könnte, daß unser Sohn in bestimmte Schulsysteme und Programme nicht aufgenommen würde und daß viele Fachleute diese Kinder als bildungsunfähig behandelten. Wir sollten in einem Jahr wiederkommen, dann würden sie ihn sich nochmals ansehen. Wir waren enttäuscht, ja wütend. Wir wollten Hilfe, keine abstrakte Diagnose.

Ein anderes Krankenhaus, zwei weitere Untersuchungen, dann fiel das Wort »Autismus« wieder. Man war erstaunt, daß wir die autistischen Symptome bei einem noch so kleinen Kind entdeckt hatten, gewöhnlich werden sie erst bei Kindern zwischen zweieinhalb und drei Jahren richtig bemerkt. Aber uns war das bizarre und ungewöhnliche Verhalten sosehr aufgefallen, daß wir gar nicht umhin konnten, festzustellen, daß irgend etwas auf schreckliche Weise nicht stimmte.

Wieder waren die Ärzte sehr bemüht und freundlich. Sie waren sehr mitfühlend, voll Anteilnahme.

Wie nach der ersten Untersuchung wurde uns gesagt, wir sollten in neun Monaten oder einem Jahr wiederkommen. Warum in neun Monaten? Nicht, daß man Raun nicht hätte behandeln können, aber sie waren nicht darauf eingerichtet, ein so kleines Kind zu behandeln. Die Norm sei, daß ein Kind mit diesen Symptomen drei oder vier Jahre alt sei, bevor es irgendeine sachkundige Behandlung erhalte. Wir versuchten Druck auszuüben. Könnten sie nicht eine Ausnahme machen? Wir wollten jetzt Hilfe. Eine Ärztin gab nach und schlug vor, daß wir uns im Herbst noch einmal an sie wenden sollten. Sie versprach, daß sie versuchen wolle uns zu helfen, aber das sei das Äußerste, was sie zur Zeit für uns tun könne.

Wieder erhielten wir keine konkrete Hilfe, aber unsere Diagnose wurde wiederum bestätigt.

Die Enttäuschung war riesengroß. Nach diesem ganzen wahnsinnigen Aufwand sagte man uns genau das, was wir ohnehin schon wußten. Aber wenigstens suchten wir nun keine Bestätigung mehr. Es kam uns grausam und irrwitzig vor, zuerst zu sagen, je jünger das Kind sei, desto besser, und dann das Kind aus genau demselben Grund, nämlich, weil es zu jung sei, abzuweisen. Waren die Statistiken deprimierend oder die menschliche Haltung, die dahinter stand?

Warum sollten die Ärzte auch Eile an den Tag legen, wenn sie sowieso glaubten, daß Autismus unveränderbar, unheilbar sei?

Wir fühlten, daß wir eingreifen, daß wir sofort etwas tun mußten. Wir konnten zusehen, wie Raun uns jeden Tag ein wenig mehr entglitt, sich ein wenig mehr zurückzog. Wie er audio-visueller Stimulation gegenüber immer unempfänglicher wurde. Wie er sich immer mehr abkapselte. Raun schien das auch zu spüren. Er schien verwirrt. Medizinische und institutionelle Hilfe gab es nicht. Die endlosen gütigen und vagen Hinweise der Fachleute waren entnervend und unkonstruktiv bis zum äußersten. Als wir mit der National Society for Autistic Children Kontakt aufnahmen und mit Eltern redeten, deren Kinder ebenfalls autistisch waren, fanden wir heraus, daß die meisten die gleiche Suche nach Informationen und Hilfe hinter sich hatten und wie wir keine oder nur wenig Hilfe gefunden hatten. Viele hatten mehr oder weniger verzweifelt und frustriert gelernt, sich mit ihrem Schicksal abzufinden.

Aber wir glaubten an Raun ... an seinen inneren Frieden, an seine Schönheit und an sein Recht, glücklich zu sein.

Wir wußten, daß es jetzt auf uns und auf ihn ankam. Vielleicht war es schon immer so gewesen. All die Bestätigungen durch Diagnosen und Analysen hatten vielleicht ihren Wert für eine zahlensüchtige Gesellschaft, aber nicht für einen kleinen Jungen mit Augen, die reglos in die Welt blickten. Wenn Raun Hilfe bekommen sollte, wenn man diesen kleinen autistischen Jungen überhaupt erreichen und in die Welt zurückbringen konnte, dann mußte das jetzt geschehen und allein durch uns. Jetzt, während er noch klein war. Jetzt, während wir noch die Kraft hatten, es zu wollen. Jetzt, während er noch glücklich in seiner Kinderwelt lebte.

Wir waren überzeugt, daß er, wie alle anderen, zu einem deprimierenden, statistisch erfaßten Fall werden würde, wenn wir noch warteten. Wir wußten, daß wir handeln mußten, solange Rauns Verhaltensmuster noch neu und nicht zu eingerostet waren, solange die Schwierigkeiten, die er damit hatte, seine Umwelt zu erfassen, noch keine ernsten emotionalen Probleme geschaffen hatten, solange sein Friede und seine Freude am Leben noch unberührt und ungestört waren.

Uns blieb nicht sehr viel mehr als unser eigenes tiefes Verlangen, Raun zu erreichen und ihm zu helfen, uns zu erreichen. Die Fachleute hatten keine reale Hilfe und keine wirkliche Hoffnung für uns gehabt, aber in der Liebe zu unserem Sohn und zu seiner Schönheit hatten wir den festen Willen gefunden, nicht aufzugeben.

Zwei

Wo sollten wir beginnen? Wir entschieden: mit uns selbst, damit, wie unsere eigenen Überzeugungen und Gefühle sich entwickelt hatten.

Das war wie eine Pilgerfahrt zurück, mit dem Ziel, vorwärtszukommen. Ich durchsuchte, ich durchsiebte meine jüngste Vergangenheit, in der Hoffnung auf ein Körnchen Erkenntnis. Ich dachte zurück an die Mitte der 60er Jahre, als ich mit einem Philosophieexamen vom College abgegangen war. Ich erinnerte mich an die Monate und Jahre, in denen ich die Membrane meines Verstandes und meiner Gefühle entwickelt hatte. An die unzähligen Fragen und an die Überlegungen, die schon beinahe Antworten waren. Dann, ein Psychologiestudium. Ich verlor mich in einer Welt, in der ich zuhörte, deren Verwirrung ich akzeptierte, in deren Bann ich nie auf die Idee kam, mir selbst zu vertrauen und von meinen eigenen Wahrnehmungen auszugehen.

Ich baute einen Schutzwall um meine Gefühle, als ich half, meine sterbende Mutter in ihren letzten Jahren zu pflegen. Fahrten nach Manhattan, um eine endlose Reihe von Kobaltbestrahlungen über sich ergehen zu lassen. Starr vor Schmerz sah ich zu, wie ihre Welt in Stücke ging. Damals wußte ich nicht, wie ich mit ihr hätte darüber sprechen können, wie ich ihr hätte sagen können was ich wußte: daß es fast zu Ende war. Mit Lächeln, trivialem Klatsch und künstlicher Geschäftigkeit kitteten wir das Leben notdürftig zusammen, wenn ich sie besuchte. Nie sagte ich ihr, wie nahe es mir ging. Wir schufen ein konspiratives Schweigen: eine Haltung, von der wir dachten, sie sei besonders menschlich. Aber vielleicht habe ich sie in aller Freundlichkeit mit ihren Gedanken und Ängsten allein gelassen. Als sie starb, brach die ganze Auflehnung und der Protest gegen ein Universum aus mir heraus, das sie wieder in sich zurücknahm in einer Weise, die meine Vorstellungskraft überstieg. Ich schrie mit mir, durch meinen Schmerz hindurch, daß ich es nicht vermocht hatte, offen mit ihr zu sein und sie zu lieben, als der Atem des Todes sie einhüllte.

Einundzwanzig, und die Wände begannen einzustürzen. Depressionen verstellten mir den Blick auf das Leben. Sieben Jahre schleppte ich mich in die einsamen Behandlungsräume eines Psychoanalytikers Freudscher Schule, zu Sitzungen, die ich gleichsam aus mir herausriß. Es waren Jahre voll von Angst und Schweigen, voll von Assoziationen und Verwirrungen. Urweltgerippe fand ich in meinem Unbewußten. Angestrengt suchte ich nach Alternativen und nach einer neuen Freiheit. Ich versuchte, den Druck abzuwälzen. Ich fand endlich ein wenig Erleichterung und Klarheit, aber sie war immer noch begrenzt und nicht mehr als ein Versuch. Vorstellungen und Verständnis schienen sich von Tag zu Tag zu verändern. Nach sieben Jahren fühlte ich mich noch immer in der Falle und hing haltlos am Seil.

Schließlich beendete ich die Analyse mit ihrer halbherzigen Sicht des Lebens. Ich erinnere mich noch an die Stimme eines gutmeinenden Psychiaters. Er pflegte seinen Patienten zu sagen: »Es wird immer Zeiten geben, in denen Sie Sorgen und Angst haben, aber jetzt sind Sie besser gerüstet, damit fertig zu werden.« Desillusionierung. Es klang wie ein intellektueller und emotionaler Kompromiß. Was die Analyse betraf, war ich immer noch voll Unbehagen, ich hatte das Gefühl, daß mehr dahinterstecken mußte, daß ich es aber nicht finden konnte.

Einer meiner Kindheitsträume war gewesen, Schriftsteller zu werden. Meine Hemmungen mit Worten zu überwinden und vielleicht jemanden, wenn auch nur eine Person, zu verändern, eine Spur zu hinterlassen. Diese pubertäre Phantasie hatte ich beiseite gelegt, um eine Karriere beim Film und in der Werbung zu machen. Der zweite Traum war ganz anders. Er war ein Versprechen, das ich mir einst gegeben hatte, und es wuchs sich zu einem ernsten Interesse an Psychotherapie und Pädagogik aus. Früher hatte ich einmal eine Karriere auf dem Gebiet der Psychiatrie erwogen, aber bei näherem Zuschauen schien mir der medizinische Rahmen bedrückend. Eine innere Stimme sagte mir, eine eigene Perspektive zu entwickeln, einen eigenen Weg zu finden, etwas in Bewegung zu bringen.

Zu einigen dieser verschiedenartigen Unternehmen, die im ersten Jahr unserer Ehe stattfanden, trug auch Suzi ihr Teil bei. Ein gemeinsames Wagnis über einem scheinbar unendlichen Abgrund. Experimente mit Hypnose und der fortdauernde Versuch, mir diesen zweiten Traum auszutreiben. Dann Autosuggestion. Diese Technik entwickelte ich so weit, daß ich mich in Trance versetzen konnte, wenn ich nur die Stirn mit dem Zeigefinger berührte. Es war schön, aber es war etwas Unvollkommenes.

Das war noch bevor Raun geboren wurde. Mein Hunger nach Antworten überstieg alles. Ich las voller Gier, ich verschlang unzählige Bücher und experimentierte mit neuen Theorien, Ideen und Dogmen. Freud. Jung. Adler. Von da zu Sullivan und Horney. Weiter zu Perls und den dramatischen Konfrontationen der Gestalttherapie. Ich stieß auf Sartre und Kierkegaard. Vertiefte mich in die emotionale Wärme von Carl Rogers. Streifte die Lehre von Eric Berne, ließ mich von der Theatralik und der großen Faszination der Urschreie von Yanov verführen. Kurse in Gruppendynamik und Erfahrung in gruppendynamischen workshops folgten. In Skinner fand ich einen schnellen Einstieg, verließ ihn aber genauso rasch wieder, beschäftigte mich allerdings länger mit Maslow. Ich tauchte ein in die ruhige Weisheit von Zen und Joga, suchte Realität zu erfassen – auf alte oder neue

Weise. Taoismus: Die schöne anschauliche Lehre, daß »Leben nicht irgendwohin geht, weil es schon hier ist«. Meditation. Konfuzius. Weiter zu den philosophischen Grundlagen von Akupunktur. Zurück in das kollektive Unbewußte der Menschheit und seiner genetischen Implikationen. All das waren bewegende und fesselnde Versuche, die Situation des Menschen zu verstehen, Versuche innerhalb der Philosophie, der Psychologie, der Religion, des Mystizismus. Ich habe sehr viel gelernt, aber ich wußte, daß ich weiter gehen mußte. Ich wußte, daß es irgendwo irgendetwas geben würde, das sich als Kern erweisen würde, das alle Verwirrung für mich lösen würde. Obwohl ich schon einen weiten Weg hinter mir hatte, entschloß ich mich, diese so persönliche Pilgerfahrt weiterzumachen.

Ich wurde zynischer, aber ich versuchte doch, weiterzukommen. Bis zu dem Tag, an dem ich im Klassenzimmer einer Schule saß, die es heute nicht mehr gibt, und einem Mann zuhörte, der über etwas redete, das Options-Methode hieß. Er war klein, untersetzt, sah aus wie Friar Tuck, der Gefährte Robin Hoods, trank Coca-Cola und rauchte eine Zigarette nach der anderen – und was er sagte, war konkret, durchdringend und klar. Während ich ihm zuhörte, stieg etwas aus meinem Inneren in mir auf. Es war, als ob ich etwas verstünde, was als Wissen schon seit langem in mir gelegen hatte, was ich aber nie hatte aufkommen lassen. Als es Formen annahm, begann ich zu begreifen, daß all meine Gefühle und Bedürfnisse aus dem stammten, was ich glaubte, und daß diese Überzeugungen untersucht werden konnten. Dieser Vorgang, Überzeugungen zu analysieren und sich für bestimmte Überzeugungen zu entscheiden, war es, womit die Options-Methode sich beschäftigte, die ihrerseits wieder aus der Options-Einstellung entstanden war.* »Lieben heißt, mit etwas glücklich zu sein.« Es war nicht

* *option* bedeutet im Englischen die Freiheit, zwischen zwei oder mehreren Dingen zu wählen.

nur eine Philosophie, sondern eine Vision, die die Grundlage für unser Leben werden sollte und die Basis, von der aus wir versuchen wollten, Raun zu helfen. Das Bewußtsein, das sich hier entwickelte, machte es möglich, daß wir unseren Sohn und uns selbst mit großer Klarheit und Freiheit sehen konnten.

Es war wirklich möglich zu wählen, und der Akt des Wählens war von außerordentlicher Bedeutsamkeit. Zum allerersten Mal wurden alte Einstellungen wie »Ich suche mir meine Gefühle nicht aus, sie überkommen mich« oder »Ich bin ein Opfer meiner eigenen Vergangenheit« oder »Ich kann nichts dafür, so bin ich eben« fragwürdig.

Mir wurde klar, daß man die Persönlichkeit eines Menschen als eine bestimmte Konstellation von Überzeugungen begreifen konnte. Zwischen jedem Ereignis (sei es real oder imaginär, vorgestellt oder wirklich geschehen, etc.) und der Reaktion auf dieses Ereignis (sei es Kampf oder Flucht, Angst, Freude oder Indifferenz) steht eine Überzeugung. Sie ist die Ursache all unserer Gefühle und Bedürfnisse. Ändere die Überzeugung und du änderst das Verhalten wie auch die Gefühle. So einfach und klar waren diese Ideen, daß sie mich entwaffneten. Für den, der die Options-Methode lehrt oder für den, der sie anwendet, gibt es keine Urteile – keine guten und keine schlechten. Keine Diagnosen. Es werden keine bestimmten Ziele angesteuert, sondern jede Frage entwickelt sich natürlich aus der vorhergehenden Äußerung oder Antwort des Schülers. Der andere soll angeleitet werden, sich selbst so weit zu bringen, durch sein Gefühl von Unglück hindurch die dahinterliegenden Überzeugungen zu sehen. Er soll mit Gefühlen wie Angst, Furcht, Zorn, Frustration, Unsicherheit etc. umgehen können, alles Gefühle, die wir haben, die wir aber anscheinend nicht haben wollen. Mit Leuten zu arbeiten, indem man sie ihre eigene Richtung einschlagen läßt, ihnen ihre eigenen Symbole und ihre eigenen Visionen läßt, ist einer der wichtigsten Grundsätze der Methode.

Betrachtet man die menschliche Dynamik unter diesem Aspekt, dann trat etwas zutage, was vielen von uns gemein ist: Wir glauben, daß wir manchmal unglücklich sein müssen, ja, daß es sogar gut für uns ist oder unsere Produktivität steigert, wenn wir unglücklich sind. Die Kultur, in der wir leben, unterstützt das. Unglücklich zu sein ist ein Zeichen von Sensibilität, es ist das Kainsmal des Intellektuellen. Manche finden, es sei die einzig »vernünftige« Reaktion auf eine schwierige und problematische Welt.

Diesen Mechanismus können wir überall beobachten; wir sind unglücklich, und wir benutzen unser Unglücklichsein im Umgang mit uns selbst, mit anderen, oder dem, was um uns herum geschieht. Wir fürchten uns vor dem Sterben, um mit dem Rauchen aufhören zu können. Wir fürchten uns vor Ablehnungen, um uns dazu zu bringen, abzunehmen. Wir entwickeln Angst, damit wir härter arbeiten und mehr erreichen. Wir bekommen Kopfschmerzen, um einen Grund zu haben, vor etwas ausweichen zu können. Wir fühlen uns schuldig und bestrafen uns, um zu verhindern, daß wir das, weswegen wir uns schuldig fühlen, in Zukunft wieder tun. Wir sind unglücklich, wenn jemand, den wir lieben, unglücklich ist, um ihm zu zeigen, wie sehr wir mit ihm fühlen. Wir behandeln unsere Kollegen schlecht, damit sie schneller arbeiten.

Wir benutzen Strafe, um Dinge zu verhindern. Wir hassen den Krieg, um unser Verlangen nach Frieden überhaupt noch zu spüren. Wir fürchten den Tod um zu leben.

Dies sind nur einige der Zwänge, unter denen wir stehen, damit wir mit dem, was wir eigentlich wollen, in Verbindung bleiben, oder uns dazu bringen, mehr zu bekommen: alles, um vielleicht glücklich zu werden. Schließlich wird diese Dynamik zu einem Teil unseres inneren Systems.

Ich erinnere mich an eine Szene mit Thea, die damals drei Jahre alt war, die mich fasziniert hat. Eines Nachmittags kam sie ins Zimmer und fragte beiläufig, ob sie Bonbons haben könne. Da wir keine im Hause hatten und nicht zum nächsten Laden gehen wollten, außerdem gerade beschäftigt waren, schlugen wir ihr die Bitte ab. Vielleicht ein nächstes Mal, vertrösteten wir sie. Aber für diese entschlossene und einfallsreiche kleine Dame war das nicht zufriedenstellend. Die ganze kleine Person bestand darauf, ihren Willen durchzusetzen. Hatte sie am Anfang freundlich gebeten, so fing sie jetzt an, immer dringlicher zu werden. Die Quengelei wurde begleitet von schmollenden Grimassen. Sie verkrampfte sich, und ihre Bewegungen wurden zusehends wilder. Es sah so aus, als ob sie sich auf eine gewaltige Herausforderung oder einen wilden Kampf vorbereite. Immer noch beschäftigt damit, daß sie ihr Ziel nicht erreicht hatte, verstärkte Thea ihre Bemühungen, indem sie die Bonbons nun verlangte. Sie begründete ihre Forderung mit vielfältigen und komplexen Argumenten. Wir erklärten ihr nochmals die Situation. Suzi streichelte Theas Haar und sagte dem kleinen Dynamo, wie sehr wir sie liebten. Einen Augenblick lang entspannte sich Thea und schien zufrieden zu sein. Aber dann entschied sie sich, den größten Trumpf auszuspielen und fing an zu weinen. Es war erstaunlich zuzusehen, wie sie sich steigerte. Sie arbeitete hart.

Ich wollte nicht, daß sie unglücklich sei, setzte mich deshalb neben sie und kitzelte sie am Bauch und unter den Armen. Als sie ein Lächeln nicht mehr unterdrücken konnte, und gerade anfing zu kichern, schob sie meine Hände weg. Als ich weitermachte, ging sie unter Protest auf die andere Seite des Zimmers. Zwei Sekunden lang sah sie mich durch Tränen hindurch an und ein zweites Lächeln brach durch die Wolke ihres »Unglücklichseins«. Sie vermied es sorgsam mich anzusehen, als sie wieder zu weinen anfing. Es war, als ob sie sagen wollte: »Verdirb es mir nicht; ich versuche, Bonbons zu bekommen indem ich euch vorspiele, ich sei unglücklich.«

Die Tränen konnten an- und abgeschaltet werden wie Springbrunnen. Sie konnte so leicht lachen wie weinen. Thea glaubte, daß sie nicht bekommen würde, was sie wollte, wenn sie aufhören würde zu weinen. Sie benutzte dieses Spiel »unglücklich zu sein« als Mittel zum Zweck. Später am Tag sprachen Thea, Suzi und ich darüber. Welche Ironie und wie erstaunlich war es, daß Thea sich genauestens darüber bewußt gewesen war, was sie getan hatte. Sie erklärte uns lässig »vorher, als ich weinte, usw., na ja, in Wirklichkeit spielte ich Theater, ich wollte, daß ihr mir Bonbons kauft«.

Thea hatte ihr Unglücklichsein als Mittel zum Zweck benutzt, aber es gibt noch eine zweite Art, es zum Maßstab für unsere Begierden oder sogar für unsere Liebe zu machen. Je unglücklicher wir uns fühlen, wenn wir nicht bekommen, was wir wollen, oder wenn wir etwas verlieren, was wir lieben, desto mehr glauben wir, daß wir es wollten, oder anders gesagt: wenn wir nicht unglücklich wären, könnte man meinen, wir hätten es nicht genug gewollt. Vielleicht noch schlimmer ist die Furcht: Wenn wir es wagen würden, unter fast allen Umständen glücklich zu sein, würden wir vielleicht aufhören, etwas zu wollen oder uns um irgend jemand zu kümmern. Wenn wir mit unserer Situation vollkommen zufrieden wären, würden wir nicht mehr nach neuen Möglichkeiten Ausschau halten. Vielleicht beschleicht uns auch die Furcht, daß wir kalt, unsensibel und gefühllos sind, wenn wir in vielen Situationen nicht unglücklich sind.

Ich glaube, meine größte Furcht war, daß ich aufhören würde mich weiterzuentwickeln, wenn ich vollkommen glücklich wäre. Aber als ich mit mir selbst zufriedener wurde, fand ich, daß das Gegenteil zutraf. Es war leichter, mehr zu wollen und zu versuchen mehr zu erreichen, weil mein Wohlbefinden nicht mehr dauernd auf dem Spiel stand. Ich konnte mich wohlfühlen, ob ich nun bekam was ich wollte oder nicht. Aber, während ich mir jetzt gestattete, freimütig mehr zu wollen, beobachtete ich, daß ich auch mehr bekam.

Der Schlüssel zu unserer Entscheidung, was wir mit unserem Sohn Raun tun würden und tun könnten, lag in uns, in unseren Überzeugungen. Die Dynamik dieser Überzeugungen zu verstehen, und uns die Schönheit dieses Bewußtwerdens zu eigen zu machen würde uns helfen, uns wohl zu fühlen, unseren Sohn klar zu sehen, unseren Entscheidungen zu vertrauen und unser Ziel zu verfolgen. Jede einzelne Überzeugung ist nur die Spitze eines Eisbergs von darunterliegenden anderen Überzeugungen. Und das Gefühl des Unglücks, das sich als Erfahrung aus einer bestimmten Art von Überzeugungen ergibt, gründet auf einem logischen System von Folgerungen. Diese Folgerungen oder Überzeugungen kann man untersuchen. Entschleiere das System von Überzeugungen, es ist die Chance, den Kurzschluß des Unglücks zur Seite zu werfen. Zerstör den Stromkreis dieser Konzepte der Selbstverteidigung und die »Haltung« wird sich entwickeln. Buddha hat einst gesagt »Entferne das Leiden und du wirst das Glück erreichen«. Es ist das, was bleibt, wenn wir das Elend, die Last und die Ängste durchgearbeitet haben, was wir unter dem Schutt schlechter Gefühle und beunruhigender Vorstellungen finden.

Vor mir hatte sich ein Weg aufgetan, ein verlockender Weg. Dies war mehr als nur ein Werkzeug oder eine Technik, um Probleme zu lösen. Die Options-Methode war eine Philosophie, aber nicht nur das. Sie war eine Therapie, eine Erziehungsmethode, aber nicht ausschließlich. Sie glich dem Willen, etwas zu akzeptieren, um etwas zu erkennen. Es war, als ob man etwas wolle, um etwas zu bekommen. Als ob man sich entwickle, um einfach zu sein.

Man schuf sich selbst noch einmal, wenn man so wollte. Dies war etwas ganz anderes, etwas Originales. Dies war nicht nur eine dynamische, schöne und natürliche Erforschung selbstzerstörerischer Haltungen und einengender Überzeugungen, es war der Beginn einer neuen Perspektive. Ich mußte mich nicht länger mit Halbheiten zufriedengeben. Ich wußte, daß allein ich entschied, was ich glaubte und was nicht, daß ich allein alles für mich in Bewegung setzte und allein die für mich gültigen Deutungen fand.

Im Gegensatz zu anderen Lehren (wie der Freudschen, Gestalt, Behaviorismus, Urschrei, Encounter, etc.) war die Options-Methode kein schmerzlicher Prozeß und keine heilige Suche, bei der nur der Therapeut oder der Lehrer mit Sicherheit die richtige Antwort weiß.

Option war weder eine Behandlungsmethode noch geschahen Wunder, und das Wichtigste war der Respekt, der dem Schüler oder dem Patienten entgegengebracht wurde. Die Warterei in den Wartezimmern, nur damit jemand anderes dir eine Erkenntnis übermittelt, etwas über dich selbst, ein Urteil, hatte ein Ende. Ich wußte, daß es eine Reise in mein eigenes Innere werden würde, voll Freude ... um aufzudecken, zu entdecken und neu zu schaffen. Ein Abenteuer würde es werden, in dem nur ich mich auskannte. Alle Überzeugungen würde ich neu wählen oder neue schaffen. Es war eine Befreiung. Es war jungfräuliches Land, das ich betrat, und in dem ich neue Arten des Zusammenlebens mit mir selbst entdeckte.

Es war, als ob mir Flügel gewachsen wären. Es war erhebend. Türen öffneten sich, von deren Existenz ich nichts geahnt hatte. Suzi und ich entwickelten eine neue Art zu sein und warfen altes Unglück wie Ballast ab, indem wir nicht aufhörten, unsere Überzeugungen zu erforschen und neue Entscheidungen trafen. Dreieinhalb Jahre liegen jetzt hinter uns, in denen wir unser Leben neu gestaltet und andere gelehrt und beraten haben. Wir haben es weitergegeben. Wir haben unsere privaten Erfahrungen und unsere Erfahrungen mit Gruppen erweitert, indem wir mit Lernenden gearbeitet und sie supervisiert haben. Wir haben mit den Ziegeln und dem Mörtel einer neuen Einstellung, die sich von Woche zu Woche festigte, eine neue liebevollere Grundlage gebaut. Wir waren lebendig und trugen Saat. Und wir verstanden sie auszusäen.

Wir wagten, mehr zu genießen und mehr zu wollen. Suzi und ich fanden eine neue Grundlage für unsere Beziehungen zueinander und für unsere Ehe. Wir warfen uns nicht mehr länger gegenseitig Bemerkungen an den Kopf wie »Wenn du mich lieben würdest, würdest du das tun«. Wir wurden glücklicher miteinander. Wir legten all die aufgeblähten Erwartungen und Bedingungen ab, die unser Zusammensein belastet hatten. Viele Enttäuschungen und Konflikte wurden dabei ausgeräumt oder hinfällig und wir wurden geduldiger miteinander und akzeptierten einander mehr. Dies übertrug sich auf Bryn und Thea. Wir waren sensibler geworden für die Überzeugungen, die wir ihnen Tag für Tag vermittelten und wurden so toleranter ihren Bedürfnissen gegenüber und schätzten ihre Individualität höher ein. Diese Einstellungen wurden zu einem festen Fundament für uns und sie waren der Ausgangspunkt, von dem aus wir unsere Haltung Raun gegenüber entwickelten.

*

All die Entscheidungen, die wir trafen, unser Wohlbefinden und unser Unwohlsein, unsere Sorgen und Verwirrungen, die Selbstprüfung und die Prüfung, der wir uns gegenseitig unterwarfen, und das Unternehmen, das wir mit Raun starteten, begannen hier, mit unseren Überzeugungen.

Was war uns wichtig? Gab es jemals etwas Wichtigeres als das Bedürfnis, glücklich zu sein? Wir hatten diesem Bedürfnis andere Namen gegeben – Bequemlichkeit, Friede, Beliebtheit, Erregungen, Erfolg, Geld, usw. – und wir hatten andere Kategorien und Ziele, die uns wichtig schienen, vorgeschoben.

Ein Freudianer hätte es Adaptation, Anpassung genannt. Ein Anhänger der Gestalttheorie Bewußtsein und In-Verbindung-sein. Ein Humanist Selbstverwirklichung. Aber warum? Was ist es denn, was wir mit solcher Hast und solcher Faszination zu erjagen suchen? Ist es nicht einzig und allein unser Bedürfnis glücklich zu sein, uns wohl zu fühlen mit uns selbst und unseren Mitmenschen? Und wenn es das ist, was wir wollen, worauf warten wir? Können wir es nicht jetzt sofort erreichen? Für uns selbst, für Raun ... glücklich sein, jetzt, auf der Stelle, während wir noch unsere Bedürfnisse verfolgen und die Richtung, in der wir gehen wollen, klären. Hätten wir nicht vielleicht sogar mehr Erfolg mit unserem Kind und damit, was wir für ihn wollten, wenn wir glücklich wären, statt zornig und voller Schuldgefühle, Furcht und Ängstlichkeit.

Es war uns klar, daß wir Raun realistischer sehen konnten, wenn keine Furcht uns den Blick trüben oder uns ablenken würde ... und das würde besser sein für ihn und für uns.

Ich habe einmal sagen hören, daß es keine dummen Menschen gäbe, nur unglückliche. Solche, die Angst hätten, zuviel oder zuwenig zu sehen. Solche, die Angst hätten, etwas zu wollen, und es nicht zu bekommen. Solche, die sich um das Urteil anderer oder ihre eigenen Abwehrhaltungen zu sehr kümmerten. All diese Überlegungen, bevor man nur einen Schritt macht! Jemand, der glücklich ist, kann sich, unbelastet von Angst oder Furchtsamkeit, erlauben, alles aufzunehmen – und wenn er sich dann zu handeln entscheidet, tut er das auf Grund aller zur Verfügung stehenden Informationen. Er weiß, daß er um so besser gerüstet ist, je mehr er weiß. Er hat die Freiheit, sich nicht um seine Zukunft zu sorgen, die Freiheit, sich wohl zu fühlen, ob er gewinnt oder verliert. Die Freiheit, erfolgreich zu sein. Die Freiheit, zu versagen und doch zufrieden zu sein.

Klingt das zu einfach? Wie irgendein unerklärbarer Tagtraum, wie das Phantasiegebilde eines Zauberers? Die Frage, die wir uns stellen müssen, ist die: »Wählen wir unsere Überzeugungen frei oder sind sie in unsere genetische Struktur einzementiert?« Kann man sie verstehen oder sind sie Geheimnisse, die uns auf immer irgendwo im Unbewußten verlorengegangen sind? Ist unser Sohn in einer unheilbaren Krankheit gefangen, oder könnte er ein Quell neuer Inspiration werden? Was bestimmt, was wir ihm gegenüber fühlen, ob wir uns gut oder schlecht fühlen, ob wir glücklich oder unglücklich mit ihm sind? Wie entstehen unsere Gefühle? Stammt die Meinung, die wir über unser Kind haben, direkt von einer medizinisch-psychiatrischen Meinung über geistige Gesundheit ab, oder ist sie das Ergebnis unseres eigenen Glaubens und unserer eigenen Einstellungen? Lernen wir es, unglücklich, furchtsam, ängstlich, zornig usw. zu sein, oder gibt es einen Virus? Konnten wir mit Raun, wie er war, vollkommen glücklich sein, wenn wir uns dafür entscheiden würden?

An einem Freitag nachmittag kam Bryn, die den Tag bei einer Freundin verbracht hatte, heim. Sie wollte mit mir sprechen. Sie hatte eine Unterhaltung zwischen der Mutter ihrer Freundin und einer anderen Frau mitgehört. Sie war verzweifelt und verwirrt.

»Vater, was meinte Danas Mutter, als sie von Raun sagte, er sei eine ›Tragödie‹?« Sie schaute mit ungewöhnlicher Sanftheit und Konzentration zu mir auf. Es war offensichtlich, daß sie wußte, was »Tragödie« wörtlich bedeutete, aber all die subtilen und weitreichenden Nebenbedeutungen kannte sie nicht. Tatsächlich hatte sie aber intuitiv den Ton und die Einstellung verstanden, die die Unterhaltung vermutlich geprägt hatten.

»Bryn, wenn jemand glaubt, daß das, was passiert, schlecht ist, oder schrecklich, dann nennt er es eine Tragödie. Es ist die Art, in der Leute etwas beschreiben, was sie unglücklich oder traurig machen würde, wenn es ihnen geschähe. Vermutlich denken sie, daß es so mit Raun ist, da er anders ist als andere Kinder und sich anders verhält. Hältst du es für schlecht oder macht es dich traurig, daß dein Bruder anders ist?«

»Oh nein, Vater. Ich habe Raun lieb. Ich würde zwar gern genauso mit ihm spielen, wie meine Freunde mit ihren kleinen Brüdern oder Schwestern spielen. Aber das macht nichts, er ist so hübsch und lustig.«

Die Meinungen und Befürchtungen unserer Umwelt hatten eine Flut von Kommentaren zu unserem kleinen Sohn in

Umlauf gesetzt, die zu unseren Kindern durchgedrungen war. Es wurde geflüstert und es wurden Andeutungen gemacht. Und was meinten die Leute, wenn sie etwas eine »Tragödie« nannten? War es nur ein Wort, mit dem sie etwas etikettierten, bei dem sie sich unwohl fühlten? Vielleicht. Aber vielleicht war es auch mehr als dies. Unglücklicherweise sind sich die wenigsten von uns völlig klar darüber, daß diese Überzeugungen Urteile enthalten, die manchmal so stark sind, daß sie zu Prophezeiungen werden, die sich selbst erfüllen.

Vielleicht kann das folgende Beispiel, vereinfacht zwar, illustrieren, wie verschieden wir Dinge sehen und wie dies unsere Reaktionen und Gefühle beeinflußt. Ein Mädchen besteigt einen Zug, um zum ersten Mal ins College zu fahren. Auf dem Bahnsteig steht ihre Familie. Ihr Vater ist sehr stolz und findet es gut, daß seine Tochter zu einer so unabhängigen jungen Frau herangewachsen ist, die jetzt das College besuchen wird. Gleichzeitig ist er traurig, denn er glaubt, daß er einsam sein und sie vermissen wird. Die Mutter schluchzt und ist von dem Gefühl, daß sie etwas verliert und daß die Zeit so schnell vergangen ist, völlig überwältigt. Die kleine Schwester des Mädchens freut sich und ist guter Laune, denn sie wird das Zimmer ihrer Schwester bekommen und wird in Zukunft eine wichtigere Rolle in der neuen kleineren Familie spielen. Ein Fremder, der in diesem Moment vorbeikommt, beobachtet die Szene. Er ist dem Geschehen gegenüber völlig gleichgültig. Jede der Personen, die in dieses kleine Experiment verwickelt ist, reagiert in Übereinstimmung mit dem, was sie glaubt. Der Vater findet, daß hier etwas Positives geschieht, aber es tut ihm auch etwas weh, die Mutter leidet, und die Schwester freut sich. Der Fremde hat gar kein Urteil. Er ist nicht einbezogen und entwickelt deshalb keine Meinung und folgerichtig auch keine Gefühle.

Was wir fühlen und wie wir handeln, hängt von unseren Überzeugungen ab, die wir frei gewählt haben. Laufend nehmen wir Meinungen von Eltern, Gleichaltrigen, Lehrern, Zeitschriften, dem Fernsehen, der Regierung, Religionen und unserer Kultur an. Keine Handlung, kein Ereignis und keine Person ist von sich aus gut oder schlecht ... wir etikettieren sie als solche; wir legen fest, lieben, hassen, umarmen, lehnen ab und werden, jeder nach seinem Glauben, unglücklich oder glücklich. Und es gibt keinen Unterschied zwischen einer Überzeugung, die sich in der Kindheit gebildet hat, und einer, die wir erst gestern angenommen haben. Sofern wir ausdauernd und aktiv daran glauben, übt sie ihre Macht aus – und zwar jetzt.

Aber, wenn ich meine Überzeugungen selbst wähle, wenn ich mich selbst am besten verstehe, dann kann ich auch, wenn ich will, aufdecken, entdecken und neu schaffen: Ich kann mich für meine alten Überzeugungen entscheiden, die Überzeugungen ändern oder neue schaffen.

Wenn wir mit Raun unglücklich sind, heißt das, daß wir glauben, daß ein Kind wie Raun schlecht für uns, für sich selbst und für andere ist. Daß wir mit einem Kind wie Raun oder irgendeinem anderen Kind, das aus dem normalen Rahmen fällt, unglücklich sind, kann sich so auswirken, daß wir bestrafen oder uns ablehnend verhalten. Im Extremfall, bei einem autistischen Kind, entwickelt sich ein Kurzschluß. Da das Kind sich nicht »normal« verhält, wird es weggetan, verschlossen hinter den kalten und gefühllosen Wänden von Institutionen. Daß es lebt, wird als Last empfunden. Oft heißt es von diesen Kindern, daß sie die Ursache für das Unglück anderer seien.

Viele Familien und viele Eltern zerbrechen unter dem Druck ihrer eigenen Schuldgefühle und ihrer Verzweiflung, wenn sie eine solche Einstellung haben.

Konnten wir nicht jetzt mit Raun glücklich sein? Jetzt, obwohl wir keine Antworten auf all unsere Fragen hatten, obwohl wir kein Problem gelöst hatten, weder das seines Verhaltens noch das Problem, wie wir uns ihm gegenüber verhalten sollten. Brauchten wir es, daß Raun sich auf eine bestimmte Art und Weise verhielt, bevor wir uns mit ihm zusammen wohl fühlen konnten? Mußten wir erst überzeugt sein, daß sich etwas positiv verändern würde, ehe wir uns über unser Kind freuen konnten? Warum gestatten wir uns so oft Glück nur als Belohnung dafür, daß wir das erreicht haben, was wir wollten, oder daß wir etwas getan haben, von dem wir annehmen, daß es gut sei.

Ich will hier nicht den Eindruck erwecken, daß ich das Gefühl, unglücklich zu sein, für etwas Schlechtes halte. Ich möchte auch nicht behaupten, daß jedermann glücklich sein sollte oder glücklich sein muß, und auch nicht, daß es jedermanns Wunsch ist, glücklich zu sein. Aber denjenigen, die glücklich sein wollen, stellen sich diese Fragen.

*

Wir hatten erst angefangen, unsere Lage zu begreifen und mit Raun zu Rande zu kommen. Unsere Entscheidung, selbst etwas zu tun, wuchs, aber noch im geheimen. Wir wollten Kontakt ... wir wollten, daß Kontakt für Raun wichtig würde. Wir wollten unseren Sohn berühren und wollten, daß er uns kennenlerne.

Wir fühlten, daß unsere Fähigkeit, Raun objektiv zu sehen und ein effektives Lernprogramm für ihn zu entwikkeln, von der Voraussetzung abhing, ob wir selbst uns wohl fühlten, und demzufolge auch das Zusammensein mit Raun, und alles, was sich dabei abspielte, uns angenehm sein würde. Suzi und ich erforschten endlose Stunden lang unsere Ängste und unsere Furcht. Alles, was wir je erlebt hatten. Wir würgten unsere ganzen gallenbitteren Schuldgefühle heraus. Wir bluteten mit Worten. Wir wollten dieses Leiden nicht ... aber wir fuhren fort, unseren Blick zu klären, durch den Nebel der Verzweiflung hindurchzukommen.

Fragen. Sondieren. Gespräche nach dem Abendessen, die sich im Schlafzimmer fortsetzten. Wir lagen wach und redeten miteinander. Wir blickten durch die gläsernen Schiebetüren in den Himmel. Das Mondlicht füllte den Raum und beleuchtete die Decke. Es leuchtete das Deckengemälde aus, das einer unserer Freunde entworfen und ein anderer gemalt hatte. Ein abstrakt perspektivisches Bild aus geometrischen Formen mit einem großen Löffel, der genau über meinem Kopf hing. Ich betrachtete es, während wir redeten. Was, wenn wir Raun in eine Institution geben würden? Wo lag unsere Verantwortung? Wie würden wir unsere Angst und die Enttäuschungen ertragen können?

Wir redeten bis in die frühen Morgenstunden, dann fielen uns die Augen zu. Wir hatten Schatten unter den Augen. Wir schliefen ein, nur um mit dem Gespräch fortzufahren, sobald wir am Morgen erwachten, ohne Unterbrechung ... als ob wir gar nicht geschlafen hätten.

Es gab die psychoanalytische Theorie der kalten und feindlichen Umgebung. Wir erinnerten uns an das erste Jahr mit Raun. Wir waren immer bei ihm. Wir liebten ihn. Wir sagten es uns laut, so daß wir es hörten, und wir wußten, daß es wahr war. Wir waren immer bei ihm gewesen, so wie wir es auch bei den Mädchen gemacht hatten. Wir erinnerten uns daran, wie er sich die ersten Male von uns abgewandt hatte. Wir hatten es nicht als Rückzug begriffen. Wir dachten, er entwickle eine frühe Form von Selbständigkeit. Wir waren stolz auf seinen Mut und auf seine Stärke. Wie hätten wir wissen können, daß es der Beginn von etwas ganz anderem war ... daß er uns wie Sand durch die Finger rann. Wir taten mehr, als ein Verhalten zu billigen, wir setzten ihn nicht unter Druck, wir engten ihn nicht ein. Wir hatten es gestattet, daß er ins Leere abglitt. Langsam, über vier Monate hin, entwickelte es sich. Hatten wir vielleicht dazu beigetragen? Vielleicht, aber es schien uns nicht sehr wahrscheinlich.

Und der Kinderarzt, der gesagt hatte, daß Raun es auswachsen würde? Wir fürchteten, daß es eine kurzsichtige Diagnose gewesen war, aber wir klammerten uns doch daran, und nahmen die Verzögerung in Kauf, solange, bis wir weiterkamen.

Weitere Fragen tauchten auf und fanden keine Antwort.

Suzi im Gras. Einer der Abende, die warm und windstill waren. Sie erzählte mir von ihren inneren Gesprächen mit Gott. Als sie mit Raun schwanger war, hatte sie vergessen, Gott zu bitten, daß er gesund sein möge. Als sie die Mädchen erwartet hatte, war das ihr einziger Wunsch gewesen. Dieses Mal hatte sie sich nur gewünscht, daß es ein Junge sein möge. Und hatte einfach angenommen, daß das Kind gesund sein würde. Aberglaube? Vielleicht. Aber es war wichtig, denn es störte sie, verfolgte sie. Hatte sie den Fehler gemacht, der das Unglück verursacht hatte? Aber war es denn wirklich ein Unglück? So ging es hin und her, während der Tau unsere Haut benetzte. Wir schmetterten unsere Gedanken und unser Unwohlsein wie über ein unsichtbares Netz, bis jeder von uns ein Teil davon auffing.

Ich dachte an Raun und wie sein kleines Gesicht durch die Stäbe seines Ställchens geschaut hatte. Hatte ich mich genug mit ihm beschäftigt? Hatte ich wirklich teilgenommen an seiner Entwicklung? Ich hatte jedem Kind ungefähr gleich viel Zeit gewidmet, als sie noch klein waren. Vielleicht hätte ich mehr Zeit erübrigen können. Vielleicht hätte ich einen Unterschied machen sollen. Als ich aber meine Überzeugungen kritisch betrachtete, die meinen Ängsten zugrunde lagen, merkte ich, daß diese Ängste von folgenden Gedanken herrührten: daß die Länge der Zeit, die man mit einem Kind verbrachte, wichtiger sein könne als die Qualität der Beschäftigung während einer vielleicht kürzeren Zeit. Da ich wußte, daß dies nicht so ist, schob ich die Ängste beiseite und tat einen Schritt nach vorn. Hatte der Kinderarzt, der Raun wegen seiner Ohrinfektion behandelt hatte, ihm eine zu hohe Dosis Antibiotika gegeben? Hatte dies einen Gehirnschaden verursacht? Konnte die schwere Dehydration, die der Überdosis gefolgt war, daran schuld sein? Hatten wir unseren Kinderarzt nicht sorgsam genug ausgesucht? Waren wir unaufmerksam genug gewesen, ihn Mittel verschreiben zu lassen, ohne einzugreifen? Hatten wir die Annahme, daß ein Gehörschaden bestand, akzeptiert, um der Wahrheit auszuweichen? Wir arbeiteten jeden Gedanken durch, im Schweiße unseres Angesichts. Wir waren erschöpft.

Wir trieben uns an, alles auszusprechen, was uns nur einfiel, was negativ oder schlecht war. Wir brachten es alles auf den Tisch. Es war ein Großreinemachen unserer Gefühle, und wir wollten es gründlich machen. Wir wollten unser Unglücklichsein fruchtbar werden lassen. Wir wollten es ausschwitzen. Wir wollten uns damit beschäftigen, auf daß wir frei sein würden. Wir spielten advocatus diaboli füreinander ... Wir konfrontierten uns mit den Gespenstern unserer Furcht. Am Ende waren wir müder, aber frei. Ausgelaugt, aber lebendig und voll Verlangen. Raun gehörte uns, und wir konnten ihn zu einem Abenteuer werden lassen.

Der Sommer hatte eben begonnen. Die Luft war warm und schwer. Es roch nach Laub und fruchtbarer Erde. Wir nahmen die Mädchen für ein Wochenende hinaus nach Shelter Island, und ließen alle Projekte, an denen Suzi und ich zur Zeit gemeinsam arbeiteten, hinter uns. Raun blieb bei Nancy, einem siebzehn Jahre alten Mädchen, das seit fünf Jahren praktisch zur Familie gehörte.

Wir wollten unsere Gefühle mit Bryn und Thea besprechen. Wir wollten mit ihnen zusammen sein und ihnen helfen, uns und Raun zu verstehen.

Bryn hatte regelmäßig versucht, mit ihrem Bruder in Kontakt zu kommen. Meistens akzeptierte sie, daß sie ihn nicht interessierte, aber zur Zeit fing sie an, frustriert und traurig zu werden. Gerade in dieser Woche hatte eine Ablehnung von ihm sie aus der Fassung gebracht.

Round-table-Diskussion. Sogar Thea, erst fünf Jahre alt, war ein engagierter, gleichberechtigter Gesprächspartner. »Daddy«, sagte Bryn, »vielleicht mag Raun mich nicht, vielleicht mache ich irgend etwas falsch und er will nicht mit mir zusammensein.«

»Okay«, sagte ich, »könntest du dir vorstellen, daß Raun dir manchmal nicht antwortet weil er dich nicht hört? Wenn er zum Beispiel taub wäre, wärst du ärgerlich, wenn er dich nicht anschauen würde, sobald du ihn rufst?«

»Natürlich nicht, Daddy.«

»Gut«, antwortete ich. »Wir wissen nicht, warum euer Bruder so ist. Viele der Ärzte, die ihn untersucht haben, nennen die Art, wie er sich verhält, autistisches Verhalten – was der Sache nur einen Namen gibt. Vielleicht kann Raun sich zur Zeit nicht anders verhalten. Aus irgendeinem Grund ist es schwierig für ihn, uns anzuschauen oder mit uns zu spielen . . . er gibt sich vermutlich alle Mühe. Wenn du ihn also rufst und er dir nicht antwortet, heißt das nur, daß er es nicht kann, oder nicht weiß, wie er reagieren soll. Es heißt nicht, daß er dich nicht liebt, oder daß du ihm nichts bedeutest.« Bryn liefen die Tränen über die Wange aber sie sah nicht mehr ärgerlich oder frustriert aus. Es sah aus, als ob sie etwas neu begriffen hätte. Suzi hielt sie im Arm und streichelte ihr Haar. Ich hielt Theas Hand fest, als auch ihre Augen feucht wurden.

Am nächsten Morgen ließen wir uns am Strand von der Sonne braten. Das Licht tanzte auf dem Wasser. Wir aßen Thunfischbrote und tranken warmes Cola und genossen es. Bryn und Thea wagten sich mit den Zehen ins Wasser, lachend und kichernd. Manchmal sahen sie sich sogar nach uns um und winkten.

Thea hatte ihre Gefühle nicht wirklich geäußert. Wir hatten bemerkt, daß ihre Beziehung zu Raun nicht ganz so problematisch war. Thea liebte es selbst, allein zu sein. So machte es ihr wenig aus, daß Raun dies auch bevorzugte. Wenn er nicht bemerkte, daß sie sich mit ihm beschäftigen wollte, spielte sie neben ihm im gleichen Zimmer für sich allein. Sie war dann bei ihm, brauchte es aber nicht, daß er mitspielte.

Trotzdem bohrte Suzi sanft nach. Nach Hunderten von Versuchen sagte Thea etwas. Sie hatte bemerkt, daß Raun zunehmend mehr Aufmerksamkeit bekam. Die Gewichte auf der Waage schienen sich verändert zu haben. Sie schien etwas eifersüchtig zu sein. Wir sagten ihr nochmals, weshalb das so war, und daß wir sie trotz allem noch genauso liebten wie vorher. Sie lächelte etwas benommen. Das war es, was sie hatte wissen wollen . . . sie hatte eine Rückversicherung nötig gehabt.

Am letzten Abend liehen wir uns ein Motorrad. Suzi und ich fuhren ganz um die kleine, sonderbare Insel herum. Wir dachten an andere Zeiten, an die ersten Jahre unserer Ehe. Als wir auf einem anderen Motorrad über die Berge von Vermont nach Kanada gefahren waren. Wir hatten an Straßenständen gegessen, auf den Bordsteinen waren wir gesessen und hatten die Straße als Tisch benutzt. Jede Woche hatten wir unsere letzten Pfennige gespart, um Zigaretten kaufen zu können. Es war die Zeit gewesen, als ich noch schrieb, und Suzi uns beide verhielt.

Die Luft massierte unsere Gesichter jetzt schneller und stärker. Suzi legte ihre Hände um meine Taille. Ich lenkte die Maschine in eine Kurve, und sie legte sich schräg in der Überhöhung der Straße. Ich fühlte, wie Suzi anfing zu weinen. Wir hielten an und gingen am Wasser entlang. Sie weinte aus sich heraus, was an Schmerz noch in ihr geblieben war. Scheinwerfer blitzten über das Wasser und blinkten auf Suzis tränennassem Gesicht.

Sonntag nacht. Wir waren wieder daheim, nahmen unser Leben wieder auf und versuchten, es in den Griff zu bekommen. Wir hatten alle Bezeichnungen und diagnostischen Konzepte überlegt. Ebenso all die ausgefeilten Theorien und Prozeduren. Wir hatten die Ansichten der Fachleute gehört, und was sie über Hoffnungslosigkeit und begrenzte Zukunft zu sagen gehabt hatten. Sogar unser Hausarzt hatte sein Interesse verloren und kopfschüttelnd zu Boden geblickt, als er die Diagnose gelesen hatte. Wir lernten Eltern kennen, deren Kinder dasselbe hatten. Wir hörten ihr Aufbegehren, ihre Anschuldigungen, wir sahen ihre Angst, ihre Schuldgefühle, ihr Suchen. Sahen, daß auch sie keine Hilfe und keinen sinnvollen Rat bekamen. All diese traditionellen Überzeugungen, daß es keinen Sinn habe, die ganze Erschöpfung und Hoffnungslosigkeit. Das Aufgeben. Die halbherzigen Anfänge. Die unumgängliche und tragische Institutionalisierung. Wir sprachen mit dem Mann, der uns mit Option zusammengebracht hatte, über unser Dilemma, und sogar er meinte, wir sollten Raun allein lassen. Er meinte, daß Raun zu uns kommen würde, wenn er es könne, und wenn er es wolle.

Wir waren nicht seiner Meinung. Wir glaubten nicht, daß Raun die entsprechenden rezeptiven und begrifflichen Fähigkeiten hatte entwickeln können, überhaupt selbst entscheiden zu können, ob er in unsere Welt kommen wollte oder nicht. Wir wußten, daß wir mehr tun konnten, als ihn einfach allein zu lassen. Wir wollten mehr tun. Warum gab es keine Options-Methode, um solche Kinder wie Raun zu erreichen und zu erziehen?

Wir waren auf uns selbst gestellt. Nur Suzi und ich. Wir mußten es zusammen machen. Was wußten wir über unseren Sohn? Er war weit weg und wie in einer Zelle für sich ... das war wahr. Aber er war auch sanft, weich und schön, glücklich mit sich und seinen Vorstellungen von der Welt. Ruhig und friedlich und mit einem unglaublichen Talent begabt, sich auf Dinge zu konzentrieren. Raun war eine Blume, kein Unkraut. Er war eine Reise, keine Last. Vielleicht ein Geschenk, aber sicher keine Heimsuchung. Wir beschlossen zu handeln.

Wir entschieden, daß wir zwar etwas anderes und vielleicht manchmal ganz bestimmte Dinge für Raun wollten, daß unsere Beziehung zu ihm aber nie davon abhängen dürfe, ob unsere Wünsche erfüllt würden. Wir wollten glücklich mit ihm sein und nicht anfangen, ihn unseren Beurteilungen zu unterwerfen ... das war es, wie wir beginnen wollten. Obwohl dies schon vorher unsere Haltung gewesen war, half es uns, daß wir uns nochmals darin bestärkt hatten, daß wir es in Worte gefaßt hatten. Es half uns auch, das ganz Besondere in der Art und Weise zu erkennen, wie wir mit unserem »besonderen« Sohn umgehen würden.

Wir würden den Boden küssen, den die Wissenschaft verflucht hatte. Wir wollten die Schönheit dieses Kindes umarmen. Raun sollte für uns eine bereichernde Reise in unsere eigene Menschlichkeit werden. Wir würden den Weg zusammen gehen.

Drei

Keine Bedingungen, keine Erwartungen, keine Urteile: mit dieser Einstellung wollten wir beginnen. Wir wollten nicht nachlassen, Raun zu akzeptieren und sein Verhalten gutzuheißen – immer und immer wieder aufs neue. Wir entschieden uns, seine »Ticks« (das rituelle Schaukeln, Tellerkreiseln, Fingerschnippen usw.) nicht als »Ticks« zu betrachten. Denn die erste Phase der Beobachtung hatte in der Tat etwas ergeben: wir hatten das Gefühl, daß für Raun diese »Ticks« Hilfen waren, mit denen er seine komplexen und bizarren Eindrücke verstehen und Ordnung in ein Chaos bringen konnte. Vielleicht war dies ein sehr gesunder Versuch Rauns, mit allem fertig zu werden – und hatte doch die Bedeutung, etwas über uns oder seine Umgebung auszusagen. Vielleicht waren sogar das exzessive Grimassieren und die übermäßige Speichelabsonderung, die stundenlange Beschäftigung mit seinen Fingern, die zwanghafte Vorliebe für das immer gleiche: vielleicht waren das alles nur Adaptionsversuche eines nicht funktionierenden Systems, Versuche, sich einer nie berechenbaren Welt zu stellen und sie in den Griff zu bekommen.

Als erstes mußten wir ihn vollkommen kennenlernen. Wir entschieden uns für ausgedehnte Beobachtungssitzungen. Suzi und ich brachten endlose Stunden damit zu neben Raun zu sitzen, und ihm zuzusehen. Den Morgen verbrachten wir mit ihm, wie er auf dem Küchentisch saß und das Licht, das durch die bunten Glasfenster schien, auf seinem vor- und rückwärtsschaukelnden kleinen Körper tanzte. Wir gingen um ihn herum und betrachteten seine Silhouette, die sich auf dem bleigefaßten Glasfenster abzeichnete, das in der Wand eingelassen war. Die religiösen Szenen dieses Fensters waren ein seltsam passender Hintergrund für sein rituelles Schaukeln. Die Nachmittage verbrachten wir im Freien, im Wald hinter unserem Haus. Raun saß zwischen uns. Die hundertjährigen Eichen spendeten Schatten und schützten uns vor der Sommersonne.

Wir beobachteten ihn, wie er hin- und herschaukelte und jeden runden Gegenstand, den er fand, kreiseln ließ. Wir fingen an, das gleiche zu tun – wir taten dies für ihn, aber auch für uns. Wir hofften, irgendeine wichtige Einsicht dadurch zu bekommen, irgend etwas besser zu verstehen. Außerdem glaubten wir, daß dies einer der wenigen uns offenstehenden Wege war, auf dem wir ihn erreichen konnten, ihm zeigen konnten, daß wir bei ihm waren. Wir wollten die Winke, die er uns selbst gab, als Basis für eine Kommunikation benutzen.

Abende zu Hause. Raun sitzt in der Mitte eines vielfarbigen Navajoteppichs und läßt seine Teller über die komplizierten geometrischen Muster der dicht gewebten Fäden kreiseln. Er blickte nie auch nur ein einziges Mal auf – weder um uns anzuschauen noch um die Bilder zu betrachten, die an den Wänden hingen und die seine Mutter gemalt hatte. Nie sah er zum Fenster hinaus, um etwa den Himmel zu sehen oder die vom Wind bewegten Bäume. Nie verließ er seinen Aktionsradius.

Wir begannen ein alle Aktivitäten Rauns erfassendes Imitationsprogramm durchzuführen, das weiter reichte als unsere Beobachtungssitzungen. Wann immer Raun Teller kreiseln ließ, und wenn es Stunden dauerte, nahmen Suzi, ich, oder wer immer im Haus war, ebenfalls Teller oder Pfannen, setzten uns neben ihn und ließen sie kreiseln.

Es kam vor, daß an die sieben Leute neben ihm saßen und Teller kreiseln ließen, und aus dem »Tick« wurde ein alle verbindendes Ereignis, das Spaß machte und das man akzeptieren konnte. Auf diese Art konnten wir mit ihm zusammensein, konnten ihm irgendwie zeigen, daß er in Ordnung war, daß wir ihn liebten, daß wir uns um ihn kümmerten und ihn akzeptierten, wo immer er auch war.

Wir befanden uns damit in direktem Widerspruch zu einer der in der neuesten Zeit entwickelten Methoden, mit diesen Kindern umzugehen, die immer beliebter wurde. Sie nennt sich Verhaltensmodifikation (behaviour modification), hat aber bis jetzt nur begrenzte Erfolge aufzuweisen. Trotzdem benutzen sie immer mehr Fachleute als alleinige Therapie. Wir fanden, daß es sich dabei um eine teilweise nützliche erzieherische Technik handelte (die wir selbst ab und zu anwandten), daß aber die Voraussetzungen und die Überzeugungen, die dieser Technik zugrunde lagen, sie als Basis für ein ganzes Programm sehr fragwürdig werden ließ. Zum einen fällte der Behaviorist schon ganz zu Anfang eine ganze Reihe von Urteilen über ein autistisches Kind oder ein Kind mit abweichendem Verhalten. Einige der Aktivitäten eines solchen Kindes wurden als »schlecht« oder »unerwünscht« einkategorisiert und damit abgestempelt, andere als »gut«. Was jeweils die Gründe für ein bestimmtes Verhalten waren, wurde in der Behandlung nicht berücksichtigt. Nur mit dem, was konkret an der Oberfläche sichtbar wurde, beschäftigte man sich. Wenn so die »Ticks« als unerwünscht angesehen wurden, versuchte man sie durch ein ausgetüfteltes System von Belohnungen und Strafen wegzubringen.

Was überhaupt nicht in Erwägung gezogen wurde, war die Würde des Kindes, war sein Recht, so zu sein wie es war. Das, was das Kind zu sagen hatte, und wie es dies sagte, wurde nicht berücksichtigt. Wenn eine Methode von Mißbilligung ausgeht, auch wenn diese Mißbilligung nicht offen ausgesprochen wird und nur partiell vorhanden ist; wenn die Meinung besteht, daß diese kleinen Menschen schlecht seien und ihr Verhalten irgendwie falsch, was kann dabei im besten Fall herauskommen?

Wenn man einen Menschen unter Druck setzt, wird er

fast automatisch versuchen, den Druck zurückzugeben. Man sagt dem Kind, daß es unter den Bedingungen, die man selbst als akzeptierbar definiert, mit einem zusammenleben »muß« oder »sollte«. Warum sollte jemand mit einem Menschen zusammenleben, der ihn nicht akzeptiert? Wie kann man von jemand etwas lernen, der einem jegliche Freiheit und jegliches Recht in diesem Lernprozeß verweigert? Warum sollte man das, was das Kind selbst will, mißachten?

Wir waren davon überzeugt, daß der erste und wichtigste Schritt auf unserem Weg es war, Raun auf jede nur erdenkliche Weise wissen zu lassen, daß er akzeptiert wurde und daß wir alles, was er tat, guthießen. Es war uns klar, daß der Erfolg im Endeffekt ein geringer sein würde, wenn wir ihn unter Druck setzen würden. Wenn wir in seine Welt eindringen würden, dann mit ihm *zusammen,* mit seiner Erlaubnis; er selbst mußte es wollen. Wir waren überzeugt, daß sein derzeitiges Verhalten das beste war, was er geben konnte, und wenn wir mehr von ihm wollten, mußten wir ihn erst dazu bringen, daß er es selbst wollte. Wir mußten ihm helfen, ihm den Weg zeigen, ihn lieben.

Mehr Tage der Beobachtung folgten. Suzi und ich saßen auf dem Boden seines Ställchens, Raun auf der anderen Seite. Zuerst das Schaukeln, dann das Kreiseln. Seine Bewegungen schienen so planvoll, es haftete ihnen überhaupt nichts Zufälliges an.

Es war, als wenn wir in das Funktionieren einer geschlossenen Welt Einblick erhalten würden. Ein kleiner Junge, der sich in der Komplexität seiner selbststimulierenden Aktivitäten verloren hatte. Seine Stimmung fiel uns auf: Er war restlos glücklich. Obwohl die einschlägige Literatur, zumindest ein überwältigender Teil, Autismus als Psychose definierte, schien Raun nicht in dieses Schema zu passen. Er war autistisch, aber er war nicht psychotisch.

Was ich gelesen hatte, schien in keinem Zusammenhang zu stehen. Einige Autoritäten definierten die »Ticks« als Symptome, als die sichtbar werdenden Spitzen der darunterliegenden Gefühle, zufällig in der Art und Weise wie sie manifest wurden, und deshalb nicht der eigentliche Gegenstand, mit dem man sich befassen mußte. Andere sahen sie als definitive Aussagen, als Proteste des Kindes oder als Äußerungen der Ablehnung seiner Umwelt gegenüber. Ich fragte mich, ob jemand, der sich ohne vorgefaßte Meinung, ohne Vorurteile neben ein solches Kind setzte und es beobachtete, je solche Hypothesen aufstellen könnte? Was Raun tat, tat er in jeder Situation, ob wir dabei waren oder nicht. Seine Bewegungen waren sehr präzis. Außerdem waren sie für ihn angenehm und tröstend. Nur für vereinzelte und schnell vorübergehende Augenblicke wagte er es, aus sich herauszugehen und Kontakte aufzunehmen. Jedesmal schien es ihm große Schwierigkeiten zu bereiten. Daß uns mehr und mehr klar wurde, daß seine Verhaltensmuster konstruktiv waren, sollte uns schließlich helfen, in seine Welt einzudringen.

Üblicherweise wird die Diagnose »Autismus« bei einem Kind erst mit drei oder vier Jahren gestellt. Manche Eltern werden nicht aktiv, bis ihr Kind noch älter ist und sein Verhalten augenscheinlich vom Verhalten anderer Kinder abweicht. Andere verdrängen, aus eigener Furcht und Ängstlichkeit, was sie sehen. Noch andere wollen sich möglichst früh beraten lassen, mit dem Ergebnis, daß sie einer Front von Kinderärzten und Fachleuten gegenüberstehen, die ihnen raten abzuwarten.

Wenn das Kind für Jahre in diesem autistischen Zustand belassen wird, sind seine bizarren Verhaltensmuster normalerweise mit einer großen Portion Wut und Schmerz durchsetzt. Vielleicht ist, was oft als Ursache des Autismus gesehen wird, nur eine zwangsläufige Folgeerscheinung.

Wenn diese Kinder die Welt nicht in einer sinnvoll funktionierenden Art beherrschen können, wenn sie aber gezwungen werden, in einer Umwelt zu leben, in der erwartet wird, daß man die Welt in den Griff bekommt, und in der man in dieser Richtung Druck ausübt, dann kann das

Unvermögen, dies zu leisten, sehr leicht Ängste hervorrufen. Wenn dies ohne Unterbrechung oder Erleichterung weitergeht, könnten die emotionalen Probleme dieser Kinder zu groß werden, und ihr Elend könnte so akut werden und so überhandnehmen, daß sie es in ihrem Verhalten zum Ausdruck bringen und so fremdartig und nicht akzeptierbar werden, daß man sie als schizophren bezeichnet.

Raun war nicht so. Mit siebzehn Monaten war er, was seine Stimmung und seine Gefühle anbelangte, ein Kind, das eins war mit sich selbst, das in sich ruhte. Er lebte nicht unter Druck und niemand mißbilligte irgend etwas, was er tat. Und obwohl sein autistisches Verhalten zunahm, war das Muster noch nicht eingeschliffen. Er war nicht wütend oder verängstigt, sondern glücklich und zufrieden. Es gab keinen Grund anzunehmen, daß sich sein abweichendes Verhalten auf Grund eines emotionalen Traumas und auf Grund von Belastungen entwickelt hatte. Es gab keinen Grund anzunehmen, daß Rauns Krankheit als Reaktion auf seine Gefühle entstanden war.

Morgen für Morgen, in seinem Ställchen stehend, starrte er mit weit offenen Augen in sich selbst hinein – mit glänzenden Augen in dem porzellanartigen Gesichtchen. Es war ein Bild von einzigartiger Leuchtkraft, wenn eine leichte Brise sein lockiges Haar bewegte und sein Gesicht kühlte. Wenn Suzi seine Windeln wechselte oder sein Gesicht wusch, akzeptierte er diese Störung passiv, schaute sie flüchtig an und kehrte in seine private Welt zurück. Der weiche weiße Babypuder verschmolz mit seiner Haut, ohne ihn zu stören. Er war hochintelligent. Jetzt war der Zeitpunkt, an dem wir ihn am besten erreichen, an dem wir ihm unsere Liebe am sinnvollsten und am verläßlichsten zeigen konnten.

Wir waren bei ihm, teilnehmend, beobachtend, ob er auf dem Tisch saß, oder auf dem gekachelten Boden, ob er auf dem Teppich hin- und herschaukelte oder auf dem zementierten Weg im Freien Dinge kreiseln ließ. Von früh am

Morgen bis in den frühen Abend hinein, wenn er schlafen ging, blieben wir ohne Unterbrechung mit ihm zusammen. Wir ließen Mahlzeiten ausfallen oder aßen auf dem Boden neben ihm, jede Sekunde zählte. Wir notierten alles, was wir beobachteten, auch die Fragen, die wir uns stellten. Aus den Stunden wurden Tage, aus den Tagen Wochen. Wir versuchten, ihn so genau kennenzulernen, als ob wir in ihm drin wären.

Wir fühlten, wie unsere Achtung vor seiner Würde und Besonderheit unendlich zunahm.

Während der zweiten Woche unserer Marathon-Sitzungen passierte es. Wir hatten ihn seit Stunden beobachtet, wie er jedes runde Objekt, jeden Teller, jeden Deckel, Platten, Pfannen und Bälle in kreiselnde Bewegung setzte. Plötzlich stieß er auf eine rechteckige Schuhschachtel. Er nahm sie vom Boden auf und hielt sie für nahezu fünfundzwanzig Minuten in den Händen. Er bewegte sich nicht, strich nur ab und zu mit der Hand darüber, berührte die Pappe, während seine Augen die Kanten prüften. Dann, ganz plötzlich, stellte er die Schachtel auf einer ihrer Ecken auf, balancierte sie mit der linken Hand aus und versetzte sie mit der rechten in kreiselnde Bewegung. Das war kein »trial and error«. Er hatte sich genau und sehr intelligent überlegt, was er tun mußte, um das zu erreichen, was er wollte. Bevor er sich überhaupt bewegt hatte, und ohne es auch nur ein einziges Mal praktisch zu versuchen, hatte er nur durch Überlegen festgestellt, daß die Schuhschachtel für den Zweck, sie kreiseln zu lassen, brauchbar war, und hatte herausgefunden, wie das zu bewerkstelligen sei. Er war nur siebzehn Monate alt. Es war unglaublich. Erstaunlich, klug. Es war ein wichtiges Einzelteil in seinem Verhalten, ein Hinweis auf seine große Intelligenz, die wir hinter den bizarren Verhaltensmustern spürten.

Was aber sollten wir von dem auffälligsten Symptom halten? Dem Symptom, das am charakteristischsten ist für autistische Kinder, der Faszination von unbelebten Dingen, während die Welt der Menschen und der Kontakt zu Menschen ignoriert wird? Wie Raun auf dem Fußboden. Wenn er sich nicht selbst stimulierte, konnte er zeitenweise an die zehn oder zwanzig Minuten ins Leere starren. Einer Sphinx ähnlich, die, gebannt in Zeit und Raum, die eindrucksvolle Pyramide der Realität betrachtet.

Rauns Aufmerksamkeit hatte sich auf den Fuß des Eßtisches gerichtet, der mit alten Schnitzereien reich verziert war. Seine Augen kamen nicht los davon. Was hier sein Interesse erregte, bewegte sich nicht, es gab keine Töne von sich. Dieser Tischfuß würde sich nur bewegen, wenn ihn jemand verschob und das war ziemlich unwahrscheinlich. Dieser leblose Tischfuß war in höchstem Maß berechenbar. Er war ihm sicher. Mit Dingen, die sich nicht bewegten, konnte er fertig werden. Einer begrenzten Auswahl von Dingen konnte er sich zuwenden, wie der Tasse zum Beispiel, die er kreiseln ließ und die er für seine eigenen Zwecke einsetzen und unter Kontrolle halten konnte.

Anders war es mit den Menschen. Wenn sie das Zimmer betraten, bewegten sie sich normalerweise. Sie waren unberechenbar, laut, es war unmöglich vorauszusehen, was sie tun würden, sie entglitten seiner Kontrolle. Wenn irgend etwas mit Rauns Fähigkeit sich zu erinnern, mit seinem Gedächtnis nicht stimmte – mit seiner Fähigkeit, sich in Raum und Zeit zu orientieren und sich seine Umwelt entlang dieses Raum-Zeit-Rasters zusammenzufügen –, wenn dies der Fall war, dann war es bestimmt einfacher für ihn, sich mit Dingen zu beschäftigen. Wenn jeder, der das Zimmer betrat, für Raun völlig neu und unbekannt war, ein Erlebnis, das er mit nichts in Verbindung bringen konnte – dann konnte das bedeuten, daß jeder von uns für Raun Hunderte von immer wieder neuen Personen war. Was für ein verwirrendes Bombardement von Eindrücken wir für ihn dann sein mußten, ein sich stetig veränderndes Spektrum sporadisch auftauchender Bilder!

Um die Sache noch komplizierter zu machen, bewegten

wir uns natürlich auch jedesmal verschieden schnell, gingen immer wieder woanders hin und machten immer wieder andere Geräusche. Wenn wir für Raun nicht begreifbar waren, wenn wir für ihn nur ein Wirrwarr von Eindrücken waren, warum sollte er uns dann nicht einfach ausschließen? Warum sollte er nicht der unendlich friedvolleren und berechenbareren Welt der Dinge den Vorzug geben?

Er war weit weg und getrennt von den Menschen und richtete all seine Energien auf Objekte. Zwangsläufig wird sich ein solches Kind nicht auf Menschen beziehen und sie nicht nachahmen. Deshalb war die Fähigkeit zu lernen stark begrenzt und manchmal war es diesen Kindern unmöglich, überhaupt etwas zu lernen. Es würde sehr schwer für ihn sein, sprechen zu lernen, was ebenfalls durch Nachahmung geschieht. Es kam hinzu, daß Kommunikation und die Einflußnahme auf Leute innerhalb seiner Umgebung für Rauns Welt, in der Menschen nicht existierten, keinen Sinn ergab.

Nach allem, was wir beobachteten, ist die Annahme, daß diese Kinder sich bewußt nicht auf Menschen beziehen, richtig, man muß sie allerdings in einem sehr wichtigen und grundsätzlichen Punkt korrigieren: Diese Kinder zögern, Dinge zu tun, die für sie außergewöhnlich schwierig und problematisch sind. Unglücklicherweise fallen darunter oft die alltäglichsten Verhaltensweisen und höchst einfache Aktivitäten. Sie ähneln einem Menschen, dessen Gleichgewichtsorgan im inneren Ohr gestört ist, und der das Seiltanzen aufgibt, nachdem er es oft versucht hat, und findet, daß es extrem schwierig oder sogar unmöglich ist. Auch Raun wählte unter diesen Umständen das, womit er zu Rande kam – es würde unglaubliche Energie oder ein ebenso starkes Verlangen erfordern, das Begreifbare für das Unbegreifbare zu verlassen.

Wir hatten den Eindruck, daß eine Störung seiner Perzeption und seiner Denkfähigkeit vorlag. Normalerweise saß Raun, sobald er aufwachte, in seinem Bettchen und fixierte seine Hände. Er konzentrierte sich meist auf nur eine Hand und führte sie nahe an seine Augen heran oder bewegte die Finger. Manchmal hatten diese Fingerbewegungen etwas Rhythmisches an sich. Dies passierte häufiger im Laufe eines Tages. Jedesmal, wenn er zufällig seine Hand sah, hielt er an und betrachtete sie forschend. Das konnte stundenlang dauern. Wäre er zwischen vier und acht Monaten alt gewesen, wäre uns daran nichts aufgefallen, er wäre ein Kind gewesen, das seinen Körper entdeckt. Aber was bedeutete es, wenn ein Kind, das ein ganzes Jahr älter war, immer noch jeden Teil seines Körpers als etwas Neues entdeckte? Jedesmal, wenn er seine Hände sah, schien er sie zum ersten Mal zu sehen. Das machte sie natürlich zu einem Gegenstand, den man endlos betrachten konnte. Jedesmal war dies wieder eine neue Erfahrung, nicht verbunden mit der Erfahrung davor, nicht im Gedächtnis gespeichert. So lebte er nur im Jetzt der Erfahrung, die er gerade machte, ohne auf frühere Erfahrungen oder bereits erworbenes Wissen zurückgreifen zu können. Wenn es so war, daß sich ihm nichts sinnvoll zusammenfügte, dann würde er natürlich Stunden und Tage, ja sogar Jahre damit verbringen, immer wieder die gleiche Erfahrung zu machen. Und selbstverständlich hatte er dann keine Zeit, Neues zu lernen. Er wäre begrenzt und würde rettungslos zurückbleiben. Und doch . . .

Wir hatten schon seit einiger Zeit ein Experiment mit Raun begonnen: Wir konnten ihn gut dazu bekommen, Augenkontakt mit uns aufzunehmen und diesen aufrecht zu halten, wenn wir ihm ein Plätzchen zeigten. Wir hielten es ihm nahe vor die Augen, warteten, bis er es fest ansah und bewegten es dann langsam, so daß er es mit den Augen verfolgen konnte. Suzi hielt dann ein Stück Papier hoch und ich ließ das Plätzchen dahinter verschwinden. Raun folgte dem Plätzchen mit den Augen, bis zu dem Punkt, an dem er es nicht mehr sah. Diesen Punkt fixierte er weiter, starrte verwirrt ins Leere, verweilte dabei einige Zeit und wandte sich dann ab. Selbst wenn wir ihm zeigten, daß das Plätzchen sich hinter dem Papier befand, verlor er den Kontakt und die Orientierung, sobald das Papier ihm die Sicht versperrte.

Piaget zufolge hat bereits ein Kind von acht Monaten die intellektuelle Reife und Fähigkeit, das Bild eines Objekts im Gedächtnis zu behalten, selbst wenn es die Objekte, die es sich vorstellte, nicht wirklich sah. In den meisten Fällen wird ein Kind von acht Monaten etwas, was vor ihm versteckt wurde, suchen. Raun konnte sich mit acht Monaten an ein Objekt, das er nicht mehr sah, nicht mehr erinnern, und er suchte es nie. Wenn er es nicht mehr sah, verschwand es aus seinem Gedächtnis.

Oder: Rauns beständigstes Interesse waren, neben seinen »Ticks«, bestimmte Dinge, die er gerne aß. Trotzdem verlangte er nie nach etwas zu essen und weinte nie, wenn er etwas zu essen wollte; tatsächlich äußerte er nie irgendwelche Wünsche. Wenn er nichts zu essen bekam, protestierte er nie und bat auch nie darum. Aber wenn Essen vor ihn hingestellt wurde, wußte er, daß es etwas war, was er essen konnte, und wenn er hungrig war, aß er es. Vielleicht fragte Raun nie nach Nahrung, weil er nicht wußte wie. Wenn wir ihm aber Babynahrung (das einzige, was er essen konnte, ohne sich zu verschlucken) fütterten, aß er sie mit sichtbarem Vergnügen. Wenn er das, was vor ihm stand, aufgegessen hatte, gleichgültig, ob es viel oder wenig gewesen war, verlangte er nie nach mehr.

Jedesmal, wenn er gefüttert wurde, war die Erfahrung vollkommen neu für ihn und er war unfähig, sie irgendwo einzuordnen. Sein Körper registrierte zwar, daß er hungrig war, sein Verstand aber konnte das Gefühl »Hunger« nicht mit »Essen« in Verbindung bringen. Es war, als ob er es jedesmal aufs neue vergessen hatte. Er unternahm nichts, um etwas zu essen zu bekommen, es gab für ihn nichts, was er hätte unternehmen können.

Das, was um ihn herum geschah, seine Umgebung, hatte in den wenigsten Fällen irgendeine Bedeutung für ihn.

Und was war mit dem Kreiseln und dem Hin- und Herschaukeln? Vielleicht war dies ein Mittel, den Ansturm dessen, was auf ihn zukam, das Bombardement der Sinneseindrücke zu mildern. Wenn Raun sich über die Dinge beugte, die er kreiseln ließ, schaukelte er hin und her, als ob er mit ihnen eins sei. Auch die sich ruckartig und zuckend bewegenden Hände und Finger schienen teilzunehmen. War es möglich, daß Raun in einer Welt lebte, die sich immerzu drehte? Konnte es sein, daß die Infektion des Ohrs, die er sich in den ersten Wochen seines Lebens zugezogen hatte, die richtige Entwicklung und das Funktionieren des Innerohrs verhindert hatte? War es ihm immerzu schwindlig? Obwohl er laufen gelernt hatte, als er ein Jahr alt war, und seine Bewegungen sicher waren, ging er oft auf Zehenspitzen. Versuchte er, die Balance zu halten? Vielleicht brachte er deshalb alles in Kreisbewegung, damit die äußere Realität der Realität entsprach, wie er sie sah. Das hätte dann bedeutet, daß er die Welt zum Stillstehen gebracht hätte.

Diese selbststimulierenden Aktivitäten enthielten ihr eigenes sensorisches Feedback. In vieler Beziehung tat Raun nichts anderes als jemand, der vor sich hinsummt, in einem Schaukelstuhl schaukelt oder endlos mit den Fingern zur Musik schnippt. Auch dies sind selbststimulierende Verhaltensweisen, es gibt aber einen wichtigen Unterschied: Sie sind gesellschaftlich akzeptiert und werden für gewöhnlich nicht exzessiv ausgeübt. Fragen. Unbeantwortbare Fragen.

Auditive Insensibilität und Vor-sich-hin-Starren. Ein kleiner Junge, der sehen konnte aber nichts zu sehen schien, der hören konnte aber scheinbar nichts hörte. Suzi konnte ihn rufen und er würde nicht antworten. Einmal feuerte ich, kaum einen halben Meter von ihm entfernt, ein Buch auf einen Tisch. Er schien es nicht zu hören, er zuckte nicht einmal mit den Augen und bewegte sich nicht. Manchmal allerdings konnte es vorkommen, daß leise Musik, die aus einem anderen Raum kam, ihn aufmerksam machte. Man konnte nichts voraussagen. Das galt auch für das, was er sah.

Manchen Dingen gegenüber war er blind und behielt sein Starren bei, andere nahm er schnell und voll Interesse wahr. Eines Morgens bewegte ich meine flache Hand schnell vor seinen Augen hin und her; er zuckte nicht einmal mit den Lidern. Sein Wahrnehmungssystem war intakt, aber er konnte es abschalten , wenn er es wollte. So außergewöhnlich es klingt: Er konnte Eindrücke, die seine Sinne aufgenommen hatten, abschalten. Warum?

Es gab vielleicht keine einfach erreichbaren Antworten, aber es gab genug Hinweise, um eine Hypothese aufzustellen. Es war möglich, daß er von Eindrücken überflutet wurde, oder Eindrücken gegenüber übersensibel war. Dann war es vielleicht eine Art Selbstschutz, daß er seine Rezeptionsfähigkeit abblocken konnte. Aber vielleicht war auch gerade das Gegenteil wahr. Es war möglich, daß seine Rezeptionsfähigkeit insgesamt klein war und daß er deshalb eine Sinnestätigkeit ausschaltete, um sich auf die andere zu konzentrieren und diese auszubauen. Wenn er etwas betrachtete, schien er nichts zu hören, wie wenn er sich nicht ablenken lassen wollte. Manchmal, wenn er zuhörte, waren seine Augen ins Leere gerichtet. War das sein Problem: das, was ihn erreichte, zu regulieren, Eindrücke zu vereinfachen, um sie leichter verarbeiten zu können? Und manchmal schien es uns, als ob es noch eine dritte Möglichkeit gebe – daß das, was er sich aus dem ganzen Sinnenmaterial in seinem Kopf schuf, so voll Leben und so schöpferisch war, daß er aufhörte, die Außenwelt wahrzunehmen, um dem zuzusehen, was an Bildern in seinem eigenen Inneren entstand. Vielleicht kam alles zusammen. Unsere Aufgabe war es, aufmerksam zu bleiben, auf ihn einzugehen und ihm zu helfen, seinen Kontakt mit der Außenwelt zu regulieren.

Es war eine Frage der Perzeption und das Problem war ein Problem des Erkennens, des Behaltens und des Sich-Erinnerns. Die volle Kraft des Denkens fehlte Raun. Es war ein kognitives Problem, die Unfähigkeit, neues Erfahrungsmaterial zu altem in Beziehung zu setzen, die Unfähigkeit, von einer Erfahrung ausgehend zu verallgemeinern. Er konnte seine Einzelerfahrungen nicht in einen Zusammenhang bringen. Der Zauber, der die Teile zusammenhielt, fehlte. Es gab kein Ganzes, das bestimmten Gesetzen unterlag, sondern nur Fragmente, Einzelteile. Es war, als wenn er in einer urtümlichen Erwartungshaltung verharrte und auf Hilfe wartete, aber nie auf die Idee kam, sie irgendwo zu suchen – und vielleicht gar nicht wußte, was er suchte, bis es in sein Gesichtsfeld kam.

Raun Kahlil: beschränkt auf das Jetzt seiner Eindrücke. Wir wußten, daß letztlich die Entwicklung der Sprache für Raun ausschlaggebend sein würde. Sie würde ihm helfen, das, was er aufnahm, zu ordnen und vom Konkreten zum Abstrakten zu kommen. Wörter, Sätze würden seine Flügel sein.

Was uns betraf, so waren wir uns über vieles klarer geworden, wir hatten durch unser Zusammensein mit Raun die Umrisse eines erregenden neuen Lebens erkannt. Das Eintauchen in seine Welt hatte uns auf dramatische Weise ergriffen – es war, als wenn wir ein Land erforschten, in dem vorher noch nie jemand gewesen war, es war ein tiefgehendes Aussondieren und Entdecken eines anderen menschlichen Wesens. Durch diesen unseren schönen und heiteren kleinen Jungen war uns die Komplexheit von Perzeption und Denken neu aufgeschlossen worden.

Ob seine Probleme nun während jenes frühen Krankenhausaufenthaltes begonnen hatten oder von einer Gehirnschädigung herrührten, wie einer der Ärzte vermutet hatte, die Ursache war nicht länger wichtig oder ausschlaggebend für uns. Wir begannen, seine Welt zu begreifen, ohne Furcht oder Angst, sondern liebend, akzeptierend und tolerierend. So vieles, was er tat, hatte für uns einen Sinn bekommen. Wir standen nicht länger vor einer steinernen Mauer aus Verwirrung, sondern vor einem Individuum, das uns an sich heranließ und das besondere Probleme hatte – vor einer lebenden, atmenden Persönlichkeit voller Schönheit, die nie irgendwelche übermäßigen Forderungen gestellt hatte, sondern einfach da war.

Mit jedem Tag, den wir unser Kind besser kennenlernten, wurden wir uns der Abstempelungen, der gezogenen Schlüsse, der Voraussagen und der Verwirrungen stärker bewußt. Es gab Fachleute, die etwas zu sagen versuchten, etwas zu tun versuchten, aber sie waren in ihren eigenen eingrenzenden Theorien und Dogmen verstrickt. Sie hatten Schwierigkeiten mit der Analyse und damit, aus dem gewonnenen Material einen Problemzugang für sich, für ihre Patienten und für die verzweifelten Eltern zu finden. Zwei Generationen von Forschern hatten aufwendige Systeme erstellt, innerhalb derer Beurteilungen und Vorhersagen gemacht wurden. Doch trotz all dieser Anstrengung war wenig herausgekommen, das für diesen kleinen Jungen und andere, die in der gleichen Lage waren, sinnvoll gewesen wäre. Wir wußten, daß er uns selbst seinen Weg zeigen mußte und daß wir ihm diesen nur erleichtern und ihm dabei helfen konnten.

Raun brauchte keinen weiteren Arzt und keine weitere Untersuchung – er brauchte einen Führer, einen Lehrer, einen Therapeuten. »Therapon« das griechische Wort, von dem das Wort »Therapist« sich ableitet, meint ursprünglich »Helfer«, »Mitkämpfer«. Wir wußten, daß der einzige Weg, auf dem man Raun helfen konnte, sein nicht funktionierendes oder nur teilweise funktionierendes Perzeptionssystem so zu rekonstruieren, daß seine Eindrücke und Denkprozesse ihm im Umgang mit der Welt nützen konnten, und seine Fähigkeiten zu wählen dadurch wachsen würden, der war, daß wir ihm halfen, sich selbst und seine Bedürfnisse (mit uns zu sein, oder vielleicht auch nicht), genau zu definieren.

Als sich diese Sicht der Dinge bei uns festigte, war uns klar, daß dies Stunden um Stunden ununterbrochener Arbeit und ununterbrochenen Sich-Aussetzens bedeuten würde, um an ihn heranzukommen, um menschliche Kontakte herzustellen, um Erfahrungsmaterial an ihn heranzubringen. Stimulierung war das Wichtigste, sogar Überstimulierung. Je mehr er uns entglitt und sich abkapselte, um so weniger Chancen würde es für ihn geben. Bis zu dem Zeitpunkt, an dem er selbst die Welt begreifen würde, mußten wir bei ihm sein, jeden Augenblick, um ihm die Welt zu füttern, sie ihm wieder und wieder zu erklären, sie in verwertbare Teile zu zerlegen, sie in Abschnitte und Fragmente aufzubrechen, damit er sie in sich wieder zusammensetzen konnte. Wir wußten: Jetzt war die Zeit, solange er noch klein war. Jetzt, solange er noch anpassungsfähig war, sich noch entwickelte. Jetzt, solange er die fruchtbarsten Tage seines Lebens lebte. Jetzt mußten wir es tun, ehe Raun hinter den Mauern von Gewohnheiten verschwand, die die Zeit aufstellen würde, ehe er unerreichbar für uns werden würde hinter einer unüberwindbaren Barriere – alleingelassen, umherwandernd in den Abgründen seines eigenen Denkens, einen Ausgang suchend, den es dann nicht mehr geben würde.

Was wir allerdings nicht wollten: Wir wollten ihn nicht dressieren, keinen Roboter aus ihm machen, wir wollten keine Gewalt anwenden, keine Angst vor Strafe, wie es andere vor uns, ohne großen Erfolg, bei anderen Kindern wie Raun versucht hatten. Wir wollten seine Energie zum Leben bringen. Wir wollten den Samen fruchtbar machen. Wir wollten zuschauen, wie er blühen und Frucht tragen würde. Wir wollten ihm gestatten, er selbst zu sein und sein eigenes Leben wie einen immer reicher wachsenden Garten zu entdecken. Wir wollten ihm helfen, die Grenzen seiner Möglichkeiten selbst zu finden, wir wollten ihm keine Grenzen von außen setzen.

Vier

Wir waren soweit, ein Drei-Phasen-Programm aufzustellen. Der erste Teil, den wir schon praktizierten, war die Haltung von Zustimmung und Annahme, die jedem Versuch einer Kontaktaufnahme, jeder Annäherung, jeder Bewegung, die wir auf ihn zu machten, zugrunde lag.

Die zweite Phase würde eine motivierende/therapeutische Erfahrung sein. Wir wollten Raun zeigen, daß unsere Welt schön und aufregend interessant war. Wir wollten ihm zeigen, daß diese Welt die zusätzliche Mühe wert war, die es ihn kosten würde, seine ritualisierte Arena zu verlassen. Wir wußten, daß ihn dies besondere Anstrengung kosten würde. Daß es nur möglich sein würde, wenn er es wollte. Wir konnten ihn nur soweit bringen, daß sein Wahrnehmungsvermögen sich steigerte, wir konnten ihm nur die Möglichkeit dazu bieten – sich in eine unwegsame und unvorhersehbare Welt hinauszuwagen, würde eine außerordentlich starke Motivation erfordern.

Auf der dritten Stufe sollte ein Lernprogramm für Raun entwickelt werden, das jede Tätigkeit, jedes Geschehen, in kleine, begreifbare Teile aufbrechen würde. Wir wollten seine äußere Umgebung stark vereinfachen, damit er selbst sich neue Wege bauen konnte anstelle der alten, die beschädigt oder zerbrochen waren. Wir begriffen Autismus als Gehirn- oder Nervenkurzschluß, der eine Desorganisation im Verarbeiten der Sinneseindrücke und in der Nutzbarmachung von Erinnerungsmaterial verursachte. Das schuf zwangsläufig ein Bewußtsein, das sich von dem Bewußtsein anderer unterschied und veränderte übliche Denkschemata. Rauns dauerndes abweichendes Verhalten entstand schlicht aus seiner Art, die Dinge zu sehen und daraus, wie er sie verstand. Wir wollten ihn nicht damit belasten, unsere Sicht der Dinge, unsere Normen zu verstehen. Wir wollten ihn weder antreiben, noch ihn unter Druck setzen, wir wollten nicht, daß sich die gravierenden emotionalen Probleme entwickelten, die so häufig im Zusammenhang mit Autismus entstehen.

Wir entschieden, einen Raum mit möglichst wenig ablenkender Einrichtung als Arbeitsraum zu nehmen. Suzi und ich fanden, daß das Badezimmer dafür am besten geeignet war, denn dort konnten wir störende Geräusche und störende visuelle Eindrücke am leichtesten ausschalten. Die Wände waren einfarbig gekachelt, ohne Muster. Es gab auch keine Fenster. Der Boden war mit einem einfachen Steinmosaik in zurückhaltenden Farben belegt. Mit Ausnahme der drei festen Installationen, dem Waschbecken, der Toilette und der Badewanne, stand fast nichts in diesem Raum, was sich hätte aufdrängen können. Der Raum zwischen Waschbecken und Toilette eignete sich gut: hier würden wir beginnen. Er war ungefähr 1,20 m auf 1,80 m groß. Obwohl ich an Abenden und an den Wochenenden helfen würde, mit Raun zu arbeiten, hatte hauptsächlich Suzi es übernommen, die Sitzungen mit Raun vorzubereiten und durchzuführen.

Was sie bis jetzt für mich beruflich gewesen war, der Partner, der die Ideen geboren und daraus Konzepte entwickelt hatte, mußte eingeschränkt werden. Es war ihr an ein Wunder grenzendes Engagement, ihre Lebendigkeit und ihr Optimismus, die dieses Programm für unser Kind ins Leben gerufen hatten und es am Leben erhielten.

Jene ersten Tage. Suzi, vollkommen ruhig zusammen mit Raun auf dem Boden sitzend. Zusammen, aber jeder für sich. Raun starrte auf seine Schuhe, seine Augen wanderten zu seinen Händen und blieben schließlich an den Deckenlichtern hängen. Suzi beobachtete ihn forschend. Hoffte auf ein kleines Zeichen, das ihr sagen würde, daß er ihre Existenz bemerke, auf einen noch so geringen Hinweis, daß er ihre Gegenwart wahrnehme und sich dafür interessiere. Seine lebhaften Augen schienen lebendige Spiegel zu sein, die die Bilder zurückwarfen, statt sie in sich eindringen zu lassen, oder Informationen zurückzugeben. Sein Gesicht war passiv – die stoische Miene eines meditierenden Mönchs. Von Zeit zu Zeit bewegten sich seine kleinen Finger ziellos durch die Luft, als ob sie nicht zu seinem übrigen Körper gehören würden. In diesen hypnotischen und in sich selbst zurückgenommenen Zuständen hatte Raun etwas Großes und Ehrfurchteinflößendes an sich. Er war ein in sich geschlossenes Universum.

Suzi beobachtete, wie er den Teller aufnahm, um ihn kreiseln zu lassen, wie er ihn äußerst vorsichtig am Rande anfaßte. Mit großer Genauigkeit setzte er ihn mit einer Drehbewegung seiner winzigen Hand in Bewegung und ließ ihn durch den Raum kreiseln. Der zweite Teller folgte, dann der dritte. Raun erhob sich nur, um sie wieder einzusammeln, nachdem sie ausgetrudelt hatten. Dann setzte er sich wieder hin, wiederholte das Spiel und freute sich an den kreiselnden Bewegungen. Er war absorbiert in der Wiederholung dieser Tätigkeit. Zuletzt hörte er auf. Seine Augen glitten über die Kacheln, bis sie die Decke erreichten. Er hielt an und fixierte die Deckenlichter. Ein endloses Starren. Das fluoreszierende Licht umgab ihn mit einem silhouettenartigen Heiligenschein. Seine Unbeweglichkeit hatte die Kraft der Pyramiden, alterslos, ehrfurchterregend und geheimnisvoll. Suzi wartete, während sie direkt in die Lichter schaute. Nach einigen Minuten begannen ihre Augen zu tränen und die Umrisse der Decke verschwammen. Aber sie blieb standhaft und versuchte, die Bedeutung hinter dieser Kontemplation im Neonlicht zu sehen.

Schließlich ließ er die Augen sinken. Sein Blick heftete sich auf einen unbestimmten Punkt im Raum direkt vor ihm.

Er fing an zu schaukeln. Vor und zurück, in gleichmäßigem Rhythmus.

Er begann vor sich hinzusummen. Zwei Töne, abwechselnd, und genau im gleichen Rhythmus, in dem er vor- und zurückschaukelte. Suzi bewegte sich wie er. Zuerst konzentrierte sie sich auf den leeren Raum. Dann machte sie einen Fleck an der Wand aus und konzentrierte sich auf diesen. Wenn sie vorschaukelte, wurde er größer, beugte sie sich nach hinten, wurde er kleiner. Sie bewegte sich im gleichen Rhythmus wie Raun, sie fühlte, wie sein Körper und der ihre die Luft in gleichen Schwüngen teilten. Raun verlor sich in der Bewegung.

Suzi konzentrierte sich auf den Fleck und sie fühlte sich etwas schwindelig. Sie begann Rauns Welt zu betreten und sie fand die Weise, wie sie es tat, schön und bereichernd. In diesen wiederholten Bewegungen lag eine Ruhe, die sie ergriff. Erinnerung an das Gefühl, das sie einst hatte, als sie hypnotisiert worden war. Besänftigend und friedvoll, führte es in ein Meditationsstadium, das vermutlich Alphawellen im Gehirn hervorbrachte – Wellen, die sich einstellten, wenn man sich wohl fühlte. Sie wußte, daß Rauns Lebensweise ihre guten Seiten hatte – eine Erhöhung des Lebensgefühls, das von vielen religiösen Menschen im Osten praktiziert wurde. Er hatte sein eigenes Nirwana geschaffen.

Ihre Nachahmung war nicht passiv oder oberflächlich – nur durch ihr wirkliches Engagement und ihren echten Enthusiasmus für diese Betätigungen würde es möglich sein, die Welt mit Raun zu teilen und ihm vielleicht unmerklich ihre Liebe und ihr Einverständnis mitzuteilen. Sie war aktiv, aber behutsam. Lebendig, aber friedvoll.

Ob im Badezimmer oder außerhalb des Badezimmers: Suzi war immer bereit, alle Dinge mitzuschleppen, die Raun kreiseln ließ oder auf die er sich fixierte – sie wollte ihm zu verstehen geben, daß ihm nichts fehlen würde, wenn er mit ihr zusammen war. Er würde seine Teller und Schüsseln haben. Seine »Ticks« würden ihm erlaubt sein. Aus Stunden wurden Tage. Die meiste Zeit verhielt Raun sich so, als ob er nicht wüßte, daß Suzi da war. Und doch spürte sie, daß er es wußte, daß sein Wahrnehmungsvermögen sich jedesmal steigerte, wenn sie zusammen waren.

Ihr Ziel war, menschlich zu sein, aber keine Bedrohung für ihn darzustellen. Ruhig und ab und zu so berechenbar zu sein wie ein unbelebtes Objekt. Wenn er Schwierigkeiten hatte, Informationen aufzunehmen und zu verarbeiten, dann wollte sie einfach zu begreifen sein.

Am elften Tag, nachdem sie über zwei Stunden mit ihm zusammen hatte Teller kreiseln lassen, bemerkte Suzi, daß er sie zufällig von der Seite her ansah. Er wurde wagemutiger.

Wenn er nun das Badezimmer betrat, schlenderte er herum, und manchmal untersuchte er die Wände und die Installationen. Dann setzte er sich regelmäßig hin und starrte zu den Deckenlichtern. Suzi hatte das Gefühl, daß es an der Zeit war, daß sie mit Stimulierung beginnen konnte, daß er bereit und empfänglich dafür war, wenn auch nur auf passive Weise.

Sie setzte sich neben ihn auf den Boden, so daß ihre Schenkel ihn berührten. Langsam berührte sie seine Schulter. Sie strich ihm leicht über den Arm. Wieder und wieder, in regelmäßigen Abständen. Sie ahmte den Rhythmus des Schaukelns nach. Er reagierte auf ihre Hand. Wie ein Tier, das erlaubt, daß man es streichelt, weil es sich angenehm anfühlt, aber auf jeden Wechsel achtet. Das sofort bereit ist, wegzugehen. Er schien es aufzunehmen; dann driftete er ab. Suzi bemerkte es, als er nichts mehr wahrnahm, aber sie fuhr fort. Er stand auf und ging weg, starrte wieder ins Licht. Suzi hörte auf und wartete ungefähr fünfzehn Minuten, dann setzte sie sich wieder neben ihn. Sie berührte seine Schulter und streichelte dann seinen Arm. Wieder erlaubte er es und schien aufzumerken. Und wieder driftete er ab. Er begann, hin- und herzuschaukeln. Suzi schaukelte mit.

An diesem Abend besprachen wir die neue Reaktion und das neue Vorgehen. Wir bestärkten uns in der Beobachtung, daß Raun nach einigen Stunden des Zusammenseins stärker auf uns reagierte.

Nicht, daß er Kontakt aufgenommen oder Kontakt gesucht hätte, er sah Suzi selten an. Aber er kam uns insgesamt entspannter vor, er traute sich mehr zu.

Suzi frühstückte nun mit Raun im Badezimmer und nahm dort auch mit ihm zusammen den Lunch ein. Er liebte Essen. Statt Isolierung und vermutlich Verwirrung zu erleben, wenn er mit uns am Tisch aß, würden diese Mahlzeiten ein weiteres Mittel sein, ihn zu erreichen. Suzi fütterte ihn mit einem Löffel. Bissen für Bissen, und trieb ihn nie an. Im Gegenteil, sie dehnte die Essenszeit aus, indem sie ihm jeweils nur kleine Mengen gab. Während er aß, sprach sie leise mit ihm. Sie sang und summte.

Während dieser ersten Wochen reagierte er trotz allem kaum. Acht oder neun Stunden war sie jeden Tag mit ihm zusammen. Sie fütterte ihn, sprach mit ihm, berührte ihn, sang ihm etwas vor, ahmte ihn nach. Acht oder neun Stunden, in denen er sie nicht bemerkte, mit der Ausnahme von wenigen Minuten, kostbaren Minuten.

An den Wochenenden saß ich für gewöhnlich auf der Treppe vor dem Badezimmer und hörte Suzi und Raun in ihrer gekachelten Welt zu. Das Reden und das Singen wurde unterbrochen von Perioden gespenstischen Schweigens. Dann spielte Suzi gewöhnlich »Tierfarm«, sie quakte wie eine Ente, bellte wie ein Hund, zwitscherte wie ein Vogel, muhte tief und anhaltend wie eine Kuh. Sie steigerte die Intensität der Stimulierungen. Raun begann, etwas aufmerksamer zu werden. Es war absurdes Theater à la Kaufman. Es war wie die letzte Probe vor der Premiere, und das Publikum bestand aus allen Menschen, die man je geliebt hatte, und jede Vorstellung hatte ihre Eigenart und war bedeutend.

Sonntag sprachen wir noch einmal darüber. Obwohl es Fortschritte gab, wenn sie auch winzig waren, fehlte etwas ganz wichtiges – Blickkontakt. Ohne Blickkontakt würden wir uns nie zusammen mit Raun bewegen können. Wenn er uns nicht anschaute, würde er immer nur in sehr begrenztem Sinn wissen, daß wir da waren. Ein Seitenblick. Ein vages Hintergrundbild, das er mit seiner Blicklinse eingefangen hatte. Er würde nie fähig sein, etwas nachzuahmen, was er nicht sah. Da dies aber ein erster und fundamentaler Schritt innerhalb der menschlichen Entwicklung und ein großer Lernschritt war, würde er sich ohne ihn nicht weiterentwikkeln. Er mußte mehr von uns sehen, um mehr von dem zu begreifen, was es zu wissen und zu wollen gab. Auf diesen Schritt wollten wir uns in Zukunft stärker konzentrieren.

In Zukunft würden wir ihn in Augenhöhe mit uns füttern. Jedesmal, wenn wir Essen auf den Löffel häuften, schaute er aufmerksam zu und verfolgte den Löffel mit den Augen, wenn er sich bewegte.

Wir führten also den Löffel bis vor unser Gesicht und hielten ihn einige Sekunden vor unseren Augen. Sobald er über den Löffel hinausblickte, schauten wir ihn an und lächelten. Wir sagten »iß« und gaben ihm dann den Löffel mit dem Essen darauf. Die Assoziation von Essen und Blickkontakt war entscheidend. Jede Mahlzeit brachte ungefähr dreißig Blickkontakte – dreißigmal die Möglichkeit für Raun, uns durch seine Verwirrung hindurch zu finden. Ein Fortschritt wurde sofort spürbar. Sein Blick verharrte auf unseren Augen, als ob er sie prüfen oder ihr Dasein erforschen wollte. Er schenkte dem Essen mehr Aufmerksamkeit und ein wenig von seiner Passivität verschwand.

In der dritten Woche hatte Suzi das Gefühl, daß sie mehr gemeinsame Aktivitäten einführen und die Stimulierung erhöhen könne. Daß sie ihn stärkerer Interaktion aussetzen könne, jetzt, da wir ihn dazu bringen konnten uns anzuschauen, und dem Löffel mit Essen überallhin mit den Augen zu folgen. Wir wollten ihn noch nicht irgendeinem Unterricht unterziehen, wir wollten ihn vorbereiten, ihn mit Sinneseindrücken überschütten. Wir entschieden uns, Essen weiterhin als Verlockung und als Belohnung zu verwenden. Wir wollten ihn ermutigen, aber ihm gleichzeitig erlauben, sich zurückzuziehen. Wir wollten ihn niemals zwingen, ihn niemals zu etwas überreden, ihn niemals drängen. Wir wollten immer unser Einverständnis zeigen, wenn Raun nicht erreichbar war.

Suzi wurde aggressiver, wenn sie sich Raun näherte. Sie benutzte mehr Körperkontakt – umarmen, streicheln, kitzeln, umhertollen, in die Luft werfen. Sie benutzte Stückchen von Früchten und Salzbrezeln als Anreiz, um ihn in Spiele wie Verstecken zu verwickeln. Sie rollte ihm Tennisbälle zwischen die Beine und gab sie ihm in die Hand. Sie versuchte noch andere Spiele zu erfinden. Sie tauchte seine Hände in das Wasser des Waschbeckens – in kaltes Wasser, in warmes Wasser, in seifiges Wasser. Sie drehte den Wasserhahn auf und stellte ihn wieder ab, ließ das Wasser tröpfeln und in starkem Strahl herausschießen. Tätigkeiten des täglichen Lebens. Ein dauerndes Programm der Bereicherung und Stimulierung. Dauernde Zufuhr, dauerndes Ausgesetztsein. Wir versuchten, mit immer mehr von dem, was es zu sehen, zu hören, zu fühlen und in seinem Innern zu bewahren gab, zu ihm durchzudringen. Trotzdem waren wir sehr vorsichtig, daß alles mit äußerster Rücksicht geschah, denn er selbst mußte es wollen und erlauben.

Obwohl er nicht sprach und keine Gebärdensprache benutzte, wurde durch einige seiner Reaktionen im Laufe der Zeit deutlich, daß er anfing, Worte und Redewendungen zu verstehen. Jede Tätigkeit und jedes Ding wurde von uns benannt. Wir redeten ununterbrochen mit ihm, um ihn mit menschlichen, sozialen Arten der Interaktion vertraut zu machen. Er sollte unsere Anwesenheit mit dem Begriff des Erkennens verbinden.

An zwei Tagen in der Woche gingen wir mit Raun in den Park. Dort schwammen und tauchten an die zweihundert Enten in dem braungrauen Wasser eines romantischen, künstlich angelegten Sees. Die Metallschaukeln, von denen jede die Form eines Tiers hatte, blitzten in der Sonne. Es gab lange und kurze Rutschbahnen. Raun lief automatisch neben

Suzi her, betrachtete die Bäume, das Gras und die Menschen flüchtig, ohne eingehendes Interesse.

Später am Nachmittag planschte er in unserem Schwimmbecken, ließ sich im Wasser treiben, tauchte in spielerischen Rhythmen auf und wieder hinab. Wir schaukelten ihn in der Hängematte. Wir gingen mit ihm spazieren und ließen ihn Blumen und Blätter anfassen. Wir versuchten ihm anfangs zu helfen, als er das Experiment startete, barfuß im Gras zu laufen. Er erhob sich auf die Zehenspitzen und fiel hin. Wir hoben ihn auf und sahen zu, wie er die ganze Prozedur wiederholte. Wir ließen ihn allein weitermachen. Nachdem er eine kurze Strecke gekrabbelt war, stand er auf. Dieses Mal bewegte er sich vorsichtig, sobald seine Fußsohlen den Boden berührten.

Suzi vermischte Erde mit Wasser und stellte ihn mit bloßen Füßen in den Matsch. Sie sah zu, wie er mit den Zehen wackelte und vergnügt lachte. Dann wurde sein Gesicht starr und ausdruckslos. Suzi nahm seine Hand und ging über zu Berührungs- und Streichelspielen. Jedesmal, wenn er abdriftete, fing sie etwas anderes an, außer, er wehrte sich dagegen. Wenn das geschah, ließ sie ihn.

Jede wache Stunde war ausgefüllt mit Kontakt und Erfahrungen. Allein Suzi arbeitete fünfundsiebzig Stunden in der Woche intensiv und konzentriert mit ihm.

Abends, wenn er schlief, besprachen wir seine Fortschritte. Und obwohl jeder Tag in sich ereignislos zu sein schien, gab es kaum merkliche Veränderungen. Er ließ sich jetzt zehn Sekunden lang im Arm halten, nicht mehr fünf, wie früher. In seltenen Augenblicken nahm er meine Hand oder blickte mich an, ohne daß dies zu erwarten gewesen wäre. Daß er lächelte, wenn er mit den Füßen im Matsch spielte, war mit Sicherheit eine völlig neue Reaktion. Suzi war ganz aufgeregt. Für sie hatte diese dramatische Suche nach ihrem Kind einen sehr persönlichen Sinn erhalten.

Wir führten Musik ein. Beethoven und Mahler, Brahms und Bach, Herbie Mann, das Modern Jazz Quartet. Klavierkonzerte von Van Cliburn und die Improvisationen von Chick Corea. Raun hörte den Tönen und Melodien sofort sehr aufmerksam zu. Jeden Tag zeigte er mehr Interesse. Wir hatten ein weiteres Mittel gefunden, ihn zu erreichen. Ein kleiner Schritt vorwärts war damit gemacht.

Eines Morgens kam dieser nichtkommunikative und abstrakte kleine Mensch leise ins Badezimmer und ging zielsicher auf das Tonband zu. Er deutete nicht und sagte auch nichts, aber er drehte sich um und sah Suzi an. Es war, als wenn er mit diesem ruhigen und intensiven Blick etwas gesagt hätte, und Suzi verstand ihn. Sie sprang auf und stellte die Musik sofort an. Er wandte sein Gesicht dem Tonband zu und verlor sich in der Sanftheit der Serenade. Suzi nahm ihn in die Arme und wiegte ihn im Takt der Musik.

Essen, Musik und Suzis Augen wurden etwas Reales und Sinnvolles für Raun, und über sie weitete sich sein Gesichtskreis aus. Obwohl er sein Schaukeln, das Kreiseln und Vor-sich-hin-Starren beibehielt, sah es so aus, als ob er sich etwas mehr für Menschen interessiere. Der Blick, mit dem er Suzi angesehen hatte, als er vor dem Tonband stand, war sein erster, wenn auch flüchtiger Versuch, mit einem anderen menschlichen Wesen Kontakt aufzunehmen.

Wir fuhren fort, ihn nachzuahmen, und versuchten weiterhin jeden Hinweis, den er uns gab, aufzunehmen. Wir wollten ihm zeigen, daß er mit einem Minimum an Anstrengung etwas in der Welt draußen tun, etwas verändern konnte, daß er sie kontrollieren konnte. Wir wollten ihm zeigen, daß er auch Menschen beeinflussen konnte, um mehr von dem zu bekommen, was er wollte. Wir wollten ihm zeigen, daß es zu etwas führte, wenn man etwas wollte.

Die Nachahmung brachte erste Erfolge. Er beobachtete uns, während wir uns dieser Aktivität voll hingaben. Seine »Ticks« zeigten sich ein bißchen weniger häufig. Wenn wir mit ihm zusammen waren und ihn imitierten, bemerkte er das jetzt ganz eindeutig. Und durch dieses Gewahrwerden und unser Engagement achtete er mehr und mehr auf uns, obwohl dies alles noch etwas sehr Flüchtiges, wenig Verläßliches an sich hatte.

Immer noch interessierten ihn Dinge wesentlich mehr als Menschen. Oft spielte er in einem Zimmer mit uns, als ob wir nicht existierten. Wenn wir ihn vom Boden hochhoben, half er uns durch keine Bewegung dabei. Sein Körper hing in unseren Armen, seine Arme und Beine baumelten ziellos herunter, als ob er nicht wisse, wie man sich an etwas festhält, oder es nicht wolle. Tatsache aber war, daß er es uns nun zumindest erlaubte, ihn für kurze Zeit im Arm zu halten, bevor er uns wegschob. Immer noch war er vorwiegend für sich, bezog seine Stimulierung vorwiegend aus sich selbst.

Aber der dauernde Kontakt und die dauernde Stimulierung von außen bewirkten etwas, das war deutlich zu sehen. Unser Interventionsprogramm war richtig. Daß wir jede Minute mit ihm zusammen waren, daß wir es ihm erleichterten, sein Wahrnehmungsvermögen durch Berührung, durch Töne, durch Essen, Spielen etc. neu zu entwickeln, hatte einen Durchbruch geschaffen. Aber diese neuen Wege jetzt auszubauen war äußerst schwierig, und ging schmerzlich langsam voran. Raun Kahlil war noch immer völlig zufrieden, wenn er alleine war, und in seinem Alleinsein war er noch immer sehr weit von uns entfernt. Und noch immer hatte sich keine Vorsprache entwickelt.

Wir machten weiter. Wir stießen auf einen Artikel in der *New York Times,* der über die sehr erfolgreichen Experimente mit hyperaktiven und hyperkinetischen Kindern in einem kalifornischen Krankenhaus berichtete. Diese Kinder hatten eine Spezialdiät bekommen und ihre Nahrungsaufnahme war kontrolliert worden. Das Experiment hatte gezeigt, daß bei vielen der Kinder eine dramatische Besserung eingetreten war, wenn sie nur Lebensmittel ohne künstliche Zusätze zu sich genommen hatten. Obwohl es nicht Rauns Problem war, hyperaktiv zu sein, überzeugte uns irgend etwas an diesen Beobachtungen, es war etwas zwischen den Zeilen zu lesen, das uns sympathisch berührte. Wir hatten uns mit Biochemie und Megavitamintherapien beschäftigt und hatten entschieden, daß sie nichts für uns waren. Aber eine Diät? Welche Nahrungsmittel nahm er zu sich? Suzi und ich inspizierten die Speisekammer und studierten alle Aufschriften, die sich auf den Konserven befanden – überall waren künstliche Zusätze dabei, künstliche Färbungsmittel und Konservierungsmittel. Es war unglaublich. Einige der sogenannten Nahrungsmittel enthielten fast nichts an natürlichen Nährstoffen. Die Aufkleber auf manchen Konservenbüchsen hörten sich an wie das Who's Who in Chemie:

Mein Magen zog sich zusammen, als ich weiterlas. All das schluckten wir gedankenlos und in aller Ruhe. Wir informierten uns, lasen schnell hintereinander Adelle Davis und andere Autoren und entwarfen einen besseren Ernährungsplan für uns und Raun.

Zweifellos war eine Ernährung, die frei war von all diesen Chemikalien und künstlichen Zusätzen, besser für ihn und für uns. Wir wollten nichts unversucht lassen. Wir leerten die Regale in unserer Speisekammer, verstauten das ganze unnatürliche Zeug in große Tüten und verteilten es unter unsere Bekannten. Und obwohl wir ihnen sagten, warum wir dies taten, und was wir vorhatten, nahmen sie all die ungeöffneten Flaschen, Büchsen und Dosen gerne an. Es war irgendwie verrückt. Unsere Regale waren leer. Wir hatten fast 300 DM weggeschenkt. Wir fühlten uns wie neu, wie wenn etwas Aufregendes geschehen wäre. Wir gingen einkaufen in die Reformhäuser, die biologisch gedüngtes Gemüse führten und Produkte, die frei waren von chemischen Färbungsmitteln und Konservierungsstoffen. Wir kauften so ungewohnte Dinge wie Sesam, Sojabohnenöl, Tamarisken-Sauce, frische Erdnußbutter, braunen Reis, Sojabohnensprossen, Eis aus frischen Früchten, ungesüßte Kekse und natürliche Getreideprodukte.

Einige der Lebensmittel schmeckten fremdartig, seltsam.

Aber wir hatten das erhebende Gefühl, daß wir unserem Körper etwas Gutes antaten, daß ein lange vernachlässigter Bereich uns voll bewußt geworden war und daß etwas sehr Produktives jetzt dabei herausgekommen war.

Wir beschlossen, eine vegetarische Diät auszuprobieren, in der Fleisch und Fleischprodukte durch frischen Fisch und Gemüse ersetzt wurden, die sehr proteinhaltig waren. Auf jeden Fall wußten wir so, daß Raun und wir alle keine fragwürdigen Chemikalien und künstlichen Produkte mehr zu uns nehmen würden.

*

Raun reagierte jetzt stärker und lebhafter auf Musik, Essen, Blickkontakt. Wir begannen, zusätzliches Material und Lernspiele einzuführen. Wir kauften eines der Steckspiele, in dessen Öffnungen man passende Quader, Dreiecke, Zylinder hineinstecken konnte. Das sollte ihm helfen, seine Bewegungen mit dem, was er sah, zu koordinieren und Formen zu erkennen. Es gab rote kreisförmige Formen, grüne Dreiecke, blaue Quadrate, weiße Monde, gelbe Rechtecke und schwarze Sechsecke. Farben zu erkennen und zu unterscheiden war ein weiterer Aspekt dieses Spielzeugs. Wir gaben ihm Holzbauklötze in verschiedenen Formen und Größen. Wir fanden einfache Puzzles, die wir benutzten, um ihn Formen und Dinge unterscheiden zu lassen. Seine Motorik besser zu entwickeln, seine Fähigkeiten, Formen zu erkennen, zu trainieren und sinnvolle Beziehungen zu seiner Umgebung herzustellen, waren aber nur einige unserer Ziele. Die verschiedenen Tiere und Haushaltgegenstände, die man mit den Puzzles zusammensetzte, waren Bruchstücke einer Realität, die wir ihm näherbringen wollten. Diese Spielsachen sollten nicht leblose, abstrakte Objekte bleiben, sondern wir benutzten sie in unserem Programm als Mittel, zwischenmenschliche Spielbeziehungen herzustellen. Kontakt, körperlicher wie kommunikativer, war das Wichtigste, was wir ihm vermitteln wollten. Wir hofften, daß auch durch diese Spielsachen und Lernspiele Brücken über die Abgründe des Schweigens hinweggeschlagen werden konnten.

Raun saß auf dem Boden neben Suzi, in sich versunken und weit weg. Suzi nahm die kleine Katze aus einem der Puzzles, hielt sie Raun hin, sagte »Katze« und miaute. Sogar ihr Gesicht schien zum Katzengesicht zu werden. Sie miaute ihm ins Gesicht, ins Ohr, gegen seinen Bauch gerichtet. Dann gab sie ihm liebevoll das Puzzlestück, sagte nochmals »Katze« und wartete, ob er es annehmen oder zurückweisen würde. Aber er nahm es, drehte es um und betrachtete die unbedruckte Rückseite, dann untersuchte er die Ränder.

Später versuchte er die Katze wieder ins Puzzle zurückzulegen – hielt sie aber verkehrt herum. Suzi belohnte ihn dafür, daß er die Bewegung fast genau nachgeahmt hatte. Sie gab ihm einen Keks und umarmte ihn. Dann nahm sie seine Hand und zeigte ihm, wie er das Stück wieder an seinen Platz legen konnte. Als er das nachzumachen versuchte, bekam er wieder Beifall. Schließlich, nach einer Reihe schrittweiser Versuche, begann Raun zu begreifen. Suzi strich ihm über das Haar und sprach leise und liebevoll mit ihm.

Spiele dieser Art, wie auch andere in unserem Programm, wurden nicht mechanisch zum Selbstzweck gespielt – sie wurden auf allen Ebenen vermenschlicht und waren wichtige Mittel zu sozialen Interaktionen. Ihm in diesem Stadium bestimmte Dinge zu lehren war verhältnismäßig unwichtig. Unser Ziel war hauptsächlich, ihm zu zeigen, daß es wichtig und schön war, mit anderen Menschen umzugehen.

Als seine Geschicklichkeit, und die Fähigkeit, mit uns umzugehen, größer wurde, ermutigten wir Raun, seine Arbeitssitzungen selbst zu beginnen und zu lenken. Wir legten eine Auswahl von Spielsachen und Spielen vor ihm auf den Boden. Er selbst wählte sich dann die Dinge aus, mit denen er sich beschäftigen wollte und entschied selbst, was wir tun würden. Er sollte uns führen. Wir wollten seinen Bedürfnissen gegenüber offen sein. Wir wollten ihn selbst die Richtung und das Tempo der Übungen bestimmen lassen.

Wir reagierten auf die Hinweise, die er uns gab, und richteten uns nach seinen Neigungen. Er konnte hin- und herschaukeln, wenn er das wollte, er konnte das Puzzle machen, wenn es ihn interessierte. Wir fütterten ihn, wenn er essen wollte. Wir wollten, daß er die Energie zur Veränderung in sich selbst entwickelte.

Der erste Monat war schnell vergangen. Wir hatten ohne Zweifel auf vielen Gebieten einen Durchbruch geschafft, obwohl der Fortschritt noch winzig klein war. Raun war fähig zu etwas Blickkontakt, ertrug Berührung für kurze Zeit, war interessiert an Spielen, Puzzeln und Musik. Ein wachsendes Interesse an Menschen war spürbar. Das hieß Kontakt und nochmals Kontakt.

Wir integrierten Bryn und Thea zu diesem Zeitpunkt in das Programm. Dadurch wollten wir Raun einer größeren Vielfalt an Kontakten aussetzen. Wir wollten die Mädchen um Rauns, aber auch um ihrer selbst willen mit einbeziehen. Wir wollten sicher sein, daß sie sich nicht ausgeschlossen und zurückgesetzt vorkamen. Sie sollten ebenso wie wir ein Teil von Rauns Weg sein. Uns schien es wichtig zu sein, daß sie sich ganz engagierten, nicht nur für kurze Augenblicke. Vielleicht würde gerade die Tatsache, daß die Liebe und der Wagemut einer ganzen Familie dahinterstand, ausschlaggebend sein.

Jedes der Mädchen hatte eine eigene Zeit mit Raun. Am Anfang schauten sie Suzi und Raun einige Tage zu. Wir wollten, daß sie ihnen ihre Schwungkraft vermittelte. Der Kontakt, den beide zu Raun aufbauen sollten, folgte keinem Programm. Wir sagten ihnen, daß sie einfach mit ihm zusammen sein sollten, ihn liebhaben sollten, ihm ihre Zustimmung zeigen sollten und jeden Kontakt, den er von sich aus aufnehmen würde, verstärken sollten. Sie konnten ihn berühren, wenn sie wollten, aber wenn er sie wegschob, sollten sie ihn allein lassen. Wenn er Teller kreiseln ließ oder hin- und herschaukelte sollten sie ihn nicht daran hindern, sondern ihn imitieren, bis er etwas anderes anfing.

Sowohl Bryn wie Thea waren begeistert und sehr bereit, mitzumachen. Wir sagten ihnen ganz deutlich, daß wir jederzeit verstehen würden, wenn sie einmal eine Zeitlang oder auch ganz wieder damit aufhören wollten, mit Raun zu arbeiten. Ihre Mitarbeit mußte vollständig freiwillig sein. Wir ermutigten sie, sich selbst über ihre Gefühle und Bedürfnisse klar zu werden und sie uns mitzuteilen.

Sie wurden sofort gepackt von diesem Abenteuer. Sie schienen geborene Lehrer zu sein, mit einer ihnen ganz eigenen Sensibilität und einer tiefen Fähigkeit zu lieben.

Fünf

Was für ein normales anderthalbjähriges Kind ein höchst einfacher Schritt gewesen wäre, für Raun war es eine vielschichtige und verwirrende Erfahrung. Er mußte sich außerordentlich stark konzentrieren und anstrengen, wenn er uns nachahmen wollte; obwohl er sehr schnell war, wenn er von sich aus etwas tat, wenn er ein Verhalten aus sich selbst heraus entwickelte, hatte er große Schwierigkeiten, Verhaltensweisen zu lernen, die von außen an ihn herangebracht wurden.

Wir verstärkten die Imitationsübungen. Ihn nachzuahmen wurde mehr als nur eine Art Hintergrund, eine Übung unter vielen in unserer Arbeit mit ihm. Wir machten es zum Mittelpunkt. Wir wußten, daß wir ihm damit zeigten, daß er mit ganz geringfügiger Anstrengung Veränderungen herbeiführen und etwas kontrollieren konnte. Wann immer er den Kopf schüttelte, schüttelten wir alle den Kopf. Wenn er lächelte, lächelte jeder von uns. Streckte er die Zunge heraus, streckten wir die Zunge ebenfalls heraus. Jedesmal beobachtete er uns fasziniert und es machte ihm sichtlich Spaß. Manchmal lächelte er. Ruhig beobachtete er uns. Es wurde ihm mehr und mehr klar, daß er selbst bestimmen konnte.

Als er das begriffen hatte, stand auf unserer Tagesordnung »Es wird getan, was Raun will«. Sobald wir alle eine seiner Verhaltensweisen übernommen hatten, wechselte er zu etwas anderem über – und dies wieder und wieder. Manche Mahlzeit wurde kalt, weil Suzi, ich, Bryn, Thea und andere,

Raun nachahmend, mit den Händen auf den Tisch schlugen, mit der Zunge schnalzten, mit den Füßen strampelten oder auf etwas einklopften. Es machte uns Spaß. Wir genossen es, zusammen zu sein und zu sehen, wie Raun Kahlil uns langsam näherkam.

Bei den Sitzungen im Badezimmer gab es jetzt viele neue Dinge: verschiedene Arten von Steckspielen, noch mehr Puzzles, Plastikblöcke in leuchtenden Farben, Tassen, Bilderbücher und kleine Musikinstrumente wie Flöten, Trommeln, Tamburine, Schellen etc. Wir hatten Ton und Fingerfarben eingeführt.

Wir erfanden weitere Bewegungs- und Berührungsspiele. Wir wiegten uns und summten zu Musik.

Obwohl seine Geschicklichkeit sehr gering war und jeder Schritt ihm genau vorher gezeigt werden mußte, versuchten wir es mit einfachen Aufgaben und damit, ihm die richtigen Reaktionen zu zeigen. Wenn er eine Bewegung nur annähernd ähnlich nachmachte oder eine Übung teilweise fertigbrachte, wurden seine Versuche (sofern sie erfolgten) mit Keksen und Umarmungen belohnt. Es war uns weniger wichtig, daß er bestimmte Dinge lernte, wir wollten ihn dazu bringen, daß er von sich aus lernen und teilnehmen wollte.

Die Spielsachen und Spiele waren unser Werkzeug. Es kam oft vor, daß eine Aufgabe, die uns leicht erschienen war, weiter vereinfacht, weiter aufgebrochen werden mußte in mehrere kleine Lernschritte. Wenn Raun lernen sollte, ein bestimmtes Puzzleteil an seinen Platz zu legen, so mußten wir ihm dies in drei oder vier einzelnen Lernschritten beibringen. Zuerst zeigten wir ihm, wie er das Teil aufnehmen mußte. Dann kam die Aufgabe, daß er das Teil von dem Platz, von dem er es aufgehoben hatte, zum Puzzlespiel selbst transportieren mußte. Nun mußte er herausfinden, wo das Teil hingehörte, und zuletzt mußte er es so lange drehen und wenden, bis er es am Platz hatte. Nachdem er alle diese Schritte einzeln beherrschte, mußte er langsam lernen, sie zu einem Handlungsablauf zu verbinden.

Ein Gefühl dafür zu entwickeln, wie wir die Umgebung für Raun begreifbar machen konnten, war Schwerpunkt in unserem Erziehungsprogramm. Wir überlegten uns jede Aufgabe und veränderten sie so, daß sie verständlich wurde.

In der fünften Woche wurde Raun einer weiteren Untersuchung und einem weiteren Entwicklungstest unterzogen. Die Diagnose unterschied sich nicht wesentlich von der ersten. Wir bekamen keine weiteren Therapievorschläge, keine weiteren Informationen. Wir wurden ermutigt in dem, was wir taten, es gab aber auch sehr skeptische Äußerungen. Man bedeutete uns, wir sollten uns keine unrealistischen Hoffnungen machen. So wanderten wir eben pflichtgemäß durch die heiligen Hallen der Medizin. Da wir nicht nach der Zukunft gefragt hatten, verwirrten uns diese Ratschläge nur. Und doch profitierten wir von der Untersuchung. Dadurch, daß Rauns Fähigkeiten getestet und ausgewertet wurden, konnten wir die jetzigen Ergebnisse mit denen früherer Untersuchungen vergleichen. Und da gab es zweifellos einen Fortschritt. Nicht so sehr darin, daß Raun jetzt mehr konnte, aber verglichen damit, wie wir angefangen hatten.

Der ganze Sommer war vergangen mit diesem Versuch, Raun zu erreichen, mit ihm zusammen zu sein, Kontakt aufzunehmen. Obwohl wir eine Haushalthilfe eingestellt hatten, konnten wir kaum Schritt halten. Ich versuchte, zusätzlich zu meiner Arbeit im Büro, die gesamte Forschung zum Thema Autismus zu lesen und zu verarbeiten. Suzis Tage waren ausgefüllt mit diesem gigantischen aber phantastischen neuen Projekt – unserem Sohn. Man fragte uns oft, ob wir all das, was wir sonst hätten tun können, nicht vermissen würden.

Sogar das Wort »Opfer« fiel. Wenn ein Maler oder ein Bildhauer eine Arbeit beginnt und Jahre daran arbeitet, fragt ihn keiner, ob er nicht etwas vermisse. Man nimmt an, daß er all seine Energie und alle Mühe deshalb einsetzt, weil es das ist, was er tun will, weil es ihm Freude macht. Für uns war Raun das Kunstwerk, bis jetzt noch unsigniert und unvollständig. Was wir taten, taten wir, weil wir es tun wollten, und weil uns unser Tun Freude machte, Tag für Tag. Die Veränderung, die unser Leben erfahren hatte, hinderte uns nicht daran, Freundschaften aufrechtzuerhalten, die uns etwas wert waren, und Dinge zu unternehmen, die uns Freude machten. Suzi gab ihre Bildhauerei für eine Zeitlang auf, fuhr aber fort mit ihrer Musik. Da ich nur fünf Stunden Schlaf brauchte, blieben mir lange Stunden neben meiner Berufstätigkeit und der Zeit, die ich brauchte, um für Raun ein Programm zu entwickeln. Ich lehrte die Options-Methode, ich schrieb, ich verbrachte Zeit mit meinen beiden Töchtern – all das war mir wichtig. Abends hatten Suzi und ich normalerweise Zeit, Yoga zu treiben.

Unsere abendlichen Sitzungen, in denen wir Rauns Fortschritte und Veränderungen diskutierten, behielten wir bei. Jeden Tag entwarfen wir ein Programm, jeden Abend werteten wir die Ergebnisse aus. Wir nahmen uns die Zeit, Bryn und Theas Haltung Raun gegenüber zu prüfen. Wir entschieden, daß sie mehr von unserer Zeit bekommen mußten, obwohl wir auch jetzt schon ihren Wünschen und Bedürfnissen gegenüber aufgeschlossen gewesen waren.

Ich nahm mir zwei Nachmittage in der Woche Zeit, um mit ihnen zusammen zu sein. Mit jedem der Mädchen alleine. Thea und ich verbrachten den späten Nachmittag am Ententeich, aßen dann zusammen Pizza und spielten danach Federball. Mit Bryn ging ich Schlittschuhlaufen und aß dann in einem Restaurant mit ihr Muscheln. Es war sehr wichtig, daß beide so geliebt wurden, wie sie es individuell brauchten, daß wir uns die Stunden nahmen, um mit ihnen zu reden und ihre Gefühle mit ihnen zu besprechen. Wir baten sie um ihren Rat, Raun und das Lernprogramm betreffend, und gaben ihnen zu verstehen, daß sie für uns sehr wichtig waren. Thea, die Raun so ähnlich sah, beschloß den gemeinsamen Nachmittag meistens, indem sie zusammen mit mir die Garagenauffahrt entlang Seil hüpfte. Bryn, deren kindhafte Weiblichkeit anfing, sich zu entfalten, verbrachte die letzten Minuten unseres Nachmittags mit mir auf dem Bett, eng und wortlos an mich geschmiegt.

Mit übermenschlicher Energie arbeitete Suzi Tag für Tag und fand daneben noch die Zeit und die Kraft, um sich am Abend für Stunden den Mädchen zu widmen. Die Nachmittage, die ich mit ihnen verbrachte, deckten nur einen kleinen Teil ihrer Zeit. Unsere Rettung in diesem Sommer war ein Ferienlager, für das sich sowohl Bryn wie Thea eingeschrieben hatten, das sie tagsüber während der Woche beschäftigte, und in dem sie sich sehr wohl fühlten. Das Lager lenkte sie auch soweit ab, daß sie nicht ganz realisierten, welch immense Zeit und Energie allein auf Raun verwendet wurde, obwohl sie seinen ganzen Tagesablauf genau kannten.

Auch wohlmeinende Freunde, die die Mädchen am Wochenende, wenn wir mit Raun beschäftigt waren, mitnahmen, waren uns eine große Hilfe. Andere Freunde beteiligten sich ab und zu an der Arbeit mit Raun, so daß Suzi etwas Ruhe bekam oder auch einmal mit dem Fahrrad etwas wegfahren konnte.

Da war Rhoda, immer beschäftigt mit Abmagerungskuren, deren Einzug in unsere Küche mit knappen Kommentaren und Anweisungen für jeden begleitet war – deren sanftes und freundliches Mitgefühl sich aber rührend äußerte, wenn sie uns mit Bryn und Thea half. Sie war Suzi eine große Hilfe, da sie Bryn mit dem Auto zu Freunden chauffierte und ihre Tochter oft stundenlang mit Thea spielte.

Jerry J. war achtzehn und sah aus wie eine Version des letzten Neandertalers. Er war ein seelenvoller Elefant, und brachte eine besondere Art von Wärme, Lachen und Fürsorglichkeit mit. Oft spielte er mit den Mädchen und diente als Rettungswacht, wenn sie im Schwimmbecken waren. Da war Laura, deren schöner, selbstbezogener Enthusiasmus, deren überwältigende Stimme und deren poetische Art unser Haus mit Licht und Anregung füllten. Ihre reiche Persönlichkeit, ihre alte weise Seele gaben vielen unserer Tage in diesem Sommer weichere Konturen. Jerry mit seinem Vibraphon und Laura mit ihrem Sopransaxophon pflegten auf einen Hügel in der Nähe unseres Hauses zu steigen und gemeinsam Musik zu machen, und sie erfüllten die Gegend mit Jazz und ihren eigenen Improvisationen. Sogar Raun hörte dieser pulsierenden Musik zu.

Dann gab es Nancy, die es verlernt hatte, vor lauter Scheu ihr Gesicht zu malträtieren und hinter ihren Händen zu verbergen. Wir kannten sie, seit sie dreizehn war, sie war als Babysitter in unser Haus gekommen. Da sie die letzten fünf Jahre fast dauernd bei uns gewesen war, war sie ein Teil der Familie. Suzi und ich waren für sie so etwas wie Ersatzeltern, und die Mädchen hatten sie als Schwester adoptiert. Jetzt half sie uns mit ihrem Einfühlungsvermögen und ihrer Einsatzfähigkeit. Ihre weiten Hosen und ihre Schuhe, die so groß wie Kähne waren, verbargen, daß ihr Körper am Aufblühen war und überspielten ihre Weiblichkeit, aber Nancy gestattete sich bei uns die Freiheit, so zu sein wie sie war, und wir durften ihr ganz besonderes Wesen erleben. Ihr Einfluß und ihre Hilfe trugen zur Stabilität unseres Heims und unserer Familie bei.

Wenn Jeffrey, unser sanfter, hagerer Yoga-Partner uns besuchte, war er willkommen. Er bemalte die Decke unseres Schlafzimmers mit Fresken, in denen sich die Transzendenz des Ostens und die Reinheit seines vegetarischen Lebens spiegelten. Wir verbrachten Abende voller Ruhe zusammen, versenkt in Yoga, während das Cellospiel Casals, das durch die Lautsprecher in den Garten drang, uns nicht losließ. Suzi, Jeffrey, Bryn, Thea und ich in der Kobrastellung, voll Ehrerbietung vor unseren Körpern und unserem Geist.

Der Sommer verging. Mein Bruder Steve besuchte uns, ein verläßlicher liberaler Vorstadtbewohner, jedoch politisch engagiert, der ein Rauschgiftentzugsprogramm an einer Universitätsklinik leitete und täglich neue Ehekontrakte mit seiner emanzipierten Frau aushandelte. Er war es, der eines

Nachmittags Raun aus dem Schwimmbecken zog, der auf diese unerlaubte Weise seinen ersten Schwimmversuch gestartet und ins Wasser gefallen war.

Laura, Steves Frau, fiel es schwer, Rauns Autismus zu akzeptieren. Ihre Überzeugung und auch ihre Art von Liebe standen ihr im Weg. Sie hoffte auf eine Art magische Lösung des Problems, die Raun zu dem machen würde, was ihr eigener gleichaltriger Sohn war: kommunikativ und verspielt.

Auch mein Vater Abe besuchte uns in diesem Sommer. Mit seiner athletischen Figur und seinem gepflegten Schnurrbart sah er dreißig Jahre jünger aus als er war. Er und seine Frau Roz verbrachten eine Woche mit uns, und manche Erinnerung tauchte auf, um mit unserem jetzigen energiegeladenen Leben zu verschmelzen. Für mich brachte diese Zeit ein Wiederaufleben meiner Zuneigung zu meinem Vater, die in den neun Jahren seit dem Tod meiner Mutter stetig gewachsen war. Ich sehe noch das Bild – mein Vater und ich – während Roz liebevoll und entspannt mit unseren Kindern spielt.

Abende mit Marv und Elise, einer ganz besonderen Frau, der Wahrsagerin unseres Ortes, die sich in ihrem dritten oder vierten Leben, das sie zur Zeit lebte, mit Leidenschaft dem Essen widmete. Marvs Schnurrbart, der wie die Lenkstange eines Fahrrads aussah, stand wie eine Auszeichnung in seinem Gesicht und schien eine Unzahl von Sünden zu verdecken. Er befaßte sich wie ich mit der Options-Methode und sein Wissen und Verstehen wuchsen von Tag zu Tag. Sein Humor hatte eine unendliche Spannweite, und seine menschliche Wärme und sein Mitgefühl waren ohne Bedingungen und verließen uns nie. Abende mit Marshall und Joy – ausgefüllt mit Diskussionen: mit Marshs mathematischer Metaphorik, der er einen Schuß Ewigkeit beimischte wie ein Charlie Chaplin, der mit einem hypothetischen Ball existentielles Pingpong spielt, während Joy alles analysierte, bevor sie sich kopfüber hineinstürzte.

Beide forderten sie mich mit ihrem messerscharfen Verstand zu intellektuellen Entscheidungskämpfen heraus, wenn die Rede auf die Options-Methode und die entsprechende Einstellung kam.

Ab und zu fand ich Zeit, mit Bryn oder allein zu reiten. Ich schwamm jeden Morgen und jeden Abend, um die während des Tages angestaute aber unverbrauchte Energie abzubauen.

Es war, im ganzen gesehen, ein intensiver und aufregender Sommer gewesen. Ein Sommer, in dem Suzi Hammer und Meißel weggelegt und ein Spieltamburin für Raun aufgehoben hatte.

Acht Wochen waren vergangen. Sie waren schön gewesen, schwierig, frustrierend, es hatte sich gelohnt. Uns kam der Fortschritt phantastisch vor, obwohl ein anderes Kind das, was Raun gelernt hatte, vielleicht an einem einzigen Tag lernen konnte. Aber Raun bestand Kämpfe und ging Risiken ein, die heldenhaft waren, um mit uns zusammen zu sein und die Welt kennenzulernen. Der kleine Junge, für den die Umwelt Luft gewesen war, sah die Menschen um sich herum nun ab und zu an, und manchmal lächelte er sogar. Das Kind, das taub gewesen war, hörte es nun schon ab und zu, wenn man es rief. Der Einsiedler nahm wieder Anteil an der Welt, er wurde aktiv. Unser »ganz besonderes Kind« genoß sein Leben, und das Leben mit uns. Er begann neue Wege zu entwickeln, sich die Welt zusammenzufügen und seine Erfahrungen sinnvoll zu ordnen.

*

Eines Morgens war Raun mit Suzi in der Küche. Er ging zum Kühlschrank und fing an zu weinen. Suzi fragte ihn, ob er Saft wolle. Er fing noch stärker an zu weinen. Suzi wußte, daß er versuchte, etwas auszudrücken. Sie reagierte schnell, sprang auf und erfüllte ihm seinen Wunsch – was in diesem Augenblick sicher wichtiger war, als ihm eine sozial akzeptierbare Form beizubringen, sich auszudrücken. Jede Art der Kommunikation war sensationell. Um ihn nicht zu verwirren, ließen wir ihn gewähren. Er sollte ganz sicher sein, daß auch die geringste kommunikative Anstrengung seinerseits erwidert werden würde. Später am selben Tag ging er zur Tür und begann zu weinen. Als Suzi sie öffnete, hörte er auf und ging hinaus. Eine Stunde später stand er am Fuß der Treppe und das Schauspiel wiederholte sich.

Er war in ein Stadium aktiver Kommunikation übergewechselt. Er hatte begonnen, Dinge der Welt, die außerhalb seines Selbst lag, zu wollen, und versuchte nun aktiv, sie zu bekommen. Es war ein Durchbruch. Er hatte sich zu uns durchgefunden, er wurde ein Mitglied unserer Familie.

In derselben Woche begann er auch damit, Worte nachzuahmen. Das Sprachtraining, das wir mit ihm angefangen hatten, trug seine ersten Früchte. Raun fing an, Worte, die er gehört hatte, zu wiederholen, aber immer im gleichen Ton, in der gleichen Tonlage und mit der gleichen Betonung. Er sprach sie aus. Aber hatte er sie begriffen? Die Worte hatten für ihn keine Bedeutung. Er wiederholte sie, wie das viele autistische Kinder tun, wie ein Echo, papageienartig, genau wie er sie gehört hatte, es war kein sinnvolles Sprechen. Trotzdem war es ein wichtiger Fortschritt – wenn auch noch keine Kommunikation auf sprachlicher Ebene. Vielleicht versuchte er, sich die Worte solange vorzusprechen, bis sie einen Sinn ergeben würden, ähnlich dem Schüler, der die Frage des Lehrers wiederholt, um sie zu begreifen. Wir waren überzeugt, daß seine weitere Entwicklung weniger von mechanischem Lernen abhängig sein würde, sondern davon, daß er selbst verstärkt lernen wollte, und daß er begriff, daß seine Umwelt ihm helfen konnte, sein Ziel zu erreichen.

Raun hatte einige große Schritte vorwärts getan. Er war wie ein Fallschirmspringer, der zum ersten Mal den Fallschirm auslöst – wie ein Skiläufer bei seiner ersten Abfahrt.

*

Wir hatten uns von Anbeginn an Aufzeichnungen gemacht, aber nun, gegen Ende der achten Woche, beschlossen wir, regelmäßig Tagebuch zu führen. Der erste Teil dieses Tagebuchs war eine Zusammenfassung aller Details von Rauns Verhalten, bevor wir mit unserem Programm begonnen hatten.

TAGEBUCH: Achte Woche – Raun Kahlil, 19 Monate – Arbeitszeit 75 Stunden in der Woche.

Vorbemerkung:
Raun vor zwei Monaten: kein Kontakt zur Umwelt, keine Interaktion, kein Blickkontakt, wendet sich Dingen und nicht Menschen zu, keine Sprache, keine Gebärden; klammert sich nicht an, wenn er aufgehoben wird; wenn man ihn aufhebt, hängt er einem im Arm; lächelt niemanden an, lächelt nur vor sich hin. Selbststimulierend – Teller kreiseln, Schaukeln, Betrachten der Hände, spielt mit seinen Lippen. Wiederholt ungewöhnliche Handbewegungen. Lehnt körperliche Kontakte ab. Weint nie, um aus seinem Bettchen genommen zu werden, oder um etwas zu essen zu bekommen. Scheint oft taub und blind zu sein. Starren. Bevorzugt Wiederholung. Wirft alles weg und spielt nicht.

Entwicklung während dieser zwei Monate, einschließlich der achten Woche:
- Sehr viel weniger Schaukeln; schaukelt meistens in seinem Bettchen
- Echter Blickkontakt bei bestimmten Spielen
- Mehr Gesichtsausdruck
- Übersieht im allgemeinen Menschen immer noch, ist aber denen gegenüber aufmerksamer, die er kennt
- Merkt auf, wenn er gerufen wird, kommt aber meist nicht
- Weniger Spielen an den Lippen
- Schiebt seine Mutter kaum noch weg
- Meldet Bedürfnisse an, indem er weint – erste eindeutige Kommunikationsversuche

- Beginnt Worte nachzusprechen
- Reagiert auf einige Worte, wenn sie zu ihm gesagt werden: Auto, Tasse, Flasche, komm, auf, Wasser
- Wehrte sich das erste Mal ärgerlich während eines Spiels, als wir ihm etwas wegnehmen wollten
- Machte das erste Mal den Versuch sich festzuhalten, als man ihn vom Boden aufhob
- Hat begonnen aus einem Glas zu trinken, wenn jemand es hält
- Weinte zweimal, als die Person, mit der er gerade spielte, den Raum verließ
- Läuft manchmal Leuten nach
- Hat begonnen, mit den Fingern zu essen.

Ohne Veränderung:
- Zieht noch immer die meiste Zeit Dinge vor
- Läßt immer noch Dinge kreiseln
- Aber gibt einem jetzt den Teller, um ihn zusammen kreiseln zu lassen
- Zieht sich immer noch von körperlichem Kontakt und Menschen zurück
- Wirft immer noch alles weg
- Noch keine Gebärdensprache, noch keine sprachliche Entwicklung (obwohl er zum ersten Mal Weinen als eine Art der Kommunikation benutzte)
- Weint nicht, um aus dem Bett genommen zu werden oder etwas zu essen zu bekommen.

Allgemeine Beobachtungen:
- Hat Schwierigkeiten mit dem Kauen und verschluckt sich bei fester Nahrung
- Deutliche Vorliebe für Flüssigkeiten – mehr als für feste Nahrung.
  Trinken scheint für ihn deutlich stimulierend, erfrischend zu sein, gleich, was er trinkt, Wasser, Säfte oder Milch
- Steckt alles in den Mund

Raun Kahlil: Verloren in einer Welt, die nur ihm zugänglich ist. Während er abdriftet, starrt er wie hypnotisiert mit leeren Augen ins Weite.

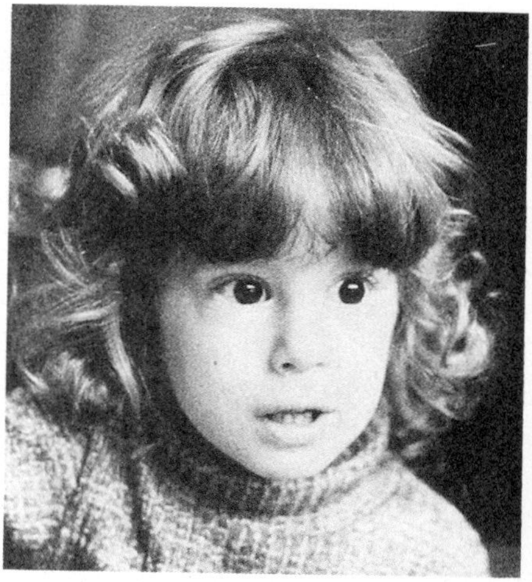

Faszination durch Objekte (unten): In einer Welt, in der es keine Beziehungen zu Menschen gibt, konzentriert sich Raun intensiv auf einen kleinen Becher. Es kommt vor, daß er einen solchen Gegenstand über Stunden betrachtet.

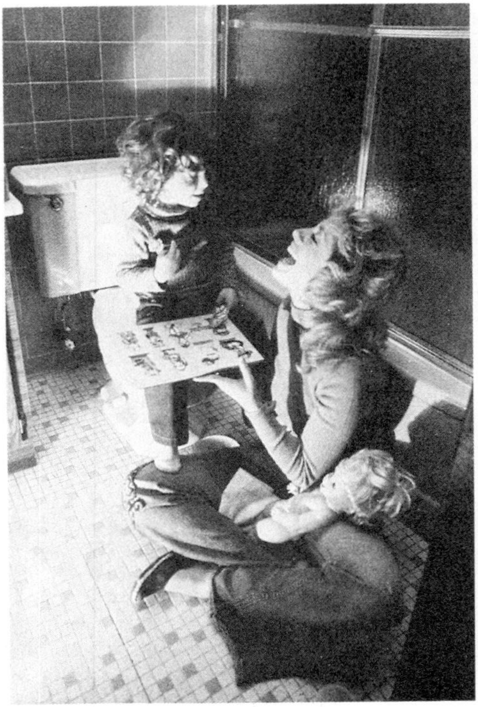

Mit 23 Monaten ist Raun imstande, Kontakt aufzunehmen und den Kontakt aufrechtzuerhalten. Vor sechs Monaten wäre das in dieser Weise nicht möglich gewesen. Hier hat ihn sein Vater während einer der intensiven Arbeits- und Spielsitzungen mit seiner Mutter fotografiert.

Lob und liebevolle Anerkennung (oben): Raun hat sein Puzzle beendet und wird von seiner Mutter gelobt und bewundert.

Erkennen und Benennen von Körperteilen (Mitte): Suzi hilft Raun, »Mund« zu erkennen und das Wort auszusprechen.

Steckspiele (rechts): Raun übt die Koordination von Sehen und Greifen und lernt mit Suzis Hilfe, Farben zu unterscheiden.

Formen erkennen und unterscheiden (rechts unten): Raun spielt mit Griffen und Schaltern, die auf einem Brett montiert sind, ein Spiel, das hilft, seine Feinmotorik zu entwickeln.

Körperkontakt und Gefühlsäußerungen sind sehr wichtig: Suzi küßt Raun und berührt ihn, und zeigt ihm damit, daß sie ihn liebt. Sie macht das in allen Spiel- und Arbeitssitzungen sooft wie möglich.

Das Lernen von Sprache und Buchstaben (rechte Seite): Raun bekommt von seinem Vater die Buchstaben gezeigt. Diese Grundkomponenten, aus denen sich die Wörter zusammensetzen, zu hören, zu sehen, aber auch berühren zu können, ist eine sehr vielschichtige Erfahrung für ihn. Die Vorstellung, was Sprache ist und was man damit machen kann, wird erweitert.

Intensiver Kontakt mit allen Familienmitgliedern: Barry, Suzi, Rauns Schwestern Bryn und Thea bei einer der häufigen Arbeitssitzungen, an denen die ganze Familie teilnimmt, und in denen Bilder oder Bücher gemeinsam angeschaut werden. Raun lernt hier einen Aspekt des Lernens: mit anderen Menschen zusammen zu sein.

Interaktion (rechts oben): Raun läßt sich während der Übungen zur Entwicklung der Koordination von Sehen und Bewegung, der Unterscheidung zwischen dem Hintergrund und den ausgestanzten verschiedenartigen Öffnungen, dem Erkennen von Farben und Formen von seinen Eltern helfen.

Wir bleiben in Kontakt mit ihm, indem wir ihn imitieren (rechts unten): Suzi, Bryn und Thea schaukeln zusammen mit Raun hin und zurück, um ihm, wenn er sich in sich selbst zurückzieht, zu zeigen, daß sie das, was er tut, anerkennen, daß sie ihn lieben. Imitation und Teilnahme sind sehr wichtig in unserem Programm.

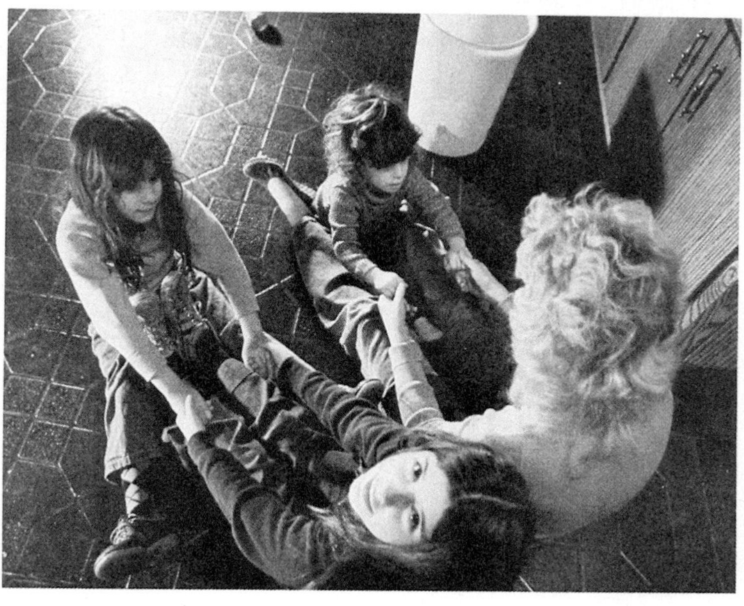

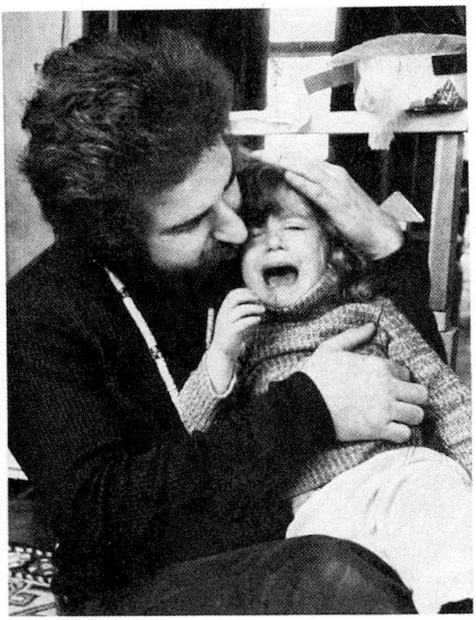

Körperlicher Ausdruck von Gefühlen: Nach einigen Monaten versuchten wir immer, Raun in den Arm zu nehmen oder irgendwie zu berühren, wenn wir ihn trösteten oder ihm zeigen wollten, daß wir ihn liebten. Er mußte es allerdings erlauben. Ziel war, ihn an Körperkontakt zu gewöhnen und das Gefühl bei ihm zu entwickeln, daß dies etwas Schönes ist.

– Reagiert auf Worte, die man ihm wiederholt vorspricht oder auf Dinge, die man ihm wiederholt zeigt, als ob er sie nie gehört oder gesehen hätte – als ob er sich nicht daran erinnere.

*

Es war ein beeindruckender Vorstoß. Wir hatten etwas erreicht, obwohl alles zur Zeit noch sehr begrenzt war.

Ich bemerkte, daß Suzis Kräfte nachließen. Sie wurde müder mit jeder Woche. Ihre langen blonden Haare hingen herab, sie hatte keine Zeit mehr, sie zu pflegen. Die Fältchen auf ihrer Stirn hatten sich vertieft. Sie war erschöpft. Trotzdem glänzten ihre Augen noch und sie hatte ihren Schwung nicht verloren. Sie wollte mit ihrem Kind zusammen sein, aber es ging bis ans Äußerste ihrer Kräfte, sie preßte Tag für Tag das Letzte aus sich heraus.

Ich wußte, daß sie das, was sie tat, nicht als Last oder Unglück empfand, sondern als eine Art Pilgerfahrt. Aber ich wußte auch, daß die dauernden Anforderungen an ihre Zeit und ihre Energie so hoch waren, daß ihr Körper das zu registrieren begann.

Ich entwickelte einen neuen Plan und besprach ihn mit Suzi. Ich schlug vor, Freiwillige zu finden, oder jemanden anzustellen, der uns mit Raun helfen konnte. Zuerst dachte Suzi, daß ich sie oder die Qualität dessen, was sie getan hatte, in Frage stelle, oder die Ergebnisse, die es gebracht hatte. Ich machte ihr ganz klar, daß dies nicht der Fall war, daß ich sehr genau wußte, daß Rauns phantastischer Fortschritt allein ihr Werk war. Aber was war mit anderen Menschen? Auch sie hatten Fähigkeiten. Wäre es nicht möglich, Leute zu finden, die unsere Überzeugungen und Arbeitsweise teilen und übernehmen würden? Ich hielt das für möglich. Wir könnten sie ausbilden und ihnen die Options-Methode zeigen. Zuletzt lächelte Suzi. Ich hatte sie überzeugt, daß dies eine Bereicherung sein könnte.

Es bot sich an, Nancy, die siebzehn Jahre alt war, als erste zu fragen. Sie war die Jahre über, die sie mit uns verbracht hatte, mit der Options-Methode vertraut geworden. Sie war eng mit uns verbunden und hatte eine sehr persönliche Beziehung zu den Kindern: Sie liebte sie, als ob es ihre eigenen gewesen wären. Sie stimmte zu – sie war begeistert.

Wir stellten zusätzlich ein anderes Mädchen ein, Maire. Sie war ganz anders als Nancy, aber einfühlsam und voll Begeisterung. Sie besuchte die letzte Klasse des Gymnasiums und interessierte sich sehr für Kinder. Wir verbrachten mehr Zeit damit, in ihr eine bestimmte Einstellung zu wecken als damit, ihr bestimmte Techniken und Mittel zu zeigen, wie man mit Raun umgehen könne. Am Anfang war sie nicht sehr optimistisch: Sie befürchtete, wir würden sie nach den Fortschritten beurteilen, die Raun machte. Wir machten ihr klar, daß dies überhaupt nicht unsere Absicht war. Raun war jederzeit frei, seinen eigenen Interessen nachzugehen, seinen Wünschen nach Kontakt oder dem Wunsch, Kontakt zurückzuweisen. Sie würde mit der Zeit verstehen lernen, daß es nichts mit ihr zu tun hatte, wie er sich fühlte oder wenn er sich zurückzog – daß er selbst die Wahl traf. Alles was sie tun konnte war, Dinge anzubieten, vorzuschlagen, etwas zu tun oder sich auf etwas einzulassen, und es ihm leicht zu machen, an etwas teilzunehmen. Das Wichtigste war es, auf ihn einzugehen, eine Umgebung zu schaffen, in der er frei seine Bedürfnisse äußern und sie sich vielleicht sogar erfüllen konnte. Sie verstand. Sie lernte und entwickelte sich. Bald wurde auch Maire ein wichtiger Bestandteil, ein geschätztes Mitglied unserer wachsenden »Familie«.

Wir reduzierten Suzis Arbeitszeit auf immer noch unglaubliche fünfundvierzig Stunden in der Woche. Nancy und Maire arbeiteten zwanzig bis fünfundzwanzig Stunden in der Woche mit Raun. Die Begabung und die Fähigkeiten dieser beiden noch so jungen und unprofessionellen Therapeutinnen beeindruckten mich sehr. Sie brachten mehr Einfühlungsvermögen und sinnvolle Vorschläge ein als die meisten Fachleute, die wir kennengelernt hatten. Sie waren undogmatisch, offen und lebendig.

Das Motivationsprogramm ging weiter, aber wir gingen dazu über, nun ein Lernprogramm zu entwerfen. Nachdem Suzi unsere neuen »Lehrerinnen« eingeführt und angeleitet hatte, gönnte sie sich ein wenig mehr Ruhe und verbrachte mehr Zeit mit den Mädchen. Sie begann ihre Bildhauerei wieder aufzunehmen. Beide überwachten wir Rauns Fortschritte. Wir achteten darauf, daß er diese neuen Menschen in seinem Leben akzeptieren konnte, und halfen ihm dabei. Das geschah in gleicher Weise, wie sich Suzi acht Wochen zuvor Raun angenähert hatte. Langsam, unaggressiv. In unseren abendlichen Diskussionen, in denen wir unsere Einstellungen und Haltungen überdachten, verbrachten wir Stunden damit, seine Echolalie zu besprechen. Wir wollten unsere Sensibilität gegenüber jeder Art von Kommunikation von Rauns Seite her lebendig halten und deshalb auch diese Art der Nachahmung belohnen, obwohl sie bis jetzt noch leer und ohne Bedeutung war. Die Worte, die er sprach, sprach er, ohne ihren Sinn zu begreifen; oft sprach er gegen die Wand, mit leeren Augen, während seine Lippen die Töne formten.

Sechs

Ich befand mich auf der Heimfahrt, auf der Autobahn. Die Sonne ging gerade unter. Ich hatte sie im Rückspiegel, wie sie, flammend rot, langsam am Horizont des Highways versank. Ich summte vor mich hin und dachte an meinen Sohn. Ich wußte, daß er dabei war, die Mauern zu durchbrechen, daß er begann, Zusammenhänge zu begreifen und sich uns anzunähern. Ich dachte an sein Verhalten und die Unfähigkeit etwas aufzunehmen und zu verarbeiten, diesen rätselhaften Defekt, der durch irgendeinen organischen Fehler, den wir nicht kannten, entstanden war. Irgendein Stromkreis hatte sich nicht geschlossen, irgend etwas war falsch gepolt. Und wenn das so war, wie konnten wir das, was bereits schiefgelaufen war, wieder rückgängig machen oder reparieren? Die Antwort war schnell gegeben – wir konnten es nicht. Aber vielleicht vermochte es Raun.

Ich kannte die Forschungsberichte über Leute mit Schlaganfällen und über die Gefahr des nicht wieder gutzumachenden Schadens. In vielen Fällen war nachzuweisen, daß bestimmte Teile des Gehirngewebes und der Gehirnzellen unwiderruflich zerstört waren. Autopsien hatten gezeigt, daß weite Bereiche durch Vernarbung für immer zerstört worden waren. Und doch hatten einige der Patienten, trotz einer so weitgehenden Zerstörung in ihrem Gehirn, es fertiggebracht, sich wieder zu bewegen, wieder zu sprechen – sie hatten Verbindungen in ihrem Gehirn entwickelt, die es ihnen möglich machten, die Lähmung irgendwie unter Kontrolle zu bekommen. Es waren nicht die zerstörten Zellen, die wieder zu funktionieren begannen, diese Patienten hatten Teile ihres Gehirns erschlossen, die vorher brachlagen. Sie hatten eine Grenze verschoben, hatten das Potential ihrer Zellen erweitert.

Und warum gelang dieses Wunder einigen der Opfer von Schlaganfällen, während die anderen verkrüppelt und behindert blieben? Die meisten Fachleute sind der Meinung, daß es von der Motivation des Patienten abhängt, davon, ob er es will – dies ist auch eine der wichtigsten Voraussetzungen dafür, wenn lebensgefährliche Operationen oder Behandlungen gelingen sollen. Wir wußten, wenn wir Raun dahin bringen könnten, daß er mit uns zusammensein *wollte,* würde er selbst die Verbindungen in seinem Gehirn entwikkeln, würde neue Kanäle eröffnen. Die innere Energie, die er entwickeln würde, wenn er etwas wirklich wollte, würde es schaffen, oder würde ihn zumindest dazu bringen, es zu versuchen – kein Training, kein mechanisches Sich-Erinnern konnte das leisten.

*

Bevor wir an diesem Abend Raun ins Bett brachten, saßen wir noch eine Zeitlang in unserem Schlafzimmer mit ihm zusammen und beobachteten, wie er im Zimmer umherlief und mit unseren Schuhen spielte. Plötzlich stutzte er. Etwas hatte ihn berührt, als er am Spiegel vorbeigegangen war: ein Bild. Obwohl er schon oft vor dem Spiegel gestanden hatte, war es für ihn an diesem Abend etwas vollständig anderes. Er blieb stehen und war sofort wie hypnotisiert von einer alles beherrschenden Person – sich selbst.

Er betrachtete sich. Er ging vor und zurück, nach links und nach rechts. Er ging ganz nahe an den Spiegel heran und berührte mit der Nase das Glas. Seine Augen waren wie Glühbirnen. Er trat neben den Spiegel und schob sich dann langsam wieder ins Bild. Dabei entdeckte er sein Gesicht. Er ging ganz nahe an den Spiegel heran und berührte seinen

Bauch, dann seinen Kopf. Er stieß einen wilden Schrei aus, einen Schrei voll unglaublicher Erregung und Freude. Er fing an zu grunzen und wie außer sich zu lachen. Raun Kahlil hatte sich selbst entdeckt. Ich wandte mich nach Suzi um, überwältigt und geblendet. Tränen liefen ihr über das Gesicht. Daß ich ebenfalls weinte, bemerkte ich, als ich plötzlich spürte, daß mein Gesicht naß war. Es war wie der erste Tag der Schöpfung – eine neue Dimension. Raun hatte sich gefunden, und es war eine Erfahrung voll Freude gewesen.

Durch Tränen beobachteten wir unseren Sohn. Er spielte mit sich, wie er noch nie mit einer Person oder einem Ding gespielt hatte. Er war voll bejahender Lebhaftigkeit und gefesselt von sich. Er brabbelte vor sich hin, grunzte sein Spiegelbild an und spielte Verstecken.

Sorgfältig untersuchte er seine Hände und Füße, dann sein Haar. Er berührte sich und beobachtete dabei, was er tat. Er zog seinen Schlafanzug aus und zeigte seinem neuen Spielgefährten seinen Bauch. Zwanzig einzigartige und ergreifende Minuten lang begrüßte sich Raun. Es war eine Begegnung, für die er reif gewesen war und die er genoß. Er war sich zu einer Oase innerhalb der Wüste geworden.

Suzi und ich verbrachten einen ruhigen und träumerischen Abend. Wir fuhren zum Strand und liefen an der Brandung entlang. Wir hatten nicht das Bedürfnis, miteinander zu sprechen. Wir hatten die Arme umeinander gelegt und schlenderten ziellos weiter, während das Wasser, den Gezeiten folgend, an den Strand flutete und wieder zurückwich. Letzte Lichtstrahlen tanzten zwischen uns, als wir durch den dichter werdenden Abendnebel gingen. Es war Ebbe.

*

Raun ist immer noch jede Minute des Tages mit jemand zusammen, der für Kontakt sorgt und Anregung bietet. Die ganze Mannschaft arbeitet voller Erwartung mit ihm, denn wir alle fühlen, daß ein neuer Abschnitt begonnen hat. Nachdem er sich selbst im Spiegel entdeckt hatte, wurde er zielstrebiger in seinen Handlungen und engagierter. Er schien mehr zu überlegen. Vielleicht verstand er jetzt manches besser: Er hatte erfahren, daß er existierte, daß er einen Körper hatte, den er sehen konnte, der vielseitig war, ein schöner Körper aus Fleisch und Blut.

Das folgende ist der Überblick über einen typischen Tagesablauf. Wenn irgend möglich wurde dieser Stundenplan sieben Tage in der Woche eingehalten.

Stundenplan:

8.30 Uhr: Raun ist seit einer Stunde wach und sitzt in seinem Bettchen. Er spielt mit Spielsachen, die er bis zu diesem Zeitpunkt normalerweise alle hinausgeworfen hat. Er wird aus dem Bett geholt, angezogen und rutscht auf dem Po die Treppe hinunter. Er frühstückt zusammen mit Suzi, manchmal am Tisch, manchmal im Badezimmer. Es wird viel mit ihm gesprochen, er erhält viel Stimulation durch Töne.

9.15 Uhr: Um diese Zeit geht Suzi normalerweise mit Raun, dem Arbeitsmaterial und dem Tonband ins Badezimmer. Es werden Spiele gespielt, die auf dauernder persönlicher Interaktion basieren, jede Kooperation wird sofort mit einem Keks oder etwas anderem Eßbarem belohnt. An Spielen benutzen wir: Steckspiele, die circa dreißig verschieden geformte Öffnungen haben, vier oder fünf Tierpuzzles mit Griffen (Suzi ahmt alle Tierstimmen nach, es werden vor allem Hauptwörter geübt), ein Lastwagen mit sieben Anhängern, Spielwerkzeug, Blas- und Schlaginstrumente, Bauklötze, Ton, Farbstifte und Kreiden, aufgeblockte Fotos von Familienmitgliedern und andere Dinge, die wir Raun zeigen, damit er sie vielleicht erkennt. Rhythmische Übungen umfassen das Bewegen der Arme, Füße und des Körpers zu Musik: zusammen mit Suzi oder allein, spontan und beliebig. Die Spiele bezwecken, die verschiedenen Teile des

Körpers zu erkennen und Gesten wie z. B. das Zeigen und die Sprachfähigkeit zu entwickeln, indem man die einzelnen Körperteile und das, was sie an Bewegungen ausführen, benennt. Dazwischen liegen Zeiten, in denen wir Raun nur berühren. Wir versuchen, mit Büchern zu arbeiten, Bilder anzuschauen, Seiten umzuwenden ... wir versuchen, seinen Tastsinn zu benutzen und mit kleinem Material zu arbeiten.

10.30 Uhr: Weg vom begrenzten Arbeitsplatz – Spazierengehen, Versteckspielen, wieder anderes Spielzeug, Raun bekommt etwas zu essen ... dauernde Interaktion.

11.00 Uhr: Zurück ins Badezimmer, um weiter gezielt zu arbeiten und zu spielen.

12.00 Uhr: Ende der morgendlichen Sitzung – Spazierengehen oder eine Autofahrt, ein Ausflug zum Park, zum Kaufmann, ein Besuch bei anderen Kindern.

13.00 Uhr: Mittagsschlaf.

14.30 Uhr: Raun wacht auf und bekommt seinen Lunch.

15.00 Uhr: Kurze Arbeitssitzung im Badezimmer.

15.30 Uhr: Ende der Sitzung – Spielen im Park, ein Ausflug mit dem Fahrrad ... Zeit für Bryn und Thea, mit Raun zu arbeiten und zu spielen.

16.00 Uhr: Unsere Hilfen (Maire oder Nancy) kommen, und gehen mit Raun zum Park: Schaukeln, körperliche Spiele und viel verbale Stimulation.

16.30 Uhr: Sitzung im Badezimmer zusammen mit Maire oder Nancy.

17.30 Uhr: Abschluß ... Zeit, die Raun mit anderen Familienmitgliedern oder Gliedern der Lehrergruppe verbringt, Herumtoben auf dem Bett, freies Spielen, Spiele spielen, körperliche Stimulation.

18.30 Uhr: Dinner mit der ganzen Familie und den Lehrern, die mit Raun arbeiten.

19.00 Uhr: Arbeitssitzung mit der Familie.

20.00 Uhr: Ende der Sitzung.

20.30 Uhr: Raun wird zu Bett gebracht.

Eine der vielen Schwierigkeiten, die Raun hatte, war seine Unfähigkeit, feste Nahrung zu sich zu nehmen. Bei jeder Mahlzeit versuchten wir ihm beizubringen, wie man kaut, denn wir wollten, daß er ein etwas vollständigeres Menü bekäme als das bisherige, das nur aus Babynahrung bestand. Eines Abends griff er nach den Pommes frites, die in einer Schüssel auf dem Tisch standen, und stopfte sich eine Handvoll davon in den Mund. Er sah komisch aus mit seinen vollen Backen und dem vergnügten Blick eines Clowns. Bevor wir noch dazu kamen, die frites aus seinem Mund wieder herauszubekommen, hatte er schon welche geschluckt. Schnell stellte es sich heraus, daß dies für ihn gefährlich war.

Das Essen steckte in der Luftröhre. Er kämpfte verzweifelt, es wieder hoch zu bekommen und steckte seine Finger in den Hals, um sich Erleichterung zu verschaffen. Seine Augen waren weit aufgerissen und quollen hervor, wie wenn er durch sie Luft schöpfen wollte. Wir rissen seine Arme hoch und klopften ihm auf den Rücken. Es half nichts.

Er fing an, in große Atemnot zu kommen. Ich holte ihn aus seinem Stuhl heraus, öffnete seinen Mund und versuchte, die Essensstücke mit meinen Fingern zu erreichen. Es hatte keinen Zweck. Ich stellte ihn auf den Kopf und schüttelte ihn. Raun kämpfte noch mehr um Luft. Sein Körper zuckte krampfartig. Ich stellte ihn wieder auf den Kopf, klopfte ihm auf den Rücken, schlug ihn auf den Hintern. Unmöglich. Daß sich jemand verschluckt, etwas ganz Alltägliches, hier schien es sich im Handumdrehen in eine Katastrophe zu verwandeln. Wir waren alle aufgesprungen. Während ich verzweifelt überlegte, was ich noch tun könne, registrierte ich das ganze Durcheinander an Bewegungen aus den Augenwinkeln heraus. Ich mußte den Verdauungsapparat reizen, und zwar so, daß Raun sich übergeben würde. Suzi hielt ihn mit dem Kopf nach unten. Ich ertastete den weichen Teil des Bauchs direkt unter den Rippen mit der einen Hand und rammte ihm die flache andere Hand nach oben gegen den Magen. Sein ganzer Körper schien zu antworten, er stöhnte rauh auf und augenblicklich spuckte er die Kartoffeln und den übrigen Mageninhalt auf den Boden.

Mir zitterten die Hände, als ich Suzis benommenen Gesichtsausdruck sah. Sie hatte ihn auf dem Arm. Raun hustete, aber es sah so aus, als ob er sich schnell erhole. Er sah uns mit großer Erleichterung an. Seine Augen glänzten, als er uns anblickte, als wolle er sich bedanken.

Ich konnte nur noch keuchend atmen, meine Rippen schmerzten, so schnell schlug mein Herz – es schien sich gar nicht beruhigen zu wollen. Suzi und ich sahen uns an, und jeder sah die Anspannung in den Augen des anderen. Sie war kalkweiß, aber sie brachte ein Lächeln zustande, wenn auch mit großer Mühe. Ich fing an zu lachen. Raun lebte!

Augenblicklich beschlossen wir, all unsere Energie darauf zu verwenden, Raun beizubringen, feste Nahrung zu sich zu nehmen. Wir fingen damit an, daß er Blickkontakt zu uns hielt, dann brachten wir ihn soweit, daß er uns zusah, wie wir Essen in unseren Mund steckten, es überdeutlich und übertrieben kauten und danach hinunterschluckten. Wir wiederholten und wiederholten es. Schließlich steckte ihm Suzi etwas Weiches aber Festes zu essen in den Mund. Er ließ es auf seiner Zunge liegen oder ließ es sich aus dem Mund fallen. Suzi redete mit ihm und bewegte seinen Unterkiefer mit ihren Händen . . . sie schloß seine Kiefer und öffnete sie wieder. Bei jeder Mahlzeit wiederholten wir diese Übung. Schließlich war es soweit, sie fühlte, daß er seinen Kaumuskel bewegte. Es dauerte zwei Wochen, bevor wir einen echten Fortschritt bemerkten.

*

Samstage und Sonntage verflossen, der eine ging über in den anderen, während wir in unserer individuellen Art zu leben fortfuhren, uns darin wohl fühlten. Viele Nachmittage an den Wochenenden waren dafür reserviert, Feuer im Kamin zu machen. Sie glichen mehr Feuern im Freien, als Feuern, die man im Haus macht. Bryn, Thea und ich holten die dicken Holzscheite, die wir an der einen Seite unseres Hauses gestapelt hatten. Thea mahnte mich regelmäßig, ihr ja keine schweren zu geben. Bryn verlangte unfehlbar, daß ich ihr mehr und mehr Scheite auflegte, bis man ihr die Anstrengung ansah. Wir schichteten die Scheite in unserem Kamin.

Dann steckten wir Papier in alle möglichen Ecken und Winkel des Scheiterhaufens, um damit das Holz zum Brennen zu bringen. Suzi prüfte, ob die Klimaanlage noch eingeschaltet war . . . Späße dieser Art erforderten, obwohl wir Spätsommer hatten, eine sofortige Abkühlung. Und dann zündete ich, während wir alle um den Kamin herumsaßen, die Papierknäuel an und setzte unsere Schöpfung an vielen Ecken in Brand. Immer achteten wir darauf, daß Raun seine Sitzungen unterbrach und bei uns war. Fasziniert beobachtete er die tanzenden hellen Flammen. Rot, purpur und weiß. Wenn die Scheite richtig Feuer gefangen hatten, brachen Bryn und Thea in Jubelrufe aus und klatschten in die Hände. Aus der Stereoanlage kam Bach, gespielt vom Modern Jazz Quartet.

Sobald das Feuer in Gang war, räumten wir die Sessel vor dem Kamin weg. Bryn brachte einige Strohmatten, Thea holte Kissen aus dem Schlafzimmer. In wenigen Minuten lagen wir auf dem Boden, übereinander, nebeneinander, ineinander verschlungen, und genossen das Feuer und unser Zusammensein. Bryns Kopf lehnte gegen mein Bein, während Theas Füße lose über meinem Bauch hingen. Suzi lag quer auf meiner Brust. Der Große Bär war zum Bärenfell geworden.

Es dauerte keine halbe Stunde, und Jerry und Laura stießen dazu und vergrößerten unsere neue Schöpfung – unsere sich entwickelnde Familie. Dann kam Nancy. Wir stellten das Telefon für den Rest des Tages ab, um nicht gestört zu werden. Raun spielte und stocherte im Feuer herum. Jerry warf Bryn einen Ball zu, die ihn unter viel Gekicher zurückspielte. Thea fragte Laura, ob sie mit ihr Mikado spiele. Suzi gab mir einen Kuß und flüsterte mir ins Ohr, daß sie sehr glücklich sei. Unsere Familie vergrößerte sich weiter, als Steve und Laurie mit ihren beiden Söhnen Jardy und Ari ankamen. Sie fügten sich irgendwo ein, das Feuer blieb immer im Mittelpunkt. Es schuf die Stimmung und beherrschte sie, eine friedliche Stimmung voller Musik.

Es war eine schöne Zeit, eine Zeit, in der das Zusammensein mit den Menschen, die wir liebten, die Harmonie, in der wir uns befanden, das Wichtigste war, wichtiger als miteinander zu reden oder etwas zu tun. Eine Zeit, in der wir es gegenseitig spürten, daß wir uns wohl fühlten. Eine Stunde lang lehrte ich Laura die Options-Methode und half ihr, die Einstellungen und Überzeugungen zu überprüfen, die sie dazu brachten, daß sie sich unglücklich fühlte. Suzi und Raun experimentierten auf Jerrys Vibraphon. Bryn und Thea tanzten zu den entstehenden Rhythmen. Nancy starrte ins Feuer. Stimmen und Musik klangen symphonisch zusammen. Sanftheit lag in der Luft. Ein Gefühl der Zusammengehörigkeit, das uns allen sehr viel wert war. Ein starkes Gefühl, geliebt zu werden, und dies in guter Weise.

*

Im Laufe der Zeit bemerkten wir, daß Raun mehr und mehr das Bedürfnis entwickelte, über verschiedene Gesichtsausdrücke mit uns zu kommunizieren. In den Spiegel zu schauen und mit sich selbst darin zu spielen war jetzt seine liebste Betätigung. Er hatte zunehmend erkannt, daß er seine Umgebung beeinflussen konnte. Er dirigierte uns, indem er unsere Hände ergriff, uns zu den Dingen hinzog, die er wollte, und dort anfing zu weinen. Die Botschaft war klar und unüberhörbar. Ich will. Ich will.

Es war herrlich. Morgens nahm er Suzi bei der Hand,

führte sie zum Kühlschrank und zeigte ihr, daß er Saft wollte. Am selben Abend zog er mich zur Treppe, um zu zeigen, daß er hinauf wollte. Der erste Stock war Rauns privates Reich, in das er sich oft zurückzog, um allein zu sein. Wir erlaubten es ihm immer, nur wenn er sehr lange dort oben blieb, störten wir ihn.

Wenn wir ein Glas Wasser auf den Tisch stellten, versuchte er jetzt, es zu erreichen, sobald er es gesehen hatte. Wir halfen ihm, es in seinen winzigen Händen zu halten. Bis zu der Zeit hatte er nur das gegessen und getrunken, was man direkt vor ihn hingestellt hatte. Jetzt hatte er begriffen. Er steckte seine Grenzen weiter. Endlich war er sein eigener Herr, war endlich jemand geworden, der gelernt hatte, seinen Computer effektiver zu programmieren und einzusetzen . . . der die Auswahl und Aufbereitung des Datenmaterials endlich begriff.

Wir bemerkten auch, daß er Menschen gegenüber aufmerksamer wurde. Er ließ sich mehr auf sie ein. Beinahe, als bedeuteten sie ihm etwas. Die Gründe lagen vielleicht auf der Hand. Sie wurden zunehmend wichtig für ihn, sie halfen ihm, das zu bekommen, was er wollte. Beim Spiel und bei körperlichen Kontakten wurden Menschen für Raun zu einer Quelle der Freude und der Liebe. Und er dankte es uns. Wenn er anfing, Teller kreiseln zu lassen, wollte er, daß wir daran teilnahmen. Er reichte uns einen Deckel oder einen Teller – wir sollten mitmachen. Er spielte mit uns. Das war etwas so wesentlich Sinnvolleres als die reine Imitation, die ohne Kommunikation noch vor ein paar Wochen abgelaufen war.

Jetzt mußten wir ein anderes Hindernis überwinden. Zu Beginn hatte Raun geweint, um damit zu zeigen, daß er etwas wollte, um sich zu artikulieren. Wir hatten ihm dies erlaubt, und ihn darin bestärkt, denn wir dachten, daß die Art und Weise, wie er Kontakt aufnahm, nicht so wichtig war, Hauptsache, er versuchte es überhaupt. Wir wollten auch nichts im Keim ersticken, indem wir ihn mit verschiedenartigen und vielleicht unverständlichen Direktiven verwirrten. Aber jetzt war sich Raun seiner selbst, seiner Bedürfnisse und Fähigkeiten viel mehr bewußt. Er ruhte stark genug in sich selbst, dachten wir, er konnte eine Veränderung akzeptieren und ertragen. Es sollte langsam vor sich gehen. Jedesmal, wenn er weinte, fragten wir ihn, was er wollte, sagten es ihm, daß er das oder das wolle und deuteten mit dem Finger darauf. Wieder und wieder. Hundertmal am Tag.

Fast jede Woche brachte Fortschritte, Durchbrüche. Doch ich konzentrierte mich auf ein Gebiet, von dem ich wußte, daß es für seine Fähigkeit zu denken, und schließlich zu sprechen, ausschlaggebend sein würde.

Seit Wochen machte ich jeden Abend mit ihm den gleichen Test, in der Hoffnung, daß ich ihm eines Tages helfen könne, das nahezu Unmögliche zu schaffen. Ich begrüßte ihn, sobald ich in die Küche kam, und zeigte ihm ein Plätzchen. Wenn er seine Hand danach ausstreckte, bewegte ich es, während ich mit ihm redete, vor seinen Augen langsam weiter. Dann ließ ich das Plätzchen hinter einem Stück Papier verschwinden, gab aber genau acht, daß er diesen Vorgang deutlich sehen konnte. Sobald Raun das Plätzchen nicht mehr sah, wußte er nicht mehr, wo es war, und war ganz verwirrt. Er konnte sich nicht daran erinnern, er konnte es nicht im Gedächtnis behalten, so daß es als Vorstellung weiterbestand, obwohl er es nicht mehr sah. Seine Fähigkeit, Vorgänge miteinander zu verbinden, war noch sehr begrenzt, und auch die Fähigkeit, Bilder im Gedächtnis zu behalten, um sich in Zukunft ihrer erinnernd zu bedienen, war gar nicht oder kaum entwickelt. Es würde ausschlaggebend sein, diesen Bereich zu entwickeln und zu verbessern, denn es war das Gebiet, auf dem er aufbauen mußte, wenn er sprechen lernen wollte.

Dies war unser Spiel. Raun und ich spielten es. Es waren Proben für ein Stück, das vielleicht einmal in Zukunft gespielt werden würde.

TAGEBUCH: Neunte Woche – unveränderter Tagesplan, drei Personen arbeiten mit Raun.

Veränderungen:
- Blickkontakt wird sehr gut
- Raun ist aufmerksamer gegenüber Familienmitgliedern geworden und achtet sogar kurze Zeit auf ihm unbekannte Leute
- Hat seine Hände diese Woche überhaupt nicht betrachtet
- Äußert seine Bedürfnisse stärker, indem er einen an der Hand zieht oder weint
- Hört auf Aufforderungen wie: geh dahin, nimm meine Hand, leg das wieder hin, warte, komm her, geh und hol es dir, iß, setz dich hin
- Beim Spielen oder beim Kontaktaufnehmen geht jetzt die Initiative auch von ihm aus – er reicht einem Dinge, daß wir sie mit ihm zusammen kreiseln lassen können
- Stärkeres aktives Interesse an spielerischen Tätigkeiten wie Verstecken, Steckspiele, Puzzles
- Nimmt Dinge stärker in Besitz. Zum ersten Mal kämpft er darum, etwas zu behalten, und weint, wenn es weggeräumt wird
- Fängt an, selbständig ein Glas in der Hand zu halten und daraus zu trinken
- Wenn jemand zum Zimmer hereinkommt oder hinausgeht (vor allem zum Badezimmer), folgt er
- Hat angefangen, ohne Zwischenfälle feste Nahrung zu sich zu nehmen
- Genießt es, sich im Spiegel zu sehen und mit sich zu spielen. Bewegt seine Hände über das Glas, spielt Verstecken mit seinem Spiegelbild. Sieht auch andere Leute im Spiegel an
- Fängt an, von sich aus Körperkontakt aufzunehmen und scheint es zeitweise gern zu haben
- Geht zu seiner Mutter oder zu den Menschen, die mit ihm arbeiten, sobald jemand im Zimmer ist, den er nicht kennt

- Fängt mit Gesten an: Zeigt, schlägt auf die Dinge, die er will
- Reagiert auf etwas komplexere verbale Aufforderungen wie »Will Raun eine Flasche?«, »Warte noch etwas«, »Raun, steh ruhig hin« (wenn er angezogen wird).

Keine Veränderungen:

- Zieht noch immer die Welt der Dinge vor, sobald er außerhalb seiner Sitzungen die Gelegenheit dazu hat
- Ist noch immer sehr absorbiert, wenn er Objekte kreiseln läßt
- Meldet sich noch immer nicht, um aus dem Bett genommen zu werden, wenn er morgens oder nach seinem Mittagsschlaf aufwacht
- Benutzt die Sprache nicht, wenn er etwas mitteilen möchte
- Wirft mit allem, was er in die Hand bekommt.

Weitere Beobachtungen:

- Es ist auffällig, daß die Qualität seiner Reaktionen an Orten, die wenig Abwechslung bieten, z. B. dem Badezimmer, wesentlich besser ist
- Ahmt verstärkt Töne und Körpertätigkeiten nach (macht eine Schnute, wirft den Kopf zurück, springt auf und nieder, kriecht, rennt, schlägt auf das Tambourin, etc.)
- Unsere Kommunikation ist besser, wenn er selbst die Initiative ergreift und die Kontrolle darüber behält
- Kennt das Geräusch unseres Wagens und unserer Klingel und schaut in die richtige Richtung, wenn er diese Geräusche hört
- Macht eine Faust und hält sie an seine Backe, wenn er aufgeregt ist
- Wendet sich in einer ganz ihm eigenen Weise von Leuten ab, wenn er lächelt
- Regt sich sichtlich auf, wenn seine Schwestern weinen; versucht, sie zum Lachen zu bringen, nähert sich ihnen, berührt sie sogar manchmal.

Eines Tages kam Raun mit Suzi aus seinem Zimmer. Er war noch nicht voll angezogen. Sie setzte ihn kurz auf den Boden, um Kaffee zu machen. Raun griff schnell nach seinen Schuhen, um sie anzuziehen. Er mühte sich mit ihnen ab. Ich setzte mich neben ihn, um ihm zu helfen. Nach und nach brachten wir es zustande, daß er sich selbst die Schuhe angezogen hatte. Sobald wir fertig waren, zog er sich die Schuhe wieder aus und begann von neuem. Wieder half ich ihm. Sobald er sie an den Füßen hatte, zog er sie wieder aus. Seine winzigen Finger nestelten eifrig. Er war ganz aufgeregt und sehr angetan von seiner neuen Fertigkeit. So an die dreißigmal muß er es wiederholt haben. Schließlich war er erschöpft.

Am Nachmittag nahm sich Suzi die Zeit, auf dem Saxophon zu üben. Sie hatte erst vor ein paar Wochen damit begonnen. Laura unterrichtete sie. Die Töne kamen schief aus dem schön geformten Inneren des Instrumentes – unser ganzes Haus war erfüllt von blechernen Dissonanzen, von zu scharf oder zu flach angeblasenen Tönen. Es waren die schrillen Geräuschfolgen eines Anfängers.

Jedesmal, wenn Suzi neu ansetzte, rannte Raun aus dem Zimmer. Manchmal schrie er voller Protest. Er brachte seine Meinung zum Ausdruck, unübersehbar und unüberhörbar. Wir anderen, Bryn, Thea, ich und einige verständnisvolle Freunde, standen Suzis Anfängen etwas aufmunternder gegenüber. Wir hatten schon einige miterlebt. Ihre wiederkehrenden Phasen, in denen sie Klavier spielte. Dann ihr Verhältnis zum Gitarrenspielen und ihre Versuche, eigene Lieder zu komponieren. Viele Gratiskonzerte waren uns gegeben worden. Während Raun wegrannte und sich versteckte, waren wir froh, daß Suzi sich wenigstens nicht ins Trompetenspielen oder in eine Tuba verliebt hatte.

*

Die elfte Woche in unserem Programm begann. Als ich eines Abends nach einem Arbeitstag in der Glitzerstadt New York nach Hause kam, stieß ich auf Raun, der beim Tisch stand. Er sah mich flüchtig an, hob seine rechte Hand, als ob er einen Diensteid schwören wolle, und hob und senkte seine Finger auf seine Handfläche. Es sah so aus, als wolle er mir guten Tag sagen.

Ganz benommen winkte ich zurück. Er blieb kurze Zeit so, dann schaute er woanders hin. Was für eine Begrüßung! So einfach war das und so wichtig . . . es war das schönste Willkommen, das ich je hatte. Noch vor drei Monaten hätte ich zur Tür hereinkommen und eine Handgranate abfeuern können, Raun hätte keine Miene verzogen und hätte mich nicht angeschaut. Jetzt hatte mich dieser kleine Mensch begrüßt. Ich war am Zug. Wir waren beide die Gewinner.

Es war noch genug Zeit für Raun und mich, unser Lieblingsspiel, das kein Spiel war, zu spielen, ehe Suzi ihn zu Bett brachte. Ich nahm ein Plätzchen vom Schrank und zeigte es ihm. Ich legte es auf die Mitte des Bodens und zeigte darauf. Und als er zuschaute, legte ich ganz langsam eine Zeitung darauf, so daß es nicht mehr zu sehen war. Er verweilte und starrte fast eine Minute lang auf das Papier. Dann ging er, ohne irgendwie großes Interesse zu zeigen, zu der Zeitung hinüber und setzte sich daneben. Er sah sich die Bilder an. Sein Blick wanderte langsam über die gesamte Papierfläche und verweilte an den Rändern. Suzi und ich schauten uns an. Wir warteten schweigend. Abend für Abend hatten wir es gesehen, nichts hatte sich geändert.

Aber dann verschob Raun das Papier, ganz einfach, er schob es nach rechts, so weit, bis das Plätzchen zum Vorschein kam. Vorsichtig hob er es auf und aß es. Ein Zufall? Wir versuchten schnell, das Ereignis einzuordnen, wie es scheinbar ohne Absicht oder Vorausplanung abgelaufen war. Aber wir drangen nicht durch mit unserer Analyse. Wir starteten einen weiteren Versuch. Vielleicht hatten wir Glück.

Ich nahm ein anderes Plätzchen und zeigte es Raun. Ich legte es an einer anderen Stelle auf den Boden und bedeckte es langsam mit einer anderen Zeitung. Aus den Augenwinkeln bemerkte ich seine gespannte Aufmerksamkeit, tierhaft, zum Sprung ansetzend. Ich zog die Schultern hoch, während eine Welle von Energie mir über den Rücken lief. Sobald ich aus dem Weg war, ging er mir ohne zu zögern nach, hob die Zeitung auf und steckte sich schnell das Plätzchen in den Mund. Es war erstaunlich!

Er schien eine neue Art von Autorität zu fühlen, neues Vertrauen in sich selbst. War es wirklich geschehen? Bedeutete es, daß er ab jetzt Dinge, die er gesehen hatte, in der Erinnerung behalten konnte?

Ich nahm eine Handvoll Plätzchen. Ich legte eines unter einen leichten Sessel, der so stand, daß er es gut sah. Er folgte mir, hob schnell den Sessel hoch und nahm sich das Plätzchen. Ich legte ein anderes auf das Büfett, so daß er es nicht sehen konnte. Wieder folgte er mir, streckte seine Hand hoch und fühlte den Rand des Büfetts entlang, um das Plätzchen zu finden. Seine kleinen Finger suchten die Brüstung entlang, bis sie ihr Ziel erreichten. Er langte nach dem Plätzchen und verspeiste es zur Belohnung. Ein Plätzchen auf dem Stuhl, ein Plätzchen unter dem Kissen auf der Couch, eines in meiner Faust, die er schnell anging und mit aller Kraft zu öffnen versuchte. Er war voller Entschlossenheit. Wir waren vor Freude fast außer uns. Und er ebenfalls.

Er genoß dieses Spiel außerordentlich und war ganz aufgeregt, wenn er hinter den Plätzchen her war und sie fand. Wir spielten länger als eine halbe Stunde. Mir wurde klar, daß ich vermutlich nie wirklich geglaubt hatte, daß er es zustande bringen würde. Es flößte mir Ehrfurcht ein, daß wir so viel mehr erreicht hatten, als wir uns je hätten träumen lassen, wir hatten es gewollt, ohne es uns einzugestehen, und wir bekamen es geschenkt. Wir hatten Diamanten gefunden, wo wir nach Glas gesucht hatten.

*

Den nächsten Tag rief mich Suzi im Büro an, aufgeregt und völlig aus dem Häuschen. »Er hat gestern abend mit den Plätzchen wirklich einen großen Schritt vorwärts getan, Barz. Du weißt ja, daß er bis jetzt nur mit einem Puzzlestück auf einmal zurechtkam, und nur, wenn ich ihm genau sagte, was er tun solle. Aber heute, als ich ihm das Puzzle gab und die Stücke durcheinandergemischt hatte, hat er sie selber zusammengesetzt. Vollständig. Ohne jede Hilfe oder Anleitung. Es ist, als ob er mehr im Gedächtnis behalten könne, mehr mit allem anfangen könne. Es ist einfach toll! Er glüht vor Energie wie eine Tausend-Watt-Birne! Ich bin so aufgeregt – wegen ihm, wegen mir, wegen uns allen!«

Sie wußte, daß sie ihm jetzt Spiele und Spielzeug näherbringen konnte, die ihm mehr bringen würden als ihn nur zu motivieren und zu sozialisieren.

Wenn er seine Erinnerungen einsetzen konnte, war er fähig, viel mehr zu lernen. Eine Öffnung zu der ganzen Tiefe seines Wesens hatte sich aufgetan. Wir waren in einer unglaublichen Hochstimmung. Ich sagte: »Du hast etwas ganz Großartiges zustande gebracht, Suzi, etwas ganz Außergewöhnliches.«

Suzi antwortete nicht, aber ich konnte hören, wie sie am anderen Ende der Leitung leise weinte.

»Ich liebe dich, Suz.«

Es dauerte eine Weile, bis sie sich wieder gefangen hatte und wieder ansprechbar war.

»Mach dir nichts draus, ich bin einfach furchtbar glücklich und furchtbar dumm. Ich feiere es gerade für mich.«

Suzi hatte erkannt, was dieser Durchbruch bedeutete, diese neue Fähigkeit sich zu erinnern. Es war uns beiden klar, was es heißen konnte, aber wir wollten keine Erwartungen daran knüpfen. Wir wollten, daß Raun seine Fähigkeiten selbst entwickelte, daß er selbst das Tempo bestimmte. Wir wußten, daß er es tun würde, sobald er es wollte und sobald er es konnte.

Obwohl Raun noch sehr oft abwesend und weit von uns

weg war, wurde unser Zusammensein produktiver, unsere Interaktionen wurden sinnvoller. Im Park ging er jetzt tatsächlich auf andere Kinder zu. Einmal, als er mit Suzi dort war, sah Raun einen kleinen Jungen, der an der Schaukel stand, direkt an und lächelte. Dann, ganz plötzlich, umarmte er das Kind und legte sein eigenes Gesicht an das Gesicht des anderen. Der kleine Junge bekam es mit der Angst zu tun und fing an zu schreien. Raun wich sofort zurück. Er war verwirrt und voller Anteilnahme. Er imitierte seinen kleinen Freund – verzog sein Gesicht, als ob er ebenfalls traurig sei. Nach einer Weile, als das Kind mit Schluchzen aufgehört hatte, näherte Raun sich ihm vorsichtig und streichelte sanft seinen Arm. Sein neuer Freund sah Raun neugierig an. Es war ein Akt der Verbrüderung und der Zuneigung von einem noch sehr empfindlichen und oft schwankenden menschlichen Wesen. Ein Akt, um den niemand ihn gebeten hatte, den er selbst gewollt hatte.

An diesem Tag ging in Rauns Augen die Sonne auf.

*

Raun machte im selben Tempo weiter. Er hielt uns in Atem. Die Ereignisse überstürzten sich. Jedes neue Ereignis führte zu neuem Wachstum. Victoria erschien auf der Bildfläche. Die große Vic, die ohne Worte mehr Schönheit ausdrücken konnte als ein Dichter mit Worten, die Kreativität in jedem Ton und jeder Bewegung fand, die mehr Energie hatte als ein perpetuum mobile. Sie war eine Freundin, die wir liebten, und die uns liebte. Sie arbeitete als Tanztherapeutin mit behinderten und emotional gestörten Kindern. Sie wollte versuchen, mit Raun zu arbeiten. Sie war außerordentlich lebhaft, aber freundlich; aggressiv, aber verantwortungsvoll. Unter ihrem blonden Schopf hauste ein scharfer Verstand, ihre blauen Augen schossen Pfeile.

Am ersten Tag, noch bevor Raun wirklich Gelegenheit gehabt hatte, sie kennenzulernen, ging Vikki mit ihm ins

Badezimmer. Sobald die Tür sich hinter ihnen geschlossen hatte, fühlte er sich unwohl. Er fürchtete sich, war nervös, scheu. Er war überhaupt nicht er selbst, seine übliche Passivität hatte einen Riß bekommen. Er begann zu weinen und schließlich hysterisch zu schreien. Gleichzeitig schluckte und schluchzte er.

Vikki versuchte sich ihm zu nähern, bei ihm zu sein und ihn zu beruhigen. Er reagierte, indem er mit den Fäusten an die Tür schlug. Raus! Er wollte hinaus. Sie ließ ihn hinaus. Raun stürzte durch die Türöffnung. Er krabbelte durch das Haus, suchte verzweifelt. Endlich fand er, was er wollte: Suzi! Er rannte auf sie zu, schob sich zwischen ihre Beine und preßte sein tränenverschmiertes Gesicht gegen ihre Schenkel. Seine kleinen Hände krallten sich in den blauen Jeansstoff. Die winzige Person schmiegte sich an einen Turm voller Trost. Suzi streichelte sein Haar. Er akzeptierte ihre Zärtlichkeit.

Was ein alltägliches Geschehen zwischen einer Mutter und ihrem Kind ist, das viele Male am Tag in jeder Familie geschieht, diese unbemerkte Vereinigung, die nur ein Teil der Liebe ist, die zwischen Mutter und Kind besteht, das war für Suzi und mich etwas ganz Besonderes, etwas Einzigartiges. Raun war neunzehn Monate alt, und er hatte sich noch nie an jemanden gewandt, um Hilfe oder Trost zu bekommen. Er hatte nie vor der Frage gestanden. Im Grunde war es ihm immer gleichgültig gewesen, mit wem er zusammen war. Aber jetzt war es anders: Eine verläßliche Beziehung war gebaut worden. Zum ersten Mal hatte er sich nach außen gewagt, um eine starke, vertrauensvolle Bindung zu Suzi einzugehen.

Für sie, eine Mutter, die fast zwei Jahre darauf gewartet hatte, daß ihr Kind auf sie zukam, um ihre Wärme und ihre Liebe zu suchen, war es ein sehr privates und persönliches Erlebnis. Ihr Sohn kam heim zu ihr.

*

Vikki versuchte es fast eine Woche lang, mit Raun zu arbeiten. Suzi war jeweils die ersten Minuten der Sitzung dabei, bis sie sicher war, daß Raun sich wohl fühlte. Nach drei, vier Tagen stellte es sich aber heraus, daß Vic Schwierigkeiten mit Raun hatte. Was sie ihm an Stimulation bot, schien für ihn zu hektisch zu sein. Ihre sehr entwickelten Methoden und Begabungen waren nichts für ihn. Raun ging nicht darauf ein, er arbeitete nicht mit.

Verwirrt und besorgt änderte Vikki ihre Haltung. Sie fing an, Rauns Rückzug als ein Urteil über ihre Unfähigkeit aufzufassen, sie dachte, etwas sei falsch mit ihr. In den Sitzungen beschäftigte sie sich hauptsächlich mit ihren eigenen Problemen, ihren eigenen Zweifeln.

Raun wurde immer schwieriger. Wir diskutierten dieses Problem, das sich zu vergrößern schien, mit allen Beteiligten. Vikki entschied schließlich, zu warten, bis Raun älter und vielleicht empfänglicher wurde für das, was sie zu bieten hatte. Sie hatte bis jetzt noch nie mit so kleinen Kindern gearbeitet. Vielleicht in ein paar Monaten, wir würden ja sehen. Wir stimmten ihr zu.

An diesem Beispiel fanden wir bestätigt, wie richtig eine unserer Grundvoraussetzungen war. Solange wir sichtbare Zeichen von Rauns Fortschritten verlangten, die unsere Fähigkeiten als Lehrer bestätigen würden, gaben wir irgendwie den Druck, unter dem wir standen, an ihn weiter und wurden unproduktiv. Wir gerieten in eine Falle, die dazu führen konnte, daß wir Raun überforderten und in den Sitzungen Leistung von ihm verlangten. Wir übten Druck aus, forderten »du mußt«, »du sollst«, und Raun wehrte sich dagegen.

Beim Abendessen sagte Bryn, daß sie mit ihrem Bruder und der Beziehung, die sich zwischen ihnen entwickelte, immer zufriedener sei. Sie mochte es, wenn er auf das, was sie tat, einging. Sie sagte, daß sie das Gefühl habe, daß er sie möge. Sie redete enthusiastisch darüber, wie gern und leicht er Puzzles und Spiele machte. Sie war eine stolze Lehrerin, stolz auf sich und auf ihren Schüler, einfühlsam seinen Bedürfnissen gegenüber und nicht verletzt, wenn er sie ausschloß. Bryn wuchs in dieser liebevollen Beziehung, nicht nur Raun. Sie wurde eine wunderschöne, aufmerksame und mitfühlende junge Frau.

Ihre Einsichtsfähigkeit entwickelte sich schnell. Sie las mehr. Sogar ihren eigenen Begabungen brachte sie mehr Aufmerksamkeit entgegen.

Ihre Energie zeigte sich am auffälligsten in ihrem Erfindungsreichtum und ihrer Begabung, sich ins Scheinwerferlicht zu stellen. Sie nahm Geigenunterricht und das führte dazu, daß sie uns allabendlich beim Essen mit Vorführungen beglückte. Wir protestierten zwar nicht, aber die Saiten der Geige schienen sich unter den falschen Tönen zu krümmen. Bryn war auch eine leidenschaftliche Klavierspielerin, obwohl sie dazu neigte, auf den Tasten herumzuhämmern. Sie nahm Schauspiel- und Tanzunterricht und auch das wurde zu Vorstellungen ausgenutzt. Bei zahllosen Gelegenheiten wurden wir in moderne Choreographie eingeweiht, ohne Aufforderung. Oft ahmte sie höchst vergnüglich und gekonnt Familienmitglieder und Freunde nach. Bryn blühte auf, sie entwickelte sich schneller, als es eigentlich ihrem Alter entsprach.

Thea sprach weniger über Rauns Fortschritte als darüber, daß es ihr Spaß machte, mit ihm zusammenzusein. Sie hatte eine sehr gute und ausgeprägte Art, auf seiner Ebene mit ihm zu spielen, ihn zu etwas zu bringen und einen unproblematischen körperlichen Kontakt entstehen zu lassen. Ihre Beziehung zu ihm war weniger verbal, mehr intuitiv. Manchmal setzte sie ihn ein wenig unter Druck, aus Begeisterung vielleicht oder vielleicht aus Eifersucht. Suzi oder ich griffen dann freundlich ein und zeigten ihr, wie sie auch anders mit ihm spielen könne. Unter ihren Ponyfransen hervor kam dann aus den tiefliegenden Augen ein vieldeutiger Blick.

Sie verschanzte sich, wollte aber mehr wissen. Die Beziehungen zu anderen gingen ihr immer tief unter die Haut.

Thea verbrachte außerdem lange Stunden für sich allein mit Zeichnen und Malen. Sie schuf Phantasiebilder von uns, ihren Freunden und ihren Tagträumen. Sie waren liebevoll und sehr expressionistisch. Oft malte sie wunderschöne, detaillierte Bilder und schenkte sie uns. Es waren Zeichen ihrer Zuneigung. In ihnen beschrieb sie ihre Gefühle. Die Figuren in ihren Bildern waren voller Bewegung, sie flogen, sie waren beseelt und farbig. Blaue Haare, rote Gesichter, gelbe Nasen. Sogar ihre kleinen Tonfiguren waren in diesem ausdrucksvollen Stil modelliert.

*

Raun saß auf dem Rücksitz meines Fahrrads. Es war früh am Morgen. Wir fuhren durch unsere Wohngegend, Bryn begleitete uns. Raun saß still und starrte auf die Bäume und Häuser, die an ihm vorbeiglitten. Er war wie hypnotisiert von der Bewegung. Bewegung, die ihn in einen friedlichen, meditativen Gemütszustand hinübergleiten ließ. Wir kamen im Park an, demselben, in dem sich mir das Wort »Autismus« so blitzartig aufgedrängt hatte.

Die letzten zweieinhalb Monate schienen Jahrhunderte weit zurückzuliegen. Und doch, als ich meinen Sohn auf die Schaukel setzte und ihm aufmerksam in die Augen blickte, wurde mir klar, daß Raun, obwohl seine Fortschritte dramatisch und teilweise sogar spektakulär waren, hinter dem, was für Kinder in seinem Alter normal war, weit zurückblieb. Seine sprachliche und soziale Entwicklung war im Alter von neunzehn Monaten die eines acht oder neun Monate alten Kindes. Nur die Grobmotorik und einige feinmotorische Fähigkeiten waren seinem Alter gemäß. Seine sonstige Entwicklung hinkte hinterher.

Ich zog Bilanz. Ich wiederholte mir, was wir erreicht hatten, ich führte mir die Stationen dieser Reise vor Augen. Raun hatte die jedem Menschen innewohnende Trägheit überwunden und hatte sich dem Fluß des Lebens angeschlossen: Er hatte es geschafft, den gleichen Hauptstrom zu erreichen, in dem auch die anderen schwammen. Er lernte es sogar, die Stromschnellen zu überspringen und die Strömung zu benutzen. Er hatte sich die Welt zu eigen gemacht. Er war in Kontakt mit anderen. Er erlaubte uns, Kontakt mit ihm aufzunehmen. Er gab einigen seiner Bedürfnisse Ausdruck. Er lernte sein Gedächtnis zu benutzen, sich an Dinge zu erinnern. All das war ehrfurchtgebietend, all das konnte zur Grundlage für eine weitere Entwicklung, für weiteres Wachstum werden. Zumindest gestattete es ihm, weitergehend und effektiver mit sich selbst und seiner Umgebung zurechtzukommen. Auch wenn er sich nicht weiterentwickeln würde, würde unser Gewinn groß sein, denn ich fühlte, daß wir, indem wir in Berührung mit diesem Kind gekommen waren, das Schönste in uns selbst kennengelernt hatten. Er hatte es uns gezeigt, indem er einfach da war, indem er er selbst war.

*

Es war Mitternacht, als das Telefon läutete. Stimmen erreichten uns vom anderen Ende der Leitung, die wir seit Jahren nicht mehr gehört hatten. Es waren Freunde aus Kalifornien, die in zwei Tagen nach New York kamen und uns besuchen wollten. Eine lange und streckenweise sehr intensive Beziehung würde nach all der Zeit wieder aufgenommen werden. Wir freuten uns.

Zwei Tage später. Die Luft war sehr feucht, der Abend brachte keine Abkühlung. Ein riesiger, glänzender, an die acht Meter langer Wohnwagen rollte in unsere Auffahrt. Seine Hupe klang so tief wie die einer alten Santa Fé-Diesellok, die einen Bahnübergang ohne Schranken überfährt. Bryn und Thea stürzten zur Tür. Suzi und ich folgten. Das riesengroße Ungetüm kochte und paffte, obwohl die Zündung abgestellt war. Mein Freund Jesse kam heraus, sanft und müde. Wir umarmten uns. Unsere üblicherweise stürmische Umarmung war heute durch die Rührung etwas abgemildert. Seine Frau, Suzi, fiel meiner Suzi in die Arme. Dann umarmten wir uns alle. Mein Gesicht badete in feuchten Küssen. Raum und Zeit, die uns getrennt hatten, verschwanden für ein paar zeitlose Augenblicke. Dann wandte sich Suzi, meine Suzi, dem parkenden Dinosaurier zu und schloß die Kinder unserer Freunde in ihre Arme. Ein eigenartiges Gefühl, sie jetzt zum ersten Mal kennenzulernen. Julie, empfindsam, mit durchdringenden Augen und sehr weiblich mit ihren sieben Jahren. Cheyenne, erst vier, aber mit seinen lockigen roten Haaren und den weiten Hosen bereits ein Komiker, der den anderen die Schau stahl. Die Kinder begrüßten sich, aufgeregt herumspringend, und trugen die allgemeine Hochstimmung mit ins Haus.

Wir standen mit Jesse und Suzi unter dem klaren Himmel, lächelten uns an, schauten uns an und kamen uns näher. Wir fühlten die alte Nähe ebenso wie die Entfernung. Jesse schien mir etwas distanziert zu sein durch die harte Arbeit, die er geleistet hatte, und die ihn wie eine Aura umgab. Er war der Lead-Singer und Writer einer Rockgruppe gewesen, die sich die »Youngbloods« nannten, jetzt startete er eine Tour unter seinem eigenen Namen: Jesse Colin Young. Für ihn war es ein neuer Anfang. Ein Aufstieg in einem neuen Zusammenhang. Dieses Wochenende sollte er drei Abendvorstellungen am Nassau Coliseum geben.

Wir redeten und erzählten uns unser Leben, die Höhepunkte und dramatischsten Ereignisse der letzten Jahre. Wir schauten in ihre Gesichter und sahen wie in Zeitlupe Bilder an uns vorbeiziehen, Stationen einer vierzehnjährigen Freundschaft. Jesse und ich mitten in der Nacht auf dem Fußboden eines Badezimmers in einem Studentenwohnheim in Ohio; wir schrieben Songs, tranken verwässertes Bier und sangen in vollster Harmonie, während der übrige Mittlere Westen Amerikas schlief. Er mit der Gitarre und ich mit meiner Schreibmappe. Es war die Zeit, in der alles begann, wir waren siebzehn Jahre alt und wußten noch kaum, wer wir waren. Doch in der Brüderlichkeit jener Jahre waren wir uns sehr nahe. Wir waren unzertrennlich, uns verband eine Beziehung, die jenseits des Treibsands unserer wechselnden Stimmungen ihre Wurzeln hatte. Wir waren eine Einheit. Es war eine Kameradschaft, wie ich sie seither nie mehr so erlebt habe. Jesse erinnerte sich an unsere Motorradausflüge in Pennsylvania, wo ich ins College ging. Wir waren ganze Wochenenden unterwegs, ich mit Suzi auf meiner schönen altehrwürdigen BMW-Maschine. Nebeneinander fuhren wir den Delawarefluß entlang und sogen die warmen Gerüche ein, die in der feuchten Luft lagen. Wir fuhren durch die endlosen Maisfelder. Wir saßen zusammen in den Wiesen, mit Wein, Käse und Brot und genossen die Sommersonne. Jahre später tranken wir zusammen unseren Espresso im Café Figaro, in dem Kerouac und Ginsberg nur zehn Jahre früher gesessen hatten.

Wir hatten uns für Abende und Wochenenden gesehen, als ich vor vielen Jahren selbst versuchte, zu schreiben. Ich schrieb damals Kurzgeschichten, Theaterstücke und Lyrik. Ein Berg von Absagebriefen zierte meinen Schreibtisch und Suzi arbeitete, um die Familie zu ernähren. Ich schrieb meinen ersten Roman, der etwas Erfolg hatte. Ich gab das Schreiben auf und wandte mich der kommerziellen Welt des Films und der Werbung zu. Ich hatte ein ungeheures Bedürfnis, weiterzukommen. Jesse war immer unbeirrbar seinen Weg gegangen. Für mich war jeder Weg ein Versuch, etwas, was ich erst erproben mußte.

Sie hatten vor, sechs Tage bei uns zu bleiben und fügten sich bruchlos in unser Leben und unser Haus ein. Morgens arbeitete Suzi wie gewöhnlich mit Raun und Jesses Suzi half dabei und erlebte Raun in seiner Rätselhaftigkeit. Die Kinder befreundeten sich schnell. Gespräche entstanden und verebbten wieder. Wir tranken Wein. Wir diskutierten die Options-Methode und wie man sie lehren könne.

Jesse und ich versuchten, die alte Vertrautheit wieder zu erreichen, den Faden wieder aufzunehmen, wo er abgerissen war. Die Jahre hatten von jedem ihren Tribut gefordert, und doch fühlten wir uns reicher und glücklicher als je zuvor. Ich erzählte ihm von meinem Traum, einen Berg in New Hampshire zu kaufen, Land an Freunde zu vergeben und eine Art gemeinschaftlichen Lebens dort zu beginnen.

Dann kam die Premiere. Endlose Autoschlangen schoben sich in die riesigen Parkplätze um das Coliseum, während wir durch eine spezielle Auffahrt fuhren, die nur von den Künstlern benutzt werden durfte. Wir saßen zu acht im Wagen. Wir fuhren eine Abfahrt hinunter, unter das Gebäude. Wir wanderten lange unterirdische Korridore entlang, bis wir an den Garderoben anlangten. Es gab Bier und Bourbon. Geschwätz über Alltägliches. Die Spannung im Raum nahm zu.

Es gab keine Plätze mehr für uns. Wir mußten mit den Kindern auf der Bühne Platz nehmen. Es war ein rundes Theater. Stille trat ein, als Bill Graham auf die Bühne sprang. Er hielt seine Rede und stellte Jesse vor. Wilder, ohrenbetäubender Applaus. Die Spannung verdichtete sich und brandete den Musikern entgegen.

Und dann begann es. Die Musik flutete aus den Lautsprechern und warf uns fast von der Bühne. Ich brauchte den ganzen Abend, um mich daran zu gewöhnen. Suzi war wie mesmerisiert. Das war nicht einfach ein Konzert, es war eine Erfahrung.

Wir besuchten alle drei Konzerte. Bryn und Thea waren jedesmal dabei und erlebten mit uns die Atmosphäre dieser Welt unter dem Flutlicht. Ihre Schönheit. Ihre ganz besondere Art von Gemeinsamkeit. Es war unvergeßlich.

Die Youngs blieben nach ihrem letzten Konzert noch einen Tag, bevor sie auf ihrer Tournee weiter nach dem Süden zogen. Als sie gingen, hatten wir ihnen für vieles zu danken: für ihre Liebe, für diesen Fanfarenstoß, diese Unterbrechung unserer Stille, für die neuen Erfahrungen, die auch unsere Kinder gemacht hatten, für die Gelegenheit, die alten Gefühle der Freundschaft wieder belebt zu haben.

Sieben

Die Suche, auf die wir uns begeben hatten, um diesen kleinen Menschen, seine Würde und seine Besonderheit zu finden, brachte nicht nur unsere ursprüngliche Familie näher zusammen, sie schuf eine neue und größere Familie, die seine neuen Lehrer und die vielen anderen Menschen, die uns halfen, mit einschloß. Es war, als ob sich, von Raun ausgehend, ein Gefühl der Liebe ausbreitete, das alle um ihn herum ergriff. Vielleicht war er deshalb hier. Vielleicht war dies Teil des Geschenks, das er für uns war. Mit ihm zusammen zu sein, ihn zu lieben, war, wie wenn man am Rande eines Lebensbrunnens saß, Geburt und Wiedergeburt erfuhr, in dem Gefühl badete, auf etwas bezogen zu sein und im anderen das zu finden, was in einem selbst das Wertvollste war.

Mein Leben war voll mit neuen Entdeckungen und Gefühlen, eine warme Sanftheit breitete sich in mir aus. Suzi wurde stärker, mit jedem Tag strahlte sie mehr Kraft aus. Bryn wurde toleranter, sie konnte mehr akzeptieren. Thea wurde lebhafter und konnte sich besser ausdrücken. Nancy verlor ihre Schüchternheit. Maire gewann von Woche zu Woche mehr Sicherheit und Zuversicht und war ganz verliebt in den kleinen Jungen mit seinen blonden Locken. Und Raun? Raun entfaltete sich.

Tagebuch: Elfte Woche – das gleiche Programm, Arbeitsraum noch hauptsächlich das Badezimmer.

Veränderungen:
- Drückt seinen Ärger stärker aus, besonders, wenn man ihm Sachen wegnimmt
- Er nimmt von sich aus Kontakt auf, wenn er Hilfe braucht, indem er jemand bei der Hand ergreift und diesen zur Tür führt, um aus einem Raum hinaus oder in einen Raum hinein zu gelangen, um zum Tisch zu kommen, oder auf einen Sessel
- Viel Fangenspielen; er fängt damit an, er zieht einen, er fängt sogar an, einen zu jagen, oder sich jagen zu lassen.
- Ist gern mit anderen Kindern zusammen, lacht und weint mit ihnen; paßt auf, was sie tun und imitiert sie
- Versucht beim Abendessen selbst auf seinen Stuhl zu kommen
- Fängt an zu tanzen, wenn er Musik hört
- Versteht mehr von dem, was gesprochen wird
- Wiederholt jetzt schneller, was man ihm vorspricht, aber immer noch rein imitierend
- Einige Spiele sind ihm langweilig, Bälle hin- und herzurollen z. B., oder Bauklötze aufeinanderzutürmen
- Spielt sehr gut mit Puzzles, dreht die Stücke aber immer um – so, daß die weiße Rückseite sichtbar wird und so, daß sie auf dem Kopf stehen. Schaut sich die einzelnen Stücke immer auf diese Weise an und dreht sie erst um, wenn er sie im Puzzlespiel an ihren Platz legt
- Trinkt aus dem Glas und ißt feste Nahrung – meist ohne Zwischenfälle und allein
- Berührt Dinge, von denen wir nicht wollen, daß er sie berührt (Lampen, Gläser etc.), um unsere Reaktion zu testen; d. h., er geht nicht an den Gläserschrank, wenn er allein ist, aber wenn wir im Zimmer sind, sofort
- Freut sich, wenn Mutter, Vater, Lehrer oder andere Familienmitglieder nach Hause kommen

- Entzieht sich immer noch körperlichen Liebkosungen, hält sie aber bei Suzi eine Zeitlang aus
- Hält die Haarbürste und versucht, sich die Haare zu bürsten, wenn man ihn dazu auffordert.

Keine Veränderungen:
- Wenn man nicht auf ihn zugeht oder mit ihm arbeitet, zieht er es immer noch vor, allein zu sein; zieht immer noch Dinge den Menschen gegenüber vor
- Läßt immer noch alles kreiseln, aber nicht so oft wie früher
- Schreit immer noch nicht, um aus seinem Bettchen gehoben zu werden oder etwas zu essen zu bekommen
- Benutzt noch keine Sprache, um sich verständlich zu machen
- Wirft mit Dingen um sich, besonders wenn er alleine ist, auch wenn es nur sehr kurze Zeit ist.

*

Raun war wie Musik ohne Worte. Aber wir wußten, daß die Fähigkeit zu sprechen von entscheidender Wichtigkeit war, sollte sein Denken sich je über eine bestimmte primitive Ebene hinaus erheben. Würde Raun die Laute und Worte nicht lernen, die Dinge und Aktivitäten symbolisierten, so würde sein Denken auf immer an das Hier und Jetzt seiner unmittelbaren Erfahrung gefesselt sein. Symbole würden seine Eindrücke zu einem System ausbauen, von dem er fortschreiten könnte, hin zu Abstraktionen und Vorstellungen. Ohne diese Symbole würde Rauns Horizont begrenzt bleiben. Vergleichbar mit Raumfluchten, gefüllt mit Abertausenden von Akten, die nicht registriert waren, ohne Index, um sich die Informationen zugänglich zu machen. Es wäre ein aussichtsloses, wenn nicht gar unmögliches Unterfangen, hier eine bestimmte Akte zu finden. Vor einer ähnlichen Situation stünde aber auch ein Gehirn, das Millionen und Abermillionen von Erinnerungseinheiten gespeichert, aber keine Sprachstenographie entwickelt hätte, um sich spezifische Daten wieder ins Gedächtnis rufen zu können.

Es schien, daß wir auf fast allen Gebieten Fortschritte gemacht hatten, nur nicht auf dem Gebiet der Sprache. Wir fuhren fort, alles Wissenswerte zu sammeln. Weitere endlose Telefonate folgten. Wir sprachen mit Sprachtherapeuten und Sprachspezialisten, lasen Bücher über Linguistik, Handbücher über Sprachentwicklung, Syntax und Semantik. Wir lernten Details über die Funktion der Zunge und über die Koordination der Muskeln innerhalb des Mundraumes. Wo gab es eine Antwort?

Ein Kind läuft, wenn es kann und wenn es will. Es lernt zu sprechen, wenn es kann und wenn es will.

Raun hatte die Fähigkeit, Töne und Wörter nachzuahmen, obwohl es manchmal sehr fremdartig klang, wenn er etwa ein Wort in genau demselben Ton, mit genau derselben Stimme wiederholte, in dem es gesagt worden war. Außerdem wußten wir nicht, ob er fähig war, seine Zunge richtig zu kontrollieren. Trotz allem wußten wir, daß er, wenn er wollte, Worte annähernd richtig und hörbar hervorbringen konnte. Wichtig war zu diesem Zeitpunkt, daß er sprach, nicht, wie gut er sprach. Daß er sprechen konnte, zeigte sich in dem, was er artikulierte, aber der schwierige nächste Schritt war noch sehr abhängig von Motivation.

Im Grunde sprach er ohne Sinn nach, er wiederholte etwas, was er gerade gehört hatte, aber sein Sprechen hatte keinen Sinn und verfolgte keinen Zweck. Es war uns ein Rätsel. Da aber die Nachahmung für das Lernen wesentlich ist, machten wir uns doch Hoffnung, daß es zu etwas führen könne. Wie zuvor wollten wir ihm zeigen, wie man sprach, aber die Betonung für Raun sollte darauf liegen, welchen Vorteil es hatte, zu sprechen. Wir wollten ihn dazu bringen, daß er durch Worte mit uns kommunizieren wollte. Wenn er es wollte, würde er einen Weg finden, es zu tun.

Wir entschieden uns, auf ein Versprechen einzugehen, das uns eine Ärztin aus einem der Ärzteteams, die Raun untersucht hatten, gegeben hatte. Sie hatte uns gesagt, daß wir ihn gegen Ende dieses Sommers zu einer weiteren Untersuchung vorbeibringen sollten. Sie wollten es dann mit einer Spezialschule für Sprachentwicklung versuchen. Diese Schule war Teil eines Programms für Kinder mit Lernschwierigkeiten und Verhaltensstörungen.

Dienstag nachmittag. Raun, zwanzig Monate alt, saß mit uns in einer Empfangshalle. Wir warteten auf die Ärzte. Raun saß schlapp auf seinem Stuhl. Suzi nahm einen Keks, um ihn dazu zu bringen, sie anzuschauen. Sie versuchte mit ihm zu spielen. Neben uns saß eine Frau in einem Rollstuhl. Zwei Jungen mit glasigen Augen und erweiterten Pupillen standen gegen die Wand gelehnt. Einer ließ den Kopf hängen, als sei dieser eine Last, die für ihn zu schwer war. Eine alte Dame starrte geradeaus die Wand an. Zwei Mädchen sprachen fast ohne Unterbrechung miteinander, nur die regelmäßigen Ausbrüche von Gekicher gliederten ihren Redefluß.

Hinter dem Empfangstisch knabberte eine übergewichtige Angestellte Crackers, während sie alle, die etwas wissen wollten, mit einem leeren »Ja« abspeiste. Ein gequält aussehender Angestellter in einem schwarzen Anzug rannte an uns vorbei und warf ums Haar den Rollstuhl um. Ich blickte zu Raun hinüber. Er bemerkte niemanden und nichts, was um ihn herum vorging. Eine Frau betrat die Empfangshalle, rief unseren Namen aus und bat uns, ihr zu folgen. Meine Absätze klickten auf dem kühlen und beinahe farblosen gekachelten Boden, und mir fiel die Ironie einer Tafel an der Wand auf, auf der die Worte »Gesundheitszentrum« standen.

Im Innern wurden wir in einen anderen Warteraum geführt. Dieser hatte zwei Sessel, kahle Wände und niemand sonst wartete hier. Zwei Ärzte traten ein. Sie lächelten beide. Sie wollten Raun untersuchen, ohne daß wir dabei waren. Da er ohne Schwierigkeiten mitging, willigten wir ein. Eine Sozialarbeiterin erschien und bat uns, ihr in einen anderen Raum zu folgen, so daß sie eine vollständige Kranken- und Familiengeschichte erstellen könne. Obwohl das Krankenhaus diese Daten von der vorherigen Untersuchung alle schon hatte, bat sie uns, es für ihre Unterlagen noch einmal zu wiederholen.

Sie war eine freundliche, ungefähr fünfzig Jahre alte Frau. Sie war angezogen und frisiert wie zu den Zeiten, als Pat Boones Mondschein- und Popcornsongs Mode waren. Sie lächelte überschwenglich, so als wolle sie uns in Stimmung bringen, sie hatte die liebenswürdige Fassade, die zu einer Cocktailparty paßte.

Ihre Fragen waren die gleichen, die wir schon unzählige Male vorher beantwortet hatten. Während wir unsere Antworten gaben, kritzelte sie in rasender Geschwindigkeit ihre Seiten voll – eine weitschweifige Krankenhauslyrik. Eine Stunde verging. Die Ärzte erschienen wieder, mit Raun, der uns etwas irritiert vorkam und sich nicht wohl zu fühlen schien.

»Bitte folgen Sie uns.«

Wir gingen alle zusammen in einen anderen, größeren Raum. Noch mehr kahle Wände, harte Plastikstühle, und zur Abwechslung ein Konferenztisch. Der Chefarzt der Pädiatrischen Psychiatrie setzte sich schnell, lächelte in die Runde und faltete ordentlich die Hände. Dies war für ihn alltägliche Routine. Seine Augen glitten schnell von uns zu einer Assistentin und zurück. Sein Kopf war hinten und vorne abgeflacht, als wenn er in einen riesigen Schraubstock geraten wäre. Er machte einen tüchtigen Eindruck, aber er war körperlich entstellt.

Seine Assistentin, eine Neurologin, war eine Frau Mitte vierzig, deren Nase und Kinn ihr rechteckiges Gesicht betonten und ihm einen unbeteiligten Ausdruck verliehen. Sie zwinkerte ohne Unterbrechung während sie sprach, das Zwinkern wirkte wie eine Art Interpunktion in ihrer Rede.

Ihre manieriert abgehackte Art zu sprechen beeinträchtigte allerdings, was sie sagte. Was sie sagte, war sehr professionell und autoritativ, aber ihre Stimme war dünn und ihre Worte fielen wie Glassplitter auf den Tisch. Und doch fühlten wir, daß ihre Anteilnahme echt war.

Der Chefarzt redete allerdings die meiste Zeit. Er sprach Suzi und mich gleichzeitig an, schien aber irgendwie vor einem großen anonymen Publikum zu sprechen. Er sprach, als wenn eine Schallplatte aufgelegt worden wäre. Er wiederholte den ganzen diagnostischen Jargon, den wir bereits kannten. Er empfahl, zusätzlich die Koordination der Muskeln zu untersuchen, die Sprach- und Zungenentwicklung, Raun sollte neurologisch untersucht werden.

Obwohl dieser Arzt uns sagte, daß Raun gravierende Entwicklungsstörungen hatte, fand er ihn doch zu jung, um ihm irgendwie helfen zu können. Vielleicht in einem Jahr, »Bringen Sie ihn wieder hierher, wenn er zweieinhalb ist«.

Worte, nichts als Worte, die wir alle schon gehört hatten. Sie schwirrten mir im Kopf herum. Was war mit dem Versprechen, dem Versprechen, uns jetzt zu helfen? Nur aus diesem Grund waren wir zurückgekommen, nur deshalb hatten wir es erlaubt, daß Raun noch einmal untersucht wurde. Die Ärzte erwiderten, daß sie uns gerne helfen würden, Raun sprechen zu lehren, daß dies aber unmöglich sei, er sei noch zu jung, noch zu unentwickelt. Sie glaubten nicht, daß es möglich sei.

Ich konnte es nicht verstehen, ich begriff es nicht. Was sagten sie uns eigentlich damit? Wollten sie sagen, daß Raun in ihre speziellen Tests nicht hineinpaßte, weil er zu jung war und bestimmte Fähigkeiten nicht besaß? Warum stellten sie Bedingungen, bevor sie ihm Hilfe brachten?

Ich war wütend, sehr wütend, aber ich wußte, daß es keinen Zweck haben würde, diese Wut zu zeigen. Ich versuchte, meine Gefühle zurückzuhalten, unter Kontrolle zu halten.

Ich wandte mich an beide Ärzte. Wurde in einigen der

Versuche, diesen Kindern zu helfen, nicht gerade auf eine frühzeitige Behandlung Wert gelegt. Ich fragte sie nach ihrer Meinung über Lovaas, Delacato und Kozloff, die alle umfassende Studien auf diesem Gebiet geleistet und zahlreiche Bücher und Artikel geschrieben hatten. Keiner der Ärzte kannte die Arbeiten der Autoren, die ich genannt hatte. War es denn möglich? Konnte es sein, daß sie die neuen Richtungen und Techniken, mit autistischen und emotional gestörten Kindern zu arbeiten, nicht kannten, daß sie nicht Bescheid wußten über die neuesten Forschungen und Experimente innerhalb ihres eigenen Spezialgebiets?

Ich konnte mir nicht helfen, ich fühlte mich betrogen. Man hatte uns ausgenutzt. Raun war ausgenutzt worden. Ich war verstört und fühlte mich mißbraucht. Sogar wenn wir bedachten, was wir alles hinter uns hatten, war dieser Morgen doch das frustrierendste. Diese pompösen Halbantworten und Ablehnungen. Je mehr ich über den Besuch in diesem Krankenhaus nachdachte, desto wütender wurde ich.

Suzi nahm Raun mit nach Hause. Ich fuhr mit dem Wagen durch die Stadt, hämmerte mit den Fäusten auf das Lenkrad ein und schaute, wie ich mit meiner Wut fertig werden würde. Endlich verebbte der Gefühlsaufruhr. Ich fing leise an zu weinen, gestört durch das Hupen der anderen Autos. Ich war wütend, nicht deprimiert. Ich fühlte mich nicht verloren. Die Zukunft meines Kindes und die Zukunft anderer autistischer Kinder hing von solchen Leuten ab!

Ihre hohlen Phrasen wirbelten mir noch immer im Kopf herum. Diese ruhigen und würdigen Stimmen, in denen so viel Mitgefühl schwang. Dieses verdorbene, immer gleiche Lächeln. Das dramatische »Wir wollen ganz offen sein«. Sie versuchten uns zurechtzubiegen, um uns ihrem System einfügen zu können, sie füllten mit uns ihre Berufszeit, und machten dabei Gewinn. Sie verdienten ihr Geld damit.

Und dabei gaben sie ihr Bestes. Warum regte ich mich so auf? Ich vermute, daß ich annahm, mein Ärger könne mich dazu bringen, dieses ganze System zu ändern. Außerdem wollte ich mir beweisen, wie wütend ich war, daß ich es nicht verhindert hatte, daß ich, Suzi und Raun wieder einmal hereingefallen, in die Irre geführt und falsch beraten worden waren. Es war ja okay, ich würde fortfahren, das zu tun, was ich tun konnte. Mein Zorn würde nichts verändern, er würde mich nur mit einigen meiner Überzeugungen und dem damit einhergehenden Unglücklichsein in Kontakt bringen. Im Grunde hatte er mich lediglich von dem, was ich wollte, und was mir wirklich etwas wert war, abgelenkt.

Zurück zu Raun. Wir wußten jetzt, daß wir das Beste für ihn waren, daß unser Wissen jetzt sogar das mancher Fachleute überstieg. Wir würden weitermachen.

Eine Woche später fuhren wir mit Raun zu einer letzten Untersuchung. Ich hatte am Abend zuvor mit einem Arzt gesprochen, dessen Name ich einmal am Ende einer Liste notiert hatte, die mit Ärzten der University of California begann, und von Arzt zu Arzt bis zur State University bei Stony Brook und bis zu diesem interessierten jungen Arzt reichte. Er war Leiter eines neuen Programms, das Patienten außerhalb der Klinik behandelte, und er schien mir sehr interessiert und sympathetisch zu sein. Ich schilderte ihm, wie wir begonnen hatten, und welche Fortschritte wir inzwischen gemacht hatten. Wir glaubten, daß wir gut vorankämen, aber wir hätten keine Erfolge auf dem Gebiet der Sprache.

Er sagte, daß es ihn fasziniere und daß er uns gerne helfen würde, wenn er könne. Er wußte, daß es unüblich war, ein Kind so früh zu untersuchen, eine Diagnose zu stellen und ein Programm zu entwickeln. Ich erklärte ihm, daß die extremsten autistischen Symptome verschwunden oder minimal waren, daß aber Rauns Fortschritte noch immer sehr langsam seien und die verschiedenen Arten, sich zurückzuziehen, noch sehr auffällig. Er schlug vor, daß wir unseren Sohn mitbringen sollten, so daß sein Team, das über

Entwicklungsprobleme arbeitete, ihn sich anschauen und vielleicht etwas beitragen könne.

Das Gebäude war sehr modern, aber vom Design her sehr warm. Es hatte riesige Fenster und Holzwände. Diesmal warteten wir allein in einer Empfangshalle mit weichen Sesseln und einer ruhigen Atmosphäre. Wir wurden dann in einen Raum geleitet, in dem sechs Personen saßen, es war das Aufnahmeteam. Jeder stellte sich vor. Die Atmosphäre war warm, herzlich und informell. Eine der Frauen nahm Raun mit sich und spielte mit ihm. Das Interview begann mit den üblichen Fragen und Antworten, die uns so nutzlos vorkamen. Obwohl wir ein Gefühl der Stumpfheit hatten, versuchten wir, frisch und lebendig zu sein. Wir gaben unsere Geschichte zu Protokoll, die medizinischen Daten von Raun und die Fortschritte, die wir mit unserem Programm machten. Die Ärzte waren scharfsinnig und konzentriert auf das Wichtige, sie begriffen schnell.

Dann wurde Raun getestet (Bauklötze, Imitationsspiele, Augenkontakt, Konzentrationsübungen, vorsprachliche Äußerungen, soziale Interaktion etc.). Alles wurde auf ein Videoband aufgenommen: mit Apparaten, die hinter einem Einwegspiegel versteckt waren. Die Werte wurden in eine Liste eingetragen, aufgrund der Werte wurde das Intelligenzalter des getesteten Kindes ermittelt. Rauns Leistungen wurden, wenn man so sagen will, mit Leistungen von Kindern seiner Altersgruppe verglichen.

Nach dem Test wurde uns die Diagnose mitgeteilt, und das, was die einzelnen Ärzte dazu zu sagen hatten. Raun war, was Sprache und Sozialisation anbelangte, mit seinen zwanzig Monaten auf einem Entwicklungsstand von ungefähr acht Monaten oder etwas darüber. Seine Grobmotorik entsprach seiner Altersstufe. Seine Spielfähigkeit variierte von acht Monaten bis zu vierzehn Monaten. Während des Tests hatte sich Raun die Spielsachen angesehen und sie ab und zu kreiseln lassen. Da er zeitweise vor sich hin starrte, hatten sie eine neue Hypothese aufgestellt: Es könnte möglich sein, daß Raun eine verkümmerte Form von epileptischen Anfällen habe.

Der Arzt war verwirrt, daß wir so stolz waren auf Rauns Fortschritte und auf seine Entwicklung. Wenn unsere Berichte darüber, an welchem Punkt wir angefangen hatten, nicht gewesen wären, hätte er uns zweifellos prophezeit, daß Raun vollständig retardieren würde, seine Lernfähigkeit begrenzt bliebe und es möglich wäre, daß er nicht sprechen lernen würde. Da aber viele der autistischen Symptome wie das Kreiseln, das Schaukeln, der fehlende Augenkontakt schwächer geworden waren, waren sie verwirrt und wollten keine endgültige Diagnose oder Prognose stellen.

Einer der Ärzte meinte sogar, daß er nicht überzeugt sei, ob unser Eingreifen überhaupt etwas gebracht habe, vielleicht hätte sich Raun in der gleichen Weise entwickelt, wenn wir nicht mit ihm gearbeitet hätten. Er äußerte seine Überzeugung des Laissez-faire sehr emphatisch. Wir sollten Raun sich selbst überlassen, oder zumindest die Intensität des Programms verringern. Es war ihm nicht klar, daß Raun durch unser Eingreifen so weit gekommen war. Wir hatten gewagt, mehr zu wollen als was wahrscheinlich war. Sein Ratschlag schlug allem ins Gesicht, was wir als wahr erkannt hatten. Er konnte sich die Spekulation leisten, daß sich Raun vielleicht genauso entwickelt hätte, er konnte damit sogar experimentieren. Aber wir konnten es nicht. Raun war für uns nicht ein beliebiger Patient, eine Nummer – er war unser Sohn.

Sie sprachen davon, wie sie uns helfen könnten. Der jüngere Arzt meinte, daß das, was wir bereits mit Raun machten, ihre Programme weit übertraf.

Er setzte das »Heim-Interview«, ein Teil der Testprozedur, auf den folgenden Montag fest. Wieder wurde alles auf ein Videoband aufgenommen. Obwohl wir begriffen, daß für uns vermutlich nichts dabei herauskommen würde, waren wir dankbar, einen Arzt kennengelernt zu haben, der wirklich interessiert zu sein schien. Er hatte begriffen, daß es wichtiger für uns war, daß jetzt etwas geschah, als sich mit Diagnosen oder Voraussagen zu beschäftigen. Außerdem war er ein überzeugter Anhänger von früher Behandlung. Für diesen Arzt bedeutete dies, mit Kindern zu arbeiten, die circa drei Jahre alt waren. Ein Behandlungsprogramm für Kinder zu entwickeln, die kaum älter waren als anderthalb, war mehr als nur etwas Neues, es war eine Gelegenheit. Sie wollten uns im Auge behalten.

Der Montagmorgen kam. Der Leiter des Programms und seine Assistentin betraten unser Haus. Sie baten uns, alles ganz natürlich zu tun, wie immer. Suzi war aufgeregt, als sie Rauns Hand nahm und mit ihm in das Badezimmer ging. Sie saßen zusammen auf dem engen Stückchen Boden, vor den Puzzles und dem Spielzeug. Der Arzt folgte ihr voll Begeisterung mit seiner ganzen Ausrüstung und der Kamera. Seine Assistentin folgte ebenfalls und fand ein Plätzchen an der Tür, die geschlossen wurde, sobald alle im Badezimmer waren. Der Arzt schaute sich um und suchte einen Platz für sich. Es blieb ihm aber nur die kalte und wenig einladende Badewanne. Nur dort war noch genügend Raum, so daß er und seine ganze Ausrüstung unterkamen.

Er zögerte nicht und stieg hinein, als ob er das jeden Tag tue. Er hievte seine untersetzte Gestalt über den Wannenrand, zwängte sich in die Wanne und beachtete weder, daß seine Bügelfalten zerquetscht, noch daß sein Jackett zerdrückt wurde, noch, daß seine Krawatte verrutschte. Er saß in der Wanne und litt geduldig Folterqualen, während er seine Kamera aufbaute.

Raun hatte die Störung bemerkt. Eine ganze Zeitlang starrte er, ohne etwas zu sagen, nur in die Kamera, vielleicht sah er sich in dem Glas des Objektivs. Dann hatte er genug davon, wandte sich ab und begann auf das zu reagieren, was Suzi mit ihm tun wollte. Die Kamera lief.

Suzi machte alle Berührungsübungen, die Puzzles, sie und Raun spielten mit dem Spielzeug, mit den Musikinstrumenten. Dann legte sie Beethovens Neunte auf. Als sie merkte, daß Raun abdriftete und Kontakt verlor, griff sie zu ihrer Geheimwaffe: Sie blies mit Hilfe eines kleinen Plastikinstruments Seifenblasen in den Raum. Sie redete unaufhörlich mit Raun, berührte ihn und versuchte ihn zu stimulieren. In gewisser Weise reagierte sie auf die Kamera, indem sie das, was sie tat, in einem kürzeren Zeitraum komprimierte, so daß alles aufgenommen werden konnte.

Der in der Badewanne gefangene Arzt blieb stoisch sitzen, während sich Schweißtropfen auf seiner Stirn bildeten. Er sah komisch aus, aber er trug es voll Selbstironie, es war wie eine Szene aus einem unverständlichen Woody Allen-Film. Die Luft in dem kleinen Raum verbrauchte sich schnell. Es wurde immer heißer, die Deckenbeleuchtung heizte den Raum noch zusätzlich an. Eine Stunde verging. Die Tür öffnete sich und entließ die erschöpften Teilnehmer dieser Sitzung. Sie waren von der Vorstellung überwältigt.

Der Arzt sammelte sich wieder. Er war verwirrt, amüsiert und sehr interessiert. Endlich sagte er: »Es war ein unglaubliches Erlebnis. Ich habe so etwas noch nie gesehen. Suzi, ihre Energie und ihre ununterbrochene Stimulation war unglaublich. Es war für Raun sicher sehr gut, und für mich war es ebenfalls faszinierend zuzuschauen.«

Er sagte, daß er sehr beeindruckt davon sei, daß Raun sichtbar glücklich sei, und bemerkte außerdem, wie friedlich er sei. Er kannte die Wut und die Angst, die so oft bei autistischen Kindern vorkam. Obwohl Raun meist nicht reagierte, hatte der Arzt bemerkt, daß die Interaktion, die ab und zu stattfand, sinnvolle Interaktion war. Er machte uns Mut fortzufahren und sprach über Techniken und Methoden. Er war voll Wärme und konnte sie mitteilen. Einer seiner Vorschläge war, Raun nicht mehr als eine Aufgabe auf einmal ausführen zu lassen, um ihn nicht zu verwirren. Insgesamt aber meinte er, daß unser Programm, was Umfang und Durchdachtheit anbelangte, weit besser sei als sein Projekt im Kinderzentrum. Er fand, daß er zu diesem Zeitpunkt eher von uns lernen könne als wir von ihm. Er staunte immer wieder über die Intensität und Gründlichkeit, mit der wir vorgingen, und äußerte ein starkes Interesse an dem, was in unserem Konzept neu war für ihn.

Als er ging, ließ er ein Buch über die Grundlagen von Fertigkeiten und Sprache zurück. Aber wir waren schon über das Niveau hinaus, das dieser Text bot.

Der Arzt hatte auch vorgeschlagen, daß wir routinemäßig ein EEG machen lassen sollten, nur zur Sicherheit, obwohl er nicht glaubte, daß es etwas Neues bringen würde.

Unser abendliches Brain-storming hatte noch immer das gleiche Thema: wie konnten wir Raun dazu bringen, sprechen zu lernen. Es war das, worauf wir uns zur Zeit am meisten konzentrierten. Obwohl wir viel mit ihm sprachen, wußten wir, daß es noch andere Methoden geben mußte, um ihm den Gebrauch und die Effektivität von Sprache klarzumachen. Wir beschlossen, uns dem Problem intensiv zu widmen. Wir wollten einen neuen Weg finden. Wir wollten, daß er den nächsten Schritt mache. Anweisungen und Identifikation von Dingen sollten einfach bleiben: wir würden Einwortanweisungen entwickeln, einsilbige Worte für die Dinge, wie »Fla« für Flasche, »Wa« für Wasser, »Sa« für Saft. Wir wollten das Weinen, das er äußerte, wenn er etwas wollte, in Worte verwandeln. Weinen war seine Sprache, aber es war zu allgemein, um darauf aufbauen zu können. Wir beschlossen, darauf zu reagieren, wenn Raun weinte, aber nicht das zu tun, was er wollte. Wir wollten immer nahe am Ziel vorbeigehen. Wir wollten so tun, als geschehe das nicht absichtlich, wollten erstaunt sein, um ihm nicht das Gefühl zu geben, daß wir ihn ärgern oder ihm etwas nicht geben wollten. Während wir auf all die verschiedenen Dinge zeigen würden, die er vielleicht wollte, würden wir jedes ausdrücklich und deutlich beim Namen nennen. Sobald wir es getroffen hatten, reagierte er normalerweise, indem er aufhörte zu weinen. Wir wollten seine Fähigkeit, etwas wiederzuerkennen stärken, indem wir den Namen des Objekts mehrmals nannten und Raun unsere Erregung und

Zuneigung darüber, daß er etwas geleistet hatte, spüren ließen. Wenn er merken würde, daß es nützlich ist, sprechen zu können, würde er sich vielleicht entschließen, die Sprache zu benutzen. Wir wollten uns dumm stellen, aber wir wollten hilfreich und liebevoll sein.

Dieser neue Weg fiel uns nicht leicht. Die erste Woche war schwer. Raun weinte immer stärker, aber er wandte sich nicht ab, bis wir gefunden hatten, was er wollte. Eines Abends, als wir Gäste hatten, kam Raun ins Wohnzimmer, ergriff meine Hand und fing an zu ziehen. Ich fragte ihn, was er wolle. Er begann zu weinen und zog noch stärker. Ich sagte ihm, daß ich mit ihm gehen würde, sobald er mir sagen würde, was er wollte. Das Weinen verstärkte sich. Als ich mich auf den Boden setzte, zog er noch stärker. Es war ein unendlich trauriger Anblick. Mein erster Impuls war, aufzustehen und mit ihm zu gehen, aber ich machte mir klar, daß dies für uns beide ein Rückschritt sein würde. Er durfte mit Weinen immer weniger erreichen, um davon weg zum Sprechen zu gelangen. Er ließ meine Hand los und stand da, hysterisch weinend. Dann ging er schluchzend auf mich zu und legte seinen Kopf zwischen meine Beine. Er stand auf und lehnte seinen Kopf an meine Schulter. Ich nahm ihn in die Arme und streichelte ihn. Das Schluchzen hörte schließlich auf. Er blieb für einige Minuten an meine Brust und Schulter gelehnt stehen. Seine Hände hingen schlaff an seinen Seiten.

Dann ging er einige Schritte weg und nahm mich am Ärmel. Sofort begann er wieder zu weinen. Ich fragte ihn wiederholt, was er wolle, daß ich ihm helfen würde, wenn er es mir sage. Er weinte noch stärker, während er an mir zerrte. Irgendwie wußte ich, daß er mich verstand, daß er aber nicht sprechen wollte. Er weinte wieder hysterisch. Er ließ meine Hand los, schaute mich durch einen Tränenschleier hindurch an und lehnte sich wieder gegen meine Brust. Ich tröstete ihn, während er schlaff dastand.

Das Schluchzen verebbte, er löste sich, stand auf und

begann von neuem. Ich sollte tun, was er wünschte. Er prüfte mich. Er wollte, daß ich mitkomme, er wollte sehen, ob es etwas brachte, wenn er an mir herumzog. Das wiederholte er fünfmal, bis er erschöpft auf meinen Beinen einschlief.

Ich fühlte mich wie nach einem Boxkampf, nach fünfzehn Runden, ausgelaugt und benommen. Ich wollte mit ihm gehen, aber da ich wußte, daß es falsch sein würde, blieb ich sitzen. In mir zog und schob es und es tat mir weh, zu sehen, wie jemand, den ich liebte, eine sehr private Hölle durchschritt, um etwas herauszufinden, etwas zu überprüfen.

*

TAGEBUCH: Dreizehnte Woche – Unverändertes Programm

Beobachtungen:

- Mehr Interaktion mit Familienmitgliedern und Freunden
- Benutzt Weinen die ganze Zeit über, um Kontakt aufzunehmen
- Nimmt häufig Kontakt auf, indem er einen bei der Hand nimmt und zeigt, was er will (hinausgehen, die Treppe hinaufgehen, etwas zu trinken zu bekommen, etc.)
- Spielt mehr mit Spielsachen, anstatt sie wegzuwerfen; schiebt Autos, rollt Blechspielzeug, nimmt Erkundungen mit mehr Geduld und Konzentration vor
- Scheint jetzt zeitenweise Menschen wirklich den unbelebten Dingen vorzuziehen. Es kommt vor, daß er aus einem leeren Zimmer in ein Zimmer geht, in dem sich Leute befinden
- Er wiederholt des öfteren Worte, obwohl er sie noch nicht wirklich benutzt. Aber sein rezeptiver Sprachschatz wächst. Versteht jetzt: hinunter, Wa (für Wasser), Mama, Da-da, tu das nicht, nein, mehr, Muh (für Kuh), Fla (für Flasche), komm her, Bryn, Thea, Nancy, Maire, Hund, Nase, Kopf, Ohr, Auge, treppauf, Windel

- Weinte zum ersten Mal, um etwas zu essen und zu trinken zu bekommen
- Nimmt manchmal die Hand eines anderen und wirft sie in die Richtung, aus der er etwas will
- Wir haben einige Schränke in der Küche abgeschlossen, damit er nicht etwas davon herausnimmt und sich verletzt. Wenn wir einmal vergessen haben, sie abzuschließen, führt er uns hin und zeigt uns, daß sie offen sind.

Keine Veränderung:
- Läßt immer noch Dinge kreiseln
- Weint immer noch nicht, um aus seinem Bettchen genommen zu werden.

*

An diesem Abend war Vikki zum Abendessen bei uns. Sie hatte gerade ein Vorstellungsgespräch hinter sich, da sie sich als Therapeutin an einem Krankenhaus für sogenannte »emotional gestörte und gehirngeschädigte« Kinder beworben hatte. Sie platzte aus allen Nähten und wollte am liebsten alles gleichzeitig ausspucken, was sie gehört und gesehen hatte. Aufgeregt, ärgerlich, angespannt und verwirrt redete sie wild durcheinander. Sie mußte es so schnell wie möglich loswerden:

»Und dann interviewte mich die Leiterin des Schulprogramms, und Barry, du kannst dir nicht vorstellen, was sie sagte. Du mußt dir vorstellen, sie ist für alles verantwortlich, das Programm, die Mittel, das Personal, alles, verstehst du? Du wirst es nicht glauben! O Gott, ich fragte sie nach ihrer Meinung über autistische Kinder, was sie mit ihnen tun und all das, na ja, wegen Raun – ich wollte mehr wissen, und, es ist einfach zu empörend! Sie sagte: ›Autistische Kinder, nun ja, das sind die wirklich aussichtslos Verrückten. Man kann nicht viel mit ihnen machen!‹ Wartet! Das war noch nicht alles. Einer der Lehrtherapeuten sagte: ›Wir versuchen zumindest, gute Patienten aus ihnen zu machen, so daß sie keine Last für die Institutionen werden, in die sie kommen, wenn sie uns hier mit vierzehn verlassen. Wir versuchen, sie soweit zu bringen, daß sie sich selbst waschen können, daß sie selbständig essen und alleine aufs Klo gehen. Wenn uns das gelingt, sind wir ganz zufrieden. Darüber hinaus kann man nichts für sie tun!‹ Guter Gott, ich traute meinen Ohren nicht. Er sprach über diese Kinder, als ob sie Tiere seien, nutzlos, hoffnungslos. Was ich sagte, hörte er gar nicht, er erzählte nur einen Fall nach dem anderen, um das zu beweisen, wovon er sowieso schon überzeugt war. Es ist unendlich traurig, sie verkommen dort. Ich wollte ihn anschreien: ›Sie verstehen gar nichts. Schauen Sie Raun an – schauen Sie ihn an, was er alles tun kann und wie großartig er ist.‹ Gott, ich könnte nie dort arbeiten.«

Sie glühte und dampfte. Suzi und ich schauten sie traurig an. Wir wußten nur zu gut, daß alles stimmte, was sie sagte. Man mußte nur überlegen, wie wenig für all diese Kinder getan wurde. Autistische Kinder waren »unheilbar«, weshalb sollte man sich also um sie kümmern? Wie schrecklich traurig, diese Verschwendung an Leben und Begabung dieser Kleinen. Vikki holte Luft und schimpfte weiter:

»Dann nahm ich an einer der Musik- und Tanztherapieklassen teil, um der Therapeutin, mit der ich arbeiten sollte, zuzusehen. Es waren alle Arten von Kinder da, mit verschiedenen Problemen. Ich sah keine Kinder mit autistischen Symptomen. Auf jeden Fall stand ich nur still an der Wand, denn man hatte mir bedeutet, ja nichts zu tun, was die Kinder ablenken könnte – es klang so, als ob ich die Kinder zum Durchdrehen hätte bringen können. Auf jeden Fall kam plötzlich ein kleiner Junge auf mich zu – er war eigentlich nicht klein, er war fast so groß wie ich, aber er war nicht älter als zwölf – also, es war wirklich irre. Jedenfalls sagte er zu mir: ›He du, du bist wirklich sexy, ich hab' einen ganz Steifen in der Hose wegen dir.‹ Mir machte das natürlich nichts aus, aber die Therapeutin – mein Gott! Sie fing an verrückt zu spielen und ihm zu drohen. Was natürlich völlig wirkungslos war – der ganze Raum wurde zum Zirkus, ein Zoo voll kleiner Kinder. Die Musik jaulte. Die Kinder wurden in verschiedene Positionen gezogen und gezerrt, und gezwungen, mitzumachen. Es war unglaublich, wirklich – ich könnte so etwas nie machen. Sie hatten absolut keinen Gewinn aus der Sache. Es war ihnen auch völlig egal, was und wie es ihnen angeboten wurde. Mein Gott! Hältst du das für möglich? Du hättest es sehen müssen. Und dann – nach der Therapiestunde ging ich zu der Leiterin und fragte sie, ob sie die autistischen Kinder mit Musik behandeln würde, ihr wißt, Musik und Bewegung. Sie sagte: ›Oh nein. Sie sind vom Musikprogramm ausgeschlossen, weil sie Musik zu sehr lieben.‹ Ich sagte: ›Was wollen Sie damit sagen?‹ Und sie sagte: ›Nun, Sie kennen vielleicht autistische Kinder. Wenn sie Musik hören, gehen sie sehr stark mit der Musik mit, und sie fangen an, hin- und herzuschaukeln und sich in sich selbst zurückzuziehen. Da das aber gerade ihr Problem ist, wollen wir sie von dieser Art von Verhalten losbekommen, wir wollen verhindern, daß sie ihre Wiederholungszwänge ausagieren. Sie bekommen keine Musik zu hören. Sie müssen das verstehen, schließlich wollen wir sie dazu bringen, daß sie sich normaler verhalten und sie nicht in ihrem abweichenden Verhalten bestärken.‹

Ich konnte mich kaum beherrschen. Es kostete mich wirklich viel Mühe, kalt zu bleiben. Ich fragte sie, warum sie die Musik, wenn die Kinder sie so liebten, nicht irgendwie benutzen könne, um sie zu erreichen, mit ihnen zu arbeiten. ›Oh‹, sagte sie, ›diese Frage habe ich schon tausendmal gehört. Es funktioniert nicht. Glauben Sie mir, der Weg, den wir gehen, ist der einzige.‹«

Vikkis letzte Worte hinterließen eine schwere Stille im Raum. Wir waren alle betroffen, während wir ihr gelauscht hatten. Sogar Bryn und Thea, die Vikki sehr aufmerksam zugehört hatten, schienen bestürzt zu sein. Bryn hatte feuchte Augen. Ich fragte Vikki, ob ich mir notieren dürfe –, was sie da erlebt hatte und was diese Leute zu ihr gesagt hatten. Ich sagte ihr, daß ich es vielleicht eines Tages verwenden würde.

Raun unterbrach sie, als sie mir Antwort gab und fing an zu summen. Suzi und Bryn fielen ein, dann Thea und Vikki. Ich hörte eine Weile zu, stumm und fasziniert. Die Stimmung wurde immer ausgelassener und wir umarmten uns gegenseitig. Dann begann auch ich, unwiderstehlich angezogen, zu singen. Harmonien entwickelten sich. Wir sangen eine Kadenz. Wir trommelten den Rhythmus auf dem Tisch, während die Lautstärke anschwoll. Ich fühlte, wie ich stärker atmete und wie meine Stimme zunahm. Die Tonhöhe schraubte sich nach oben, wir sangen noch lauter, es war, als wenn meine Stimme von der allgemeinen Energie aus mir herausgesaugt würde. Wir sangen alle aus Leibeskräften, auch Raun sang, während seine Augen lebhaft und strahlend von einem Gesicht zum anderen glitten. Diese erdhafte, rasende Musik ging weiter, bis wir alle, ohne erkennbares Zeichen von irgendeiner Seite, plötzlich aufhörten, alle, bis auf Raun. Während er alleine weitersang, und zwar unglaublich laut, fing er über das ganze Gesicht an zu lächeln, so, daß man seine Augen kaum noch sehen konnte. Dann merkte er, daß er nur noch alleine sang und hörte genauso plötzlich auf wie wir alle. Eine sekundenlange Stille trat ein, dann begannen wir alle zu lachen. Und mit dieser Musik, die weicher und weniger beherrschend war, gingen wir für diesen Tag ins Bett.

*

Acht

Eines Tages hörte Raun plötzlich auf, in den Sitzungen mitzuarbeiten. Er weigerte sich einfach. Er spielte weder mit den Puzzles noch schaute er sich seine Bücher an. Er fing wieder an, mit allem zu werfen und weinte ohne jeden ersichtlichen Grund. Er hörte auch nicht mehr zu, wenn man ihn ansprach. Sogar von Suzi oder Nancy wandte er sich ab, wenn sie mit ihm redeten. Er ignorierte sie, und zwar so, daß klar war: er wollte, daß sie es merkten. Er äußerte seinen Widerstand laut und heftig.

Sogar außerhalb der Sitzungen veränderte sich Raun. Was wir sonst an einem Tag schafften, dafür brauchten wir jetzt drei. Es fiel uns auf, daß der Blickkontakt schlechter wurde, und daß er wieder stärker aufs Kreiseln und aufs Schaukeln zurückfiel. Außerdem suchte er keinen Körperkontakt mehr. Häufig, allerdings nicht immer, zog er sich von körperlicher Berührung zurück. Er blieb allerdings in Kontakt mit uns. Wenn er etwas wollte, nahm er uns noch immer bei der Hand und führte uns. Oder er dirigierte uns dorthin, wo er etwas wollte.

Er lehnte Kontakte ab, in der nächsten Sekunde spielte er mit uns. Seine Launen waren sprunghaft und unvorhersehbar.

Was war los? Was versuchte er uns mit diesem Verhalten mitzuteilen? Vielleicht wehrte er sich gegen unsere Methode, Nichtverstehen vorzutäuschen, wenn er weinte, um etwas zu bekommen. Vielleicht war er überfordert. Vielleicht hatte er entschieden, daß etwas verändert werden sollte, daß wir langsamer machen sollten – das wäre dann eine erste Entscheidung von seiner Seite aus gewesen. Vielleicht wollte er uns das alles sagen, so gut er es eben konnte. Vielleicht wollte er eine andere Richtung einschlagen.

Gut, wir wollten darauf reagieren. Wir kürzten die Sitzungen von sechs Stunden am Tag auf zwei. Der Rest der Zeit wurde gespielt und Kontakt aufgenommen wie er es bestimmte, die Stimulierung, die er bekam, blieb mehr dem Zufall überlassen. Raun schien es zu genießen, daß er bestimmen durfte. Er war kräftiger und hatte größere Kapazitäten als früher. Nach einigen Tagen war er wieder voll in Kontakt, er kam uns glücklicher vor und interessierter.

Wir blieben bei zwei Sitzungsstunden am Tag, schraubten aber die Anforderungen etwas hinauf. Wir bestanden etwas mehr auf dem, was wir von ihm verlangten. Er akzeptierte dies, denn außerhalb der Sitzungen durfte er bestimmen, und das wußte er.

Es schuf ein Gleichgewicht. Vermutlich hatte Raun das Gefühl gehabt, daß er die Kontrolle verloren hatte. Dies war ein annehmbarer Weg, seine Kontrolle wieder zu festigen. Es war eine Art Manipulation, aber durch diesen scheinbaren Rückschritt kamen wir alle einen Schritt vorwärts.

Trotzdem war es eine schwierige Woche für Raun. Er weinte immer noch, wenn er Kontakt aufnehmen wollte – er schien dieses Handlungsmuster nicht durchbrechen zu können. Wenn er etwas wollte, bekam er es nicht schnell genug. Er war verwirrt, frustriert, manchmal sogar ärgerlich. Wir blieben bei unserem Entschluß und er bei seinem, was ja nicht sehr überraschend war. Wir wußten, daß er den nächsten Schritt tun konnte, daß jeder wichtigere Entwicklungsschritt fast unüberwindlich groß und schwierig war, wie es jeder Schritt davor auch gewesen war. Raun wurde nicht von uns angetrieben, sondern von seinem eigenen Wunsch nach mehr Resonanz. Er schrie die ganze Zeit, wie wenn er kurz vor einem hysterischen Anfall sei, das ganze Haus war erfüllt von den schrillen Dissonanzen. Wir blieben freundlich, hilfreich und mitfühlend. Es war sehr schwierig und erschöpfte uns.

Raun stand am Spülbecken und schrie. Suzi redete mit ihm. Sie zeigte ihm einen Löffel, dann eine Gabel, dann den Schwamm und schließlich ein leeres Glas. Raun reagierte auf alles mit verstärktem Schreien. Er war nicht zufrieden. Schließlich füllte Suzi das Glas mit Wasser und gab es ihm. Als er ruhig war, sagte Suzi: »Wasser, Raun. Das ist ›Wa‹. Sag, ›Wa‹, Raun. Hier ist es, ›Wa‹.«

Raun schüttete es hinunter. Später am Tag kehrte er zum Spülbecken zurück und alles fing von neuem an. Suzi verstellte sich, wie üblich, als ob sie nicht verstehe. Raun beharrte auf seinem Geschrei. Er schrie immer lauter. Suzi kniete sich neben ihn, liebevoll und voller Anteilnahme, während sie zusah, wie sein Gesicht zuckte und er seinen Mund mit den Händen bearbeitete. »Was willst du, Raun? Was willst du? Sag es mir.« Und dann, aus den Tiefen seines Körpers, wie aus den Stimmbändern herausgerissen, mit beinahe geschlossenen Augen, wie um alle Stärke, alle Kraft zusammenzuhalten, schrie Raun, und es klang wie ein Bellen, aber laut und klar, so daß es den ganzen Raum füllte: »WA!«

Suzi sprang auf, füllte das Glas so schnell sie konnte und gab es ihm. Ihre Hände zitterten. Sie sagte: »Ja, Raun. Wa, Raun. Das hast du großartig gemacht.«

Ein überwältigter kleiner Mensch. Raun schien es selbst kaum zu glauben. Als er das Wasser trank, schaute er mit seinen großen braunen Augen zu seiner Mutter empor, die ihm sanft über das Haar strich.

Hurra! Raun hatte es geschafft. Er hatte etwas gesagt. Und zwar verständlich, absichtsvoll und sinnvoll. Die Neuigkeit breitete sich in Windeseile aus. Suzi rief mich im Büro an, dann teilte sie es Nancy, Maire und Steve, Marv, Vikki und Rhoda mit. Wir waren in Hochstimmung. Als Bryn es hörte, hüpfte sie, die Arme schwenkend, wie ein Cheerleader, vor dem noch benommenen Mittelpunkt unser aller

Aufmerksamkeit auf und ab. Thea kicherte in einem fort und rannte mit offenen Armen auf Raun zu. Das Eis war gebrochen und hatte eine Stimme freigegeben, die bis jetzt eingefroren und unzugänglich gewesen war.

Raun wiederholte das Experiment von sich aus. Zuerst fing er an zu weinen, dann aber wurde er ärgerlich, als Suzi ihm wie üblich helfen wollte. Es dauerte nicht lange und er sagte es: »Wa!«

Suzi belohnte ihn sofort. Rauns kurzes, noch verzerrtes erstes Wort war ein erster Schritt, der eine ganze Reihe von neuen Möglichkeiten eröffnete. Vielleicht erschloß er eine völlig neue Dimension. Beim Abendessen, nachdem Raun fertig war, blickte er zu Suzi hinüber und sagte: »Hinunter.«

Ganz deutlich. Es war herrlich. Und er sagte es voller Autorität. Dieses Wort, das er schon tausendmal gehört hatte, wenn er aus seinem Stühlchen gehoben worden war, kam jetzt flüssig über seine Lippen. Wir hoben ihn sofort heraus und setzten ihn auf den Boden. Später, nachdem Suzi ihm Saft gegeben hatte, hielt er das leere Glas hoch und sagte: »Mehr.«

Die Worte strömten wie aus einer Schleuse, die sich geöffnet hatte. Es war, als wenn er sie für Wochen in sich getragen habe und jetzt ließ er sie aus sich heraus: Es war wie eine Geburt. Auf der Treppe, schon auf dem Weg ins Bett, sagte er sein viertes Wort, alle so neu, so jungfräulich, für ihn wie für uns.

»Fla« sagte er, die Abkürzung für Flasche.

Der Tag ging zu Ende mit vier Riesenschritten vorwärts – mit den ersten vier Worten.

Um es zu feiern, gingen wir am nächsten Tag mit Bryn, Thea und Raun in einen Vergnügungspark. Wir waren alle in bester Laune – als wenn wir Sekt getrunken und Kaviar gespeist hätten. Nun sollten Achterbahn, Riesenrad, Schiffschaukel und Karussell unser Nachtisch sein.

Zuerst durften die Mädchen Achterbahn fahren. Raun sollte etwas Gezähmteres, Konventionelleres fahren. Wir setzten ihn in das Miniaturauto eines Kinderkarussells. Es war seine erste Fahrt in einem Karussell. Er genoß es, wie wenn er sein ganzes Leben lang Karussell gefahren wäre. Er lachte vor Freude, als es sich in Bewegung setzte. Dann wollten die Mädchen mit ihm im Riesenrad fahren. Da es sich langsam und nicht ruckartig bewegte, erlaubten wir es. Alle drei wurden sie in einen Drahtkäfig gestellt. Dann ging es hinauf, höher und immer höher. Wir standen unten und winkten. Sie waren glücklich – alle drei. Thea nahm Rauns Hand und winkte damit, sooft sie an uns vorbeikamen. Raun war fasziniert und lächelte. Und Bryn sagte immer wieder: »Sag ›Hallo‹. Sag es, Raun. Sag ›Hallo‹.«

Weiter ging es zum Karussell. Die Mädchen ließen sich auf den Schaukelpferden anschnallen. Es war ein Karussell mit altmodischen Holzfiguren, die vor vielleicht dreißig Jahren geschnitzt worden waren, mit rollenden Augen und bunt leuchtenden Farben. Leierkastenmusik kam aus einem alten Kasten. Wir standen neben Raun, obwohl er auf eines der Pferde geschnallt war, denn wir wollten nicht, daß er alleine sei, wenn sich das Karussell drehte. Es fing langsam an. Als es sich schneller drehte, schaute Raun wild um sich und begann zu lachen. Es gefiel ihm. Die Mädchen schrien und winkten ihm zu, während sie auf ihren Holzpferden auf und ab galoppierten.

Als die Fahrt zu Ende war, wollten Bryn und Thea nochmals Achterbahn fahren. Und zwar mit Raun. Suzi und ich überlegten einige Zeit hin und her, aber wenn man bedachte, daß es ihm bis jetzt gefallen hatte, schien nichts dagegen zu sprechen. Also packten wir die drei unter die Stange in den ersten Wagen. Langsam bewegte sich der Wagenzug die Rampe hinauf und schoß dann auf den Kufen hinunter. Wir stellten uns an das Teil der Bahn, an dem die Wagen unten vorbeischossen, und warteten.

Ich kaute auf meinen Lippen herum, um mich abzulenken. Endlich kamen sie in Sicht. Bryn und Thea hatten beide den Arm um Raun gelegt, er saß zwischen ihnen. Seine

Augen waren weit aufgerissen. Obwohl er keine Angst zu haben schien, waren wir nicht ganz sicher, ob es ihm Spaß machte. Der Wagen schoß vorbei. Bryn und Thea winkten begeistert. Wieder kletterte er die Rampe hoch und wieder schoß er auf den abgenutzten Kufen entlang, die kurzen und steilen Abfälle hinunter, durch die engen, scharfen Kurven. Wieder kam der Wagen in Sicht. Diesmal lachte auch Raun.

Es war ein Bild wie aus dem Bilderbuch. Kinder, die sich freuten, am Leben zu sein, denen ihre Erfahrungen Spaß machten, die kameradschaftlich verbunden waren. Unsere Kinder: sehr eng verbunden in ihrem gemeinsamen Vergnügen. Zusammen in einer Karnevalswelt voll von metallenen Träumen und den Phantasien einer Spielwelt. Für Raun waren die Bewegung und die Schnelligkeit, mit der er so oft beschäftigt war, eine besondere Freude. Für den Augenblick war er vollkommen erfüllt, eingetaucht in diesen mechanischen Strudel.

*

Eine weitere Woche verging. Raun war in Hochstimmung. Immer wieder benutzte er seine drei bis vier Worte, aber nicht regelmäßig. Bryn und Thea hatten jetzt noch mehr Spaß daran, mit ihm zusammen zu sein. Aus bloßen Lehrern waren Spielkameraden, Freunde, geworden. Anderen mochte Rauns Fortschritte vielleicht sehr geringfügig vorkommen. Aber uns schien es, als seien wir Lichtjahre weitergekommen. Raun war jemand geworden, der Teilnahme forderte und selbst teilnahm.

Da er sich jetzt besser konzentrieren konnte, entschieden wir, uns aus dem Badezimmer hinauszuwagen und uns im Wohnzimmer niederzulassen. Er war inzwischen sehr vertraut mit den Spielen und wir meinten, er könne die stärkere Ablenkung verkraften: das Zimmer mit Fenstern, Wänden, Gemälden und Fotografien, Regale mit Büchern und Schallplatten und den Boden, auf dem ein Teppich lag.

Wir kauften einen kleinen Stuhl für ihn und stellten ihm die Sitzfläche eines unserer Stühle als Tisch zur Verfügung. Er schien sehr zufrieden zu sein mit seiner neuen Umgebung. Er ließ sich nicht im mindesten ablenken. Wenn er hereinkam, musterte er den Raum zuerst kurze Zeit, aber dann wandte er sich Suzi und den Spielen zu.

Eine neue Phase begann. Direkte Imitationsspiele, die von der Lehrperson ausgingen. Berühr deine Nase. Klatsch in die Hände. Zeig auf deine Augen. Schüttel den Kopf. Jedesmal, wenn man es ihm zeigte und ihm sagte, er solle es nachmachen, tat er es. Wir zeigten ihm Fotos und er erkannte verschiedene Leute darauf. Sein Interesse an Puzzles schien abzunehmen, aber wir belohnten ihn mit Sachen, die er gerne aß, um ihn dabei zu halten. Wir nahmen körperliche Spiele wieder verstärkt in unser Programm auf. Der physische Kontakt war für Raun fast eine Art Belohnung: das Kitzeln, das Versteckspiel, in die Luft geworfen zu werden, auf und ab zu springen. Er lächelte oder lachte häufiger, regelmäßiger. Jeden Tag wurde er offener dafür, daß er geliebt wurde, und daß das Leben Spaß machte.

Spaß. Das war das Zauberwort. Er hatte mehr Spaß daran, so zu sein wie er war. Er genoß die Spiele, er genoß es, beteiligt zu sein. Er freute sich mehr an uns. Raun war freier geworden, auch sich selbst und seinen Gefühlen gegenüber. Sogar seine Augen schienen zu sprechen, schienen uns die vielerlei Schattierungen seiner Gefühle und Vorlieben mitzuteilen. Sein Interesse, mit anderen Kindern im Park zusammen zu sein, hatte zugenommen. Er beteiligte sich stärker. Er war sehr darauf aus, mit seinen Schwestern zu spielen. Seine Reaktionen waren fröhlicher. Diese Seite seines Verhaltens war zwar nur eine von vielen, aber sie nahm zu mit jedem Tag.

Die Selbststimulierung war nicht verschwunden, aber sie war begrenzter. Raun ließ immer noch Dinge kreiseln, manchmal lange Zeit hindurch. Er driftete immer noch von selbst in eine ferne und von uns abgeschlossene Welt ab.

Obwohl er oft mit uns in Kontakt war, war er doch genausolange – drei bis dreieinhalb Stunden ungefähr – abwesend, vor sich hinstarrend, hin- und herschaukelnd, mit Kreiseln beschäftigt. Während der restlichen zehn Stunden aber war es möglich, relativ konstanten und erfüllten Kontakt zu halten.

*

TAGEBUCH: Die vierzehnte Woche

Beobachtungen:

- Bis zu fünfzehn Minuten ununterbrochener Kontakt mit Familienmitgliedern. Kontakt ist ausgezeichnet, was z. B. den Blickkontakt betrifft und die Bereitschaft zu Körperkontakt
- Stärkeres Interesse an Spielsachen, die man ziehen oder schieben kann
- Reagiert schneller auf Rufen und Aufforderungen. Ist allem, was er hört gegenüber aufmerksamer und nimmt es stärker auf
- Plappert vor sich hin (was sich wie eine eigene Sprache anhört – es scheint eine Nachahmung wirklicher Worte zu sein); wenn er verwirrt oder frustriert ist, wenn er etwas von der Stelle bringen will, was zu schwer für ihn ist, murmelt er vor sich hin
- Zeigt interessiert auf Bilder. Er scheint die Gemälde und Fotos, die im Haus hängen, zu bemerken
- Benutzt immer noch dieselben vier Wörter, mit denen er letzte Woche begonnen hat, es sind bis jetzt keine neuen hinzugekommen
- Eine sehr spezifische und sich wiederholende Melodie ist uns aufgefallen, die er zur Zeit immer und immer wieder singt.

Keine Veränderung:

- Kreiseln und Hin- und Herschaukeln

- Immer noch kann er mit Leichtigkeit für lange Zeit für sich allein sein. Er entfernt sich und setzt sich an einen Platz, wie wenn er meditieren würde, aber er reagiert, wenn wir intervenieren und wendet sich uns zu.

Beobachtungen:

- Sein Interesse an Musik wird stärker. Er interessiert sich nicht nur für Musik vom Tonband, sondern verbringt Zeit mit Suzi, um die Noten und Töne auf dem Klavier auszuprobieren. Stärkeres Interesse auch an Instrumenten, an Trommel, Tamburin und Flöte, Instrumente, die während der Sitzungen benutzt werden
- Obwohl er nicht mehr als seine ersten vier Worte benutzt, bemerkten wir, daß er sie in genau der Tonlage nachsprach, wenn wir sie ihm leise vorsprachen. Wir beobachteten auch, daß er Mund und Zunge unkoordiniert bewegte. Es sah aus, als habe er sie nicht voll unter Kontrolle oder wisse nicht genau, wie sie korrekt zu benutzen seien.

*

Unsere fast vollständige Beschäftigung mit Raun hatte dazu geführt, daß ich kaum mehr zum Reiten gekommen war, was mir früher sehr viel Spaß gemacht hatte. Ich hatte das Bedürfnis, diesem Sport wieder etwas mehr Zeit zu widmen und beschloß deshalb, einen ganzen Samstag, von Sonnenaufgang bis zum Abend im Sattel zu verbringen. Ich hatte das Bedürfnis draußen zu sein, in der Natur, im frischen Wind, auf Kahlil, meinem Pferd. Von einem ganzen Tag hatte ich mehr als von den üblichen begrenzten drei Stunden.

Es war nicht ganz zufällig, daß ich diesem Pferd und Raun den gleichen Namen gegeben hatte. Es war ein poetischer Name. Beide waren sie anders als ihre Umgebung, beide waren etwas Besonderes. Ein Jahr, bevor Raun geboren wurde, hatte ich Kahlil gekauft, einen vierjährigen Appaloosa Wallach, sehr temperamentvoll, von eindrucksvollem Äußeren. Diese Pferde waren schon in den Pharaonengräbern der Pyramiden abgebildet gewesen, und auch in diesem Land waren sie bereits seit den Nex Percé-Indianern bekannt. Manche hielten die Rasse für die älteste der Welt. Die Pferde waren berühmt für ihren athletischen Körperbau, ihr Temperament, ihre sensible Wendigkeit und Schnelligkeit. Kahlil war ein Sohn des Windes, er war voll elektrisierender Erregbarkeit, die einen packte, wenn er vorbeistürmte.

Er war nicht irgendein Pferd. Er war sehr groß, sehr imposant und er hatte, was selten ist, zweifarbige Augen. Sein linkes Auge war ein normales Pferdeauge: tief dunkelbraun. Aber sein rechtes Auge war hellblau, und sah aus wie ein Menschenauge. Es war ein wenig gespenstisch, geheimnisvoll. Die Indianer hatten von solchen Pferden geglaubt, daß sie den Göttern gehörten. Unsere moderne Zivilisation hatte daraus einen Fehler gemacht, und vom Züchterstandpunkt aus galten solche Tiere als launisch und unberechenbar und wurden sogar in manchen Gestüten gleich bei der Geburt getötet, um die Reinheit der Rasse zu erhalten. Was für eine blinde und von Vorurteilen diktierte Einstellung natürlichen Unterschieden gegenüber! Gerade dieser kleine und schöne Unterschied machte dieses Pferd zu etwas Besonderem.

Nachdem er einmal an den Sattel gewöhnt war, übertraf Kahlil alle meine Erwartungen: Er hatte etwas Blitzhaftes an sich und gleichzeitig die Weisheit und Erfahrung von Generationen, und all das verschmolz in seinem jetzigen Leben, das er frei, in vollem Einklang mit der Natur, lebte, ein Pferdeleben in der höchsten Blüte seiner Jugend. Es war seltsam, aber viel an Kahlil erinnerte mich an Raun. Wie dieses Pferd hatte auch Raun eine Schönheit, die aus sehr ursprünglichen Tiefen kam, und die von unserer Gesellschaft als Last empfunden wurde, deren man sich entledigen wollte. Es gab Parallelen.

Als ich Kahlil gekauft hatte, war er kaum zugeritten gewesen. Sein einziges auffallendes Talent war seine Schnelligkeit. Obwohl ich kein erfahrener Reiter war, beschloß ich, ihn selbst zuzureiten. Ich dachte, daß ich etwas dabei lernen könne; ich wollte diese Erfahrung machen. Es dauerte allein achtzehn Stunden, bis ich Kahlil besteigen konnte. Jedes Wochenende und mehrere Abende hindurch arbeitete ich mit dem Pferd. Der Anfang war sehr schwierig, und es dauerte lange, bis sich Fortschritte zeigten. Sogar der Besitzer des Gestüts und seine Frau, die mir halfen, fanden, daß Kahlil schwierig war und sich sehr von anderen Pferden unterschied, daß er aber sehr sensibel und liebevoll war.

Oft kostete es mich meine ganze Kraft, ihn zu halten, wenn er wie ein Blitz lospreschen wollte. Oft warf er mich ab, unberechenbar, unvorhersehbar. Einmal schleuderte er mich in vollem Galopp nach vorne. Ich fiel vor seine Füße, aber er stieg und vermied es so voller Rücksicht, mich zu zertrampeln. Eine emphatische und rücksichtsvolle Beziehung war zwischen uns entstanden.

Beide überlebten wir diese Anfänge und kamen schließlich soweit, daß wir mit Hindernissen anfingen. Zuerst übersprangen wir nur sehr kleine Holzbalken. Dann niedere Zäune und danach höhere. Schließlich sprangen wir sogar über einen alten roten Volkswagen. Aber bevor wir soweit gediehen waren, hatte Kahlil mich vielleicht an die vierzehnmal in die Luft geworfen. Manchmal stoppte er ohne Vorwarnung direkt, bevor er zum Sprung ansetzte, und warf mich kopfüber ab. Oft drehte er sich, wenn seine Vorderfüße nach dem Sprung wieder den Boden berührten, unmittelbar scharf um, was mich die Balance verlieren ließ, so daß ich vom Pferd fiel.

Schließlich war ein Jahr vergangen, und wir hatten es immer noch nicht aufgegeben. Wir waren ein seltsames Paar. Wir hatten beide mehr Temperament und Ausdauer als guten Stil. Wir lernten es, uns zusammen zu bewegen, uns gegenseitig zu respektieren. Jedermann sonst im Gestüt fand es schwierig, Kahlil zu reiten. Er hatte Launen. Viele verunsicherte dieses etwas gespenstische, empfindliche Pferd mit den fast menschlichen Augen. Sie sahen nicht, wie schön Kahlil war, weil sie sich in seiner Gegenwart unwohl fühlten. Für mich aber war er ein Freund. Seine Wildheit war eine besondere Schönheit. Wie Raun war dieses Pferd ein Geschenk für die, die es erkannten.

Um sechs Uhr in der Frühe waren wir auf dem Parcours und trabten über das noch nasse schlüpfrige Gras. Kahlil war kaum zu halten. Die Hände taten mir weh von der Anstrengung, ihn zurückzuhalten. Als wir offenes Feld erreichten, wo der Boden von der steigenden Sonne schon etwas abgetrocknet war, lockerte ich meinen Griff etwas, da nun bei schnellerem Tempo die Rutschgefahr nicht mehr so groß war. Kahlil, der spürte, daß ich ihm mehr Freiheit ließ, streckte sich nach vorne und fing an zu galoppieren. Er flog dahin. Ich feuerte ihn an, während er das Äußerste an Schnelligkeit aus sich herausholte. Dann fielen wir in eine langsamere Gangart zurück, schließlich trabte er, dann ritten wir immer langsamer, an einem majestätischen Kiefernwald entlang durch das hohe Gras. Am Nachmittag rasteten wir bei einem alten verfallenen Gut. Ich aß und redete mit meinem Pferd. Er antwortete, indem er schnaubte. Ich fühlte eine Zuneigung zu Kahlil, dem so einzigartigen Gefährten dieser gemeinsamen Ausflüge, die echt war und die nicht vergehen würde. Er blickte mich an, während er weidete. Er wurde nicht müde. Generationen hatten ihn geprägt, er war ein guter Kamerad bei unseren gemeinsamen Exkursionen in die Welten des rasenden Dahinfliegens.

Als die Sonne hinter den Bäumen versank, kehrten wir zu den Ställen zurück. Er wollte noch einmal frei rennen, bevor er zurückkam und zerrte am Zügel. Ich gestattete es ihm. Fünfzehn Minuten lang flog er unter den Bäumen dahin, über enge gewundene Pfade und über Steinmauern, die aus einer anderen Zeit stammten.

Er schäumte, und zog in tiefen Zügen die Luft ein. Der

Wind pfiff in meinen Ohren, ich fühlte mich mit allem verbunden, was lebendig war.

Später, auf dem langen Weg zurück, verfielen wir in ein langsameres Tempo. Kahlil kühlte sich wieder ab, er erholte sich von der Anstrengung, wir genossen es, zusammenzusein. Es war ein sehr schöner Tag gewesen. Das Getrappel seiner Hufe auf der harten Erde, sein sanftes Atmen und das brandungsartige Geräusch des Windes schufen eine ruhevolle Harmonie. Es war eine sehr ursprüngliche Beziehung: ich und mein Pferd. Einfach, rein. Was am Anfang schwierig und problematisch gewesen war, war zu einer Beziehung geworden, die von tiefem gegenseitigen Respekt geprägt war. Auch dies war wie mit Raun.

Neun

Es war soweit, daß Raun Tag für Tag mehr aufnahm, mehr aufnehmen konnte, und so versuchten wir sowohl sein Programm zu variieren, als auch neue Bereiche, neue Methoden, mit ihm zu arbeiten, einzuführen. Motivation war in unserem Programm von Anfang an ein Hauptaspekt gewesen, jetzt verlagerten wir das Gewicht stärker auf etwas kompliziertere Lernspiele und Übungen, die ganz bestimmte Fähigkeiten trainierten.

Raun hatte einen starken inneren Antrieb. Von sich aus nahm er Kontakt auf in den Arbeitssitzungen und hielt ihn die meiste Zeit über auch aufrecht. Wenn er sich in sich zurückzog oder sich mit seinen Ticks beschäftigte, lockten wir ihn mit Dingen, die er gerne aß.

Wir waren auch dazu übergegangen, Belohnungen in Aussicht zu stellen, um ihn zu etwas zu bringen. Wenn er zum Beispiel Lust hatte zu toben, oder verlangte, gekitzelt zu werden oder ins Freie wollte, schlugen wir ihm vor, vorher noch etwas zu tun, was wir für wichtig hielten. Er konnte sich dann entscheiden, ob er sich darauf einlassen wollte. Meistens ging er darauf ein. Es kam aber auch vor, daß er sich schmollend in sich zurückzog. Wir respektierten diesen Beweis seiner Unabhängigkeit immer.

Suzi und Nancy hatten eine Idee, die wir zusätzlich in unser Programm einbauen wollten.

Beide waren der Ansicht, daß Wasser ein ausgezeichnetes Medium war, sensorische Fähigkeiten und Körperkontakt zu fördern und zu genießen. Also wurde etwas Neues eingeführt – Arbeitssitzungen in der Badewanne.

Nancy nahm sich die Zeit für dieses Vorhaben. Nach einer Angewöhnungszeit fühlte sich Raun im Wasser sehr wohl. Sie begannen mit Spielen, in denen das Wasser nur erfühlt werden sollte, dann wurde Wasser getrunken, dann wurde mit Wasser gespritzt. Nancy ließ Raun Wasser über die Haare laufen und sagte ihm, er solle ihr ebenfalls mit den Händen Wasser über ihre Haare laufen lassen. Berührung war ebenfalls ein wichtiger Faktor. Raun schien es zu genießen, er schien sich selbst zu genießen.

Die meisten Kinder sind ständig in Windeln, Kleidern, Schuhen verpackt. Sie haben kaum die Gelegenheit, ihren Körper in einem so frühen Alter kennenzulernen. Diese Erfahrung half Raun, sich selbst genauer, fest umrissener und verläßlicher wahrzunehmen. Obwohl er es noch nicht sprachlich artikulieren konnte, konnte er seinen Körper und den Raum, der diesen umgab, nun besser begreifen. Er hatte ein neues Spielzeug entdeckt: sich selbst. Manchmal rieb er sich für zehn oder fünfzehn Minuten langsam und sachte mit den Fingern über den Bauch. Er war dabei ganz konzentriert und wollte alles erforschen. Er benutzte nun nicht mehr nur die paar Worte, die er sich zuerst angeeignet hatte, sondern hatte angefangen, neue Worte dazuzulernen. Aber das ging sehr langsam. Nach unendlichen Versuchen und Ermunterungen sagte er schließlich »Mama«, »Papa« und »heiß«. Damit benutzte er insgesamt sieben Worte. Die anderen Worte, darunter »Fla«, »Wa«, »hinaus« und »hinunter«, benutzte er häufig und regelmäßig. Sie gehörten zu ihm, wie andere Äußerungen seines alltäglichen Lebens auch. Sie waren Mittel zur Fortbewegung geworden.

Eines Morgens rannte Raun von seinem Bettchen aus direkt zum Klavier, das unmittelbar vor seinem Zimmer stand. Es war ein altes Klavier, das seine besten Jahre noch in der Zeit vor der Einführung des Fernsehens gehabt haben mußte. Suzi setzte sich neben ihn, als seine Finger prüfend über die Tasten glitten. Zuerst schlug er die Töne sehr vorsichtig an. Dann aber hämmerte er lautstark und temperamentvoll auf den weißen Tasten herum. Plötzlich hörte er auf. Er hatte die schwarzen Tasten entdeckt – ein Teil der Tastatur, den er bis zu diesem Tag immer hatte beiseite liegen lassen. Zuerst berührte er nur eine der Tasten, prüfte mit dem Zeigefinger die Oberfläche und die Seiten, die aus den darunter liegenden weißen Tasten aufragten. Er lächelte vor sich hin, als habe er eine Entdeckung gemacht.

Suzi merkte, daß sie auch lächelte. Sie ließ ihn mit seiner Entdeckung allein. Er zeigte ihr, daß er wisse, daß sie neben ihm sitze, indem er seinen Kopf drehte und ihr direkt in die Augen schaute. Sie lächelte ihn an, und er erwiderte das Lächeln.

Eine halbe Stunde verging, bevor er das Interesse verlor und träge wurde. Suzi entschloß sich, die Initiative zu ergreifen. Sie spielte eine Folge von drei Tönen, die ersten Töne von »Three Blind Mice«. Raun sah zu und hörte zu. Sie spielte es noch einmal. Und noch einmal. Immer noch schaute er zu und saß bewegungslos da. Sie nahm einen seiner Finger und berührte damit die Tasten in derselben Abfolge, in der sie auf ihnen gespielt hatte. Auch das wiederholte sie mehrere Male. Er blieb passiv. Dann spielte sie die drei Töne selbst noch einmal. Raun schaute sie wieder an, zögerte und legte sehr vorsichtig seine Finger auf die Tasten. Eins, zwei, drei. Für jede Maus einen Ton. Er spielte es genauso, wie er es gehört hatte. Dann spielte er die Dreierfolge mit anderen Tönen nach. Suzi beantwortete jeden Versuch mit einer anderen Dreierphantasie – »Three Blind Mice«. Er spielte sie jedesmal exakt nach. Seine Hände bewegten sich über das Klavier. Es war ein Bild: eine Mutter und ihr Kind, experimentierend, einander imitierend, sich genießend, voller Liebe füreinander. Sie waren wie Luft und Wind – der eine eine Bewegung im anderen, Teil des anderen.

*

An einem warmen Sonntagmorgen packten wir die Familie ins Auto und fuhren ans Meer. Wir nahmen Decken, Handtücher, Badeanzüge, Bälle, Schaufeln, Eimer und einen Drachen mit.

Raun lief, krabbelte und fiel in den Sand. Lebhaft und voll komischer Einfälle spielte er mit Bryn und Thea, die ihre Sandburgen bauten. Er marschierte über ihre Phantasie-Wolkenkratzer, zerstörte ihre Brücken und die Straßen ihrer Sand-Städte. Aber sie lachten und spielten Wiederaufbau – Raun war ihr Godzilla.

Ich zog ihm die Schuhe aus. Einige Minuten lang zögerte er, einen Schritt zu machen. Mit bloßen Füßen im Sand zu laufen war neu für ihn. Er versuchte es auf Zehenspitzen, um die Balance halten zu können, was zur Folge hatte, daß er aufs Gesicht fiel. Ich zog ihn hoch und übte mit ihm die Bewegungen. Er versuchte es eine Zeitlang, dann beherrschte er es. Wir gingen zum Strand und betrachteten die kleinen Wellen. Ich hielt ihn über dem Wasser, so daß seine Füße gerade die Oberfläche berührten. Das Wasser war kalt. Er zog sie kurz zurück, wagte es aber dann, sie wieder ins Wasser hängen zu lassen. Das machte ihm eine ganze halbe Stunde lang Spaß.

Die Sonne begann unterzugehen, und wir versammelten uns auf unserer Decke, um dem Sonnenuntergang zuzusehen. Suzi, Bryn, Thea und ich kuschelten uns aneinander. Ich stand auf, um Raun zur Decke zurückzuholen. Er blieb kurze Zeit, dann ging er weg, kam wieder zurück, ging wieder weg. Es war ein Versuch. Er testete seine Freiheit, seinen Freiraum und unser Einverständnis.

Wieder zuhause, schien er sich die nächsten drei Tage zu langweilen. Sein Verhalten kam uns wieder etwas infantiler vor. Die kleinen Erfolge, die wir fast täglich gesehen hatten, zeigten sich nicht mehr. Er trat auf der Stelle, er schien den rechten Augenblick abzuwarten.

Sofort schraubten wir das Programm wieder zurück, indem wir Arbeitsstunden durch Spielstunden ersetzten.

Wir bemerkten auch, daß sich seine Verspieltheit und seine Begeisterung bei Körperkontaktspielen verlor. Er zog sich wieder stärker ins Alleinsein zurück. Raun entfernte sich von uns. Wir alle bemerkten es. Die Stimmung wurde gedrückt. Etwas veränderte sich. Der Funke war verschwunden. Etwas Neues setzte sich durch – eine eindeutige Abwendung von Menschen.

Suzi, Maire, Nancy und ich intensivierten unsere abendlichen Konferenzen. Hinzu kamen Diskussionen zwischen Suzi und mir, die Stunden, ja Nächte dauern konnten, während deren wir unsere Beobachtungen austauschten. Wir versuchten, Raun gegenüber noch aufmerksamer zu werden, zu verstehen, was er uns mit seinem Verhalten sagen wollte.

Rauns Wutanfälle steigerten sich. Er hatte begonnen, Stühle umzuwerfen. Wir hatten es ihm erlaubt, da wir dachten, daß es vorübergehend sei. Unglücklicherweise dehnte er seine Angriffe auf unsere Sessel und auf die Couch aus. Er begann, Sachen kaputtzumachen. Wir entschlossen uns, ihm zum ersten Mal zu sagen, daß wir damit nicht einverstanden waren. Jedesmal, wenn er etwas umwarf, sagten wir laut und deutlich »Nein!«. Es schien nicht viel zu helfen. Im Gegenteil, es schien ihn anzufeuern. Aufmerksamkeit war es, was er wollte, wir sollten uns auf ihn konzentrieren. Raun hatte die Situation im Griff und ich vermute, daß er bekam, was er wollte. Aber uns glitten die Dinge aus der Hand.

Unsere Reaktionen verstärkten sein Verhalten. Wir hatten dies kaum je methodisch angewandt, und jetzt wendete es sich gegen uns wie der Rückstoß eines Gewehrs. Es gab auch andere Zeichen. Wenn wir mit ihm schimpften, hörte er nicht auf, das zu tun, was er gerade tat. Wir sahen sogar ab und zu, wie er lächelte, während er seine Tätigkeit zu Ende führte. Raun hatte ein Verhaltensmuster entwickelt, mit dem er uns kontrollieren konnte, und wir waren da hineingezogen worden, als Mitspieler, als Partner.

Damit Raun und unser Mobiliar es überlebten, schafften wir alle leichten Möbelstücke, die er ohne größere Anstrengung umwerfen konnte, in die Garage. Damit erreichten wir zweierlei. Wir retteten unsere Einrichtung und wir entfernten zumindest den Anlaß dafür, daß wir gezwungen wurden, Mißbilligung als Methode zu benutzen. Raun vermißte die Dinge fast eine Woche lang sehr. Die Veränderung verunsicherte ihn.

Er wurde noch unlenkbarer und unwilliger in den Sitzungen. Er weigerte sich, Dinge zu tun, die er vor Wochen begeistert gemacht hatte. Wir verlangten noch weniger von ihm. Er durfte lange Zeit hindurch nur spielen. Wir beobachteten ihn, hielten Ausschau nach Zeichen, nach Hinweisen.

Tagebuch: Sechzehnte Woche

Beobachtungen:

- Die Sitzungen in der Badewanne sind sehr produktiv
- Raun zieht sich zurück: arbeitet nicht mehr, ist unlenkbar, wirft Möbel um
- Spricht immer noch nicht mehr: Wasser, Flasche, hinunter, heiß, hinaus, Mama etc. Antwortet nicht mehr mit Worten, wenn man ihn direkt etwas fragt
- Musik beschäftigt ihn immer noch stark. Summt vor sich hin, bewegt sich zur Musik, ohne daß man ihm gesagt hätte, er solle das tun. Saß zehn Minuten neben Suzi und hörte Beethovens Fünfter zu
- Lacht, wenn er etwas tut, von dem er glaubt, daß wir nicht wollen, daß er es tut
- Hat eine Beziehung zu Bildern – zeigt auf Leute und Dinge, wenn man ihn fragt.

Keine Veränderung:

- Kreiseln und Hin- und Herwiegen
- Ist immer noch abwesend und zieht sich zurück.

*

Rauns Stimmung wurde unberechenbarer. Sein Verhalten war häufig geprägt von völliger Unlenkbarkeit. Das dauerte Wochen. Die Arbeitssitzungen hatten wir auf dreieinhalb Stunden am Tag eingeschränkt; das war nicht einmal die Hälfte dessen, was er vorher gemacht hatte. Den Rest der Zeit verbrachte er mit freiem Spiel, während wir ihn beobachteten. Raun konnte jederzeit bestimmen, wo er spielen wollte, wie aktiv er sein wollte, was er tun wollte und wie stark er die Beziehung zu uns aufnehmen wollte.

Je mehr wir das Programm zurückschraubten und veränderten, um so mehr besänftigte er sich. Er reagierte. Vielleicht hatte er uns gezeigt, was er uns hatte zeigen wollen, und jetzt war sein bizarres und widerspenstiges Verhalten nicht mehr nötig für ihn. Vielleicht hatte Raun damit versucht, uns zu erreichen, uns etwas mitzuteilen, uns zurückzuhalten und dahin zu bringen, daß wir den Arbeitsplan änderten, damit er eine Pause haben konnte. Je stärker wir auf seine Hinweise reagierten, um so stärker reagierte er wiederum auf uns.

Wir waren glücklich über die Veränderung, die wir erreicht hatten. Aber sie war nicht von Dauer. Er wehrte sich sogar gegen die verkürzten Sitzungen. Eine Dunkelheit kam über ihn, die wir nicht begriffen. Er zog sich zurück. Er schien uns fremd und weit entfernt. Er schien weniger zu hören und weniger zu sehen. Das Sabbern wurde wieder stärker, er schien seine Zunge nicht mehr gut kontrollieren zu können. Seine Augen wirkten starr, wie gefroren. War er vielleicht körperlich krank? Waren es Anzeichen für eine Grippe oder für eine Erkältung? Wir ließen ihn untersuchen, aber der Arzt stellte fest, daß er gesund war, er hatte lediglich eine leichte Halsentzündung. Aber vielleicht war schon das eine schwere Belastung für ihn, vielleicht war sein System leichter zu blockieren als das System anderer. Wir hatten die Beobachtung gemacht, daß immer, wenn er auch nur leicht krank war, sein Zustand verändert war und ein »scheinbarer Rückschritt« eintrat.

Wenn er jetzt ein Puzzlestück an seinen Platz legen wollte, hielt er an, hob das Puzzlestück hoch und starrte es mehrere Minuten lang an. Er überlegte. Die langen Pausen zwischen den einzelnen Bewegungsabläufen erinnerten uns an die Zeit vor vier Monaten. Wir bemerkten auch, daß er immer erst einige Zeit später reagierte, wenn wir etwas von ihm verlangten.

Vorgänge zueinander in Beziehung zu setzen, schien wieder ein Problem geworden zu sein. Sobald er sich allerdings auf etwas konzentrieren konnte, bewegte er sich schnell und zielbewußt. Irgendwie hatte Suzi den Verdacht, daß er sich selbst blockierte, um Zeit zu gewinnen. Zeit, um zu entscheiden, ob er sich anstrengen wollte – ob er die ganze Energie aufbringen wollte, die er benötigen würde, um sich weiter zu entwickeln.

Auf irgendeine verborgene Weise zog diese zweiundzwanzig Monate alte kleine Person Bilanz, versuchte sich zu entscheiden, ob sie weitermachen solle, wog ab, was sie wußte, was dafür und was dagegen sprach. Wir überlegten, was für Fragen sich Raun stellen mochte. Aber die stumme Welt, in die er sich zurückgezogen hatte, war nicht zugänglich, wir konnten ihm nicht helfen. Sogar die Häufigkeit und Intensität, mit der er schrie, war gewachsen, seitdem er keine Worte mehr benutzte. Sein Gesicht war unbeweglicher geworden, sein Gesichtsausdruck starrer. Seine Bewegungen waren abrupter und mechanischer. Sogar seine Augen hatten ihren Glanz verloren.

Ich beobachtete ihn mit einem Gefühl von Verwirrung und Hilflosigkeit, während seine Finger mit den Lippen spielten. Raun veränderte sich und das Auf und Ab unseres Lebens nahm eine andere Richtung an.

*

TAGEBUCH: Achtzehnte Woche – Tagesablauf ohne Arbeitssitzungen

Beobachtungen:
- Der Gebrauch einer funktionalen Sprache geht zurück, obwohl Raun noch auf Sprache reagiert
- Vermeidet Körperkontakt und Zärtlichkeiten
- Stärkeres Grimassieren; rollt seine Zunge vor und zurück, saugt an den Lippen
- Möchte oft in den ersten Stock gehen, um allein zu sein; sucht keine Gesellschaft
- Diese Woche kein Schaukeln
- Hat einige Male von sich aus mit Spielzeug gespielt und vereinzelt Kontakt mit Familienmitgliedern aufgenommen.

Keine Veränderung:
- Ist immer noch fixiert aufs Kreiseln
- Zieht sich von menschlichem Kontakt zurück.

*

Die Spannung im Haus wuchs. Jeder arbeitete mit Raun, jeder gab ihm so viel Freiheit wie nur möglich. Aber es schien, daß wir ihn trotz allem immer mehr verloren. Von Tag zu Tag wurde seine Stimmung sprunghafter, unberechenbarer. Manchmal arbeitete er gut mit, zu anderen Zeiten überhaupt nicht – als ob er uns prüfen wolle. Wir gaben ihm nach. Wir erlaubten sein abwegiges Verhalten und daß er sich zurückzog.

Doch dieser Rückzug wurde immer schlimmer. Es war, als ob ein Krebsgeschwür sich ausbreitete, das Raun zerstörte und mit ihm alles, was wir zusammen erreicht hatten. Seine Ticks erschienen wieder, stärker als je zuvor – er schaukelte, er ließ Teller kreiseln, er starrte vor sich hin. Er vermied Körperkontakt, er schob uns weg. Er schrie fast den ganzen Tag. Unser gesamtes Programm war am Zusammenbrechen. Dann passierte es – am Samstag morgen. Suzi hob Raun aus seinem Bettchen und bemerkte, wie abwesend und wie ernstlich verändert er aussah. Sie nahm ihn mit in die Küche und weckte die anderen Kinder. Vom Schlafzimmer aus hörte ich, wie ein Topfdeckel auf dem Boden kreiselte. Raun hatte wieder begonnen, Dinge kreiseln zu lassen – ohne Unterbrechung. Ich stand wie gebannt durch das Geräusch. Ich wartete. Schließlich, noch mitten im Rasieren, entschloß ich mich, hinunterzugehen und zu versuchen, ob ich Raun für etwas anderes interessieren könne. Ich fragte mich, wo die anderen waren, es hörte sich so an, als ob Raun allein sei.

Als ich die Küche betrat, stand Suzi reglos an einem der Schränke gelehnt und starrte mit glasigen Augen auf den kleinen Jungen, der auf dem Boden saß. Bryn und Thea saßen am Tisch und schauten schweigend zu. Sie schienen zu spüren, was geschehen war.

Raun war äußerst geschäftig und voll bei der Sache. Jedesmal, wenn er den Deckel zum Kreiseln gebracht hatte, stellte er sich auf die Zehenspitzen, beugte sich über das kreiselnde Objekt und bewegte die Hände eigenartig zukkend und ungelenk. Er hatte dies seit vier Monaten nicht mehr gemacht. Es schien, daß wir wieder dort angekommen waren, von wo wir ausgegangen waren. Es war wie ein Alptraum, wir konnten kaum hinschauen.

Ich setzte mich neben Raun und rief ihn leise bei seinem Namen. Keine Antwort. Ich rief etwas lauter. Wieder keine Antwort. War er taub? Hörte er nichts? Es konnte nicht sein. Ich nahm ein Buch und klatschte, kaum zehn Zentimeter von seinem Kopf entfernt, laut mit der Hand darauf. Er zuckte nicht einmal mit den Augenlidern. Es gab kein Anzeichen, daß er es gehört hatte. Nicht die leiseste Bewegung. Als er mit Kreiseln fortfuhr, bewegte ich meine Hand vor seinen Augen schnell auf und ab. Er schloß die Augen nicht. Ich schnalzte mit den Fingern ganz nah an seinem Gesicht. Keine Reaktion – nichts ließ darauf schließen, daß er etwas von seiner Außenwelt aufnahm, er war intensiv auf das kreiselnde Objekt fixiert.

Ich erhob mich. Ich hatte das Gefühl, als ob alles Leben aus mir gewichen sei. Es war vorbei. Hier und jetzt – es war vorbei.

Ich konnte Suzi nicht in die Augen sehen. So sagte ich schließlich, daß wir zusammen frühstücken sollten.

Suzi ging zu Raun und wollte ihn aufheben, aber er widersetzte sich, indem er sich steif machte und sie mit den Händen wegschob. Sie kam alleine zum Frühstückstisch zurück. Wir aßen, jeder in Gedanken versunken, während Raun mit seiner bizarren und komplizierten Pantomime nur wenige Schritte vom Tisch entfernt weitermachte. Wir boten ihm Essen an und warteten, ob er selbst entscheiden würde, daß er es wolle. Was sollten wir tun? Wir mußten wieder von vorne beginnen. Mußten ihn mit Essen locken. Vorsichtig. Mußten wieder neben ihm sitzen, ihn nachahmen. Ihn unser Einverständnis spüren lassen.

Es hätte einfach sein können – wir hatten es schon öfters getan. Es war die Grundlage der Methode – und doch fiel es uns schwer. Wir mußten uns zuerst über unsere Gefühle klar werden, wir mußten uns darüber klar werden, woran wir eigentlich glaubten. Hing unsere Liebe zu Raun, und die Tatsache, daß wir gerne mit ihm zusammen waren, davon ab, daß er Fortschritte machte, daß er etwas erreichte? Wollten wir so etwas wie eine Garantie dafür, daß er über den bereits erzielten Fortschritt hinaus sich stetig weiterentwickeln würde, daß er nicht mehr stehen bleiben und in seinen ursprünglichen Autismus zurückfallen würde? Waren wir der Ansicht, daß jetzt alles zu Ende sei? Daß alles umsonst gewesen war? Daß wir ihn hinter dieser unsichtbaren und undurchdringlichen Wand verloren hatten?

Suzi und ich arbeiteten gemeinsam all diese Gefühle und Überzeugungen durch. Tatsache war, daß wir nichts sicher wissen konnten. Wir konnten nur fortfahren ihn zu lieben und nicht aufgeben. Bei all dem hatten wir irgendwie das

Gefühl, daß Raun diese Zeit mit sich allein brauchte. Vielleicht, damit er endgültig zurückkehren konnte in ein Leben, das jetzt bereits ein früheres Leben geworden war.

Es kam uns so vor, als befinde er sich in einem eigenartigen und melancholischen Gespräch mit sich selbst. Als entscheide er sich, ob er stehenbleiben solle bei dem, was er bis jetzt erreicht hatte, ob er auf alte Verhaltensweisen zurückfallen, oder ob er weitergehen solle in eine noch völlig unbekannte und vielleicht schwierige Welt.

Wir nahmen es, wie es war. Wir gingen dorthin zurück, wo wir angefangen hatten. Zuerst sprachen wir mit Nancy, dann mit Maire. Sie waren verkrampft und verwirrt – aber sie schlossen sich unserer Meinung an. Beide wollten sie das tun, was für Raun das beste war. Maire war am Nachmittag zuerst mit ihm zusammen. Suzi war mit einer Freundin im Wohnzimmer. Aus den Augenwinkeln sah sie, wie Maire an der Türe stand. Suzi fragte, ob alles in Ordnung sei. Maire nickte: Ja, sicher. Wenig später bemerkte Suzi, daß Maire noch immer in genau der gleichen Haltung in der Tür lehnte. Sie hatte die Hände vor das Gesicht geschlagen. Suzi stand auf und ging zu ihr hin. Maire ließ die Hände sinken, und es zeigte sich, daß sie weinte. »Was ist los, Maire? Was fehlt dir?«

»Ich halte das nicht aus. Ich habe Raun so lieb, und ihn nach allem, was wir erreicht haben, so zu sehen, bringt mich fast um.«

Suzi nahm sie in die Arme, bis sie aufhörte zu weinen.

»Komm Maire, wir setzen uns ein wenig zusammen und sprechen darüber. Komm, sprechen wir über Raun.«

Maire hatte das Gefühl, daß etwas Entsetzliches, Endgültiges vor sich ging. Sie hatte unbewußt angenommen, daß Raun sich immer besser entwickeln würde, daß er immer weitere Fortschritte machen würde. In ihrer Liebe zu ihm brauchte sie es, daß er gesund war und auf seine Umgebung reagierte. Sie begriff die Falle, die sie sich da gestellt hatte – sie begriff, weshalb sie unglücklich war. Es wäre schlimm, wenn wir Raun verlieren würden. Und gerade weil das so schlimm wäre, war sie, wie sie jetzt begriff, mit seinem Verhalten zur Zeit nicht einverstanden. Letztlich würde das aber dazu führen, daß sie mit ihm selbst nicht einverstanden war. Sie wollte, daß ihr sein scheinbarer Rückfall (oder war es ein Fortschritt?) in die autistische Mutterhöhle nichts ausmachen würde. Wie uns, war es auch ihr klar, daß Erwartungen, die wir an ihn stellten, nur dazu führen würden, daß wir ihn in bestimmte Richtungen drängten und uns unsere Enttäuschungen selbst schufen. Was war aus unseren Vorsätzen geworden, keine Erwartungen zu haben und keine Urteile zu fällen? »Jemanden zu lieben heißt, mit ihm glücklich zu sein«, das hatten wir uns als Einstellung gewählt. Und wenn dies Rauns endgültiger Zustand sein sollte, konnten wir nicht zufrieden sein mit dem, was uns damit geschenkt worden war? Mit der Möglichkeit, das Leben dieses kleinen Menschen erfahren zu dürfen?

Es gab keine Sicherheiten. Es gab nur das Heute. Maire schaute Suzi an und brachte ein halbes Lächeln zustande. Sie war so hingegeben an ihre Aufgabe, sie engagierte sich so stark, daß dies manchmal zu einem Problem für sie wurde. Sie fing erst an damit, etwas freier zu lieben. Maire rief Raun beim Namen und ging zu ihm zurück.

Die gleichen Fragen sprachen wir mit Nancy und mit Bryn und Thea durch. Auch wir kämpften uns damit ab und warfen uns diese neue Wirklichkeit wie einen Ball hin und her, bis wir sie beide in den Griff bekamen. Wieder und wieder: Es gab keine Sicherheit. Das einzige, was es gab, war unser Wille, und unsere Tatkraft. Wir konnten mit allen Kräften versuchen, das Mögliche zu erreichen. Wir konnten bei ihm sein, ihn lieben, wir konnten glücklich sein mit ihm – wo immer er auch war.

*

Wir fingen wieder am Anfang an. Wir versuchten intensiv, ihm unser Einverständnis und unsere Liebe mitzuteilen; wir versuchten, ihn zu motivieren und herauszufinden, was er wollte. Die Morgen und Abende waren wie eine Wiederholung des vergangenen Sommers. Maire und Nancy hatten sich daran gewöhnt. Suzi und ich behielten das Gefühl, daß Raun vielleicht mitten in einer Entscheidung war. Bei Suzi wurde dieses Gefühl immer stärker: Raun wollte herausfinden wer er war und was er war.

*

Neunter Tag nach Rauns Rückfall. Es war früh am Morgen. Suzi ging zu seinem Bett, um ihn herauszunehmen, und zum Frühstück nach unten zu bringen. Als sie sein Zimmer betrat, hörte sie, daß er vor sich hinsummte. Als sie an sein Bett trat, sah er sie direkt an. Seit fast einer Woche hatte es keinen direkten Blickkontakt mehr gegeben. Sie war außer sich vor Freude. Sie streichelte seine Wange und er wehrte sich nicht dagegen. Sie küßte seine kleine, offene Hand, und er packte sie bei der Nase. Suzi lachte und fing an, ihn zu kitzeln, er kicherte. Suzis Lachen verwandelte sich in lautes und heftiges Schluchzen.

Ich hörte es unten und erschrak. Ich sprang auf, stürzte die Treppe hinauf und kämpfte gegen die schrecklichen Vorstellungen von dem, was dort oben vielleicht passiert war, weswegen Suzi so weinte. Als ich das Zimmer betrat, hielt sie Raun auf dem Arm und ging mit ihm im Zimmer auf und ab. Sie strich ihm über den Kopf, sie rieb ihm den Rücken. Er war unglaublich lebhaft. Während ich noch schaute, begann er Suzis trauriges Gesicht nachzuahmen. Ich wußte, was passiert war. Raun war zu uns zurückgekommen. Unser kleiner Sohn war aus seinem dämmrigen Zwischenreich zurückgekehrt.

Wir nahmen ihn zu uns ins Schlafzimmer. Er war bester Laune. Sobald ich auf dem Bett saß, kam er zu mir, und versuchte mich an den Händen zu fassen. Ich lächelte ihm zu, zog ihn hoch und warf ihn in die Luft. Er begann zu lachen und sagte: »Mehr, mehr«.

Seine Worte waren Musik in unseren Ohren. Wir hatten uns fast damit abgefunden, sie nie mehr zu hören, sogar damit, daß er womöglich nie mehr sprechen würde. Seit einer Woche war dies die erste sprachliche Äußerung. Es war kaum zu glauben. Unfaßbar. Raun war der Durchbruch gelungen. Er hatte sich die Welt neu erschaffen und er hatte dies aus eigener Entscheidung getan, bewußter als je zuvor. Er war wieder bei uns. Er erlaubte, daß wir ihn kitzelten, er lachte. Er sprang auf und ab, während er mich an den Händen hielt. Und als ich auf meine Nase deutete, sagte er: »Nase«.

Als Suzi ihre Haare berührte und ihn fragte, wie das heiße, sagte er: »Haare«.

Und als einer der Hunde ins Zimmer kam, verkündete er: »Sascha«.

Er hatte diese Worte noch nie zuvor von sich aus benutzt. Er hatte sie oft gehört, er hatte sie nachgesprochen, wenn man sie ihm vorgesprochen hatte, aber von sich aus war er nicht darauf gekommen, sie anzuwenden. In der Küche wollte er etwas zu trinken und sagte laut und deutlich: »Wasser«.

Und als er das Glas ausgetrunken hatte, sagte er deutlich und klar: »Mehr«.

Wir waren verblüfft. Wir konnten seinen Forderungen gar nicht so schnell nachkommen, wie er sie stellte. Lässig deutete er auf Suzis Zigarette und sagte bedeutungsvoll ein weiteres neues Wort: »Heiß«.

Es war, als ob er sich kaum zurückhalten könne, alles, was er wußte, auszusprechen. Er beschränkte sich nicht auf die fünf Worte, die er während des letzten Monats gelernt hatte. Er wiederholte all die Worte die wir ihm während der letzten vierzehn Wochen so sorgfältig und immer und immer wieder gezeigt und gesagt hatten.

Als diese Woche um war, setzten Suzi und ich uns hin, um alles, was er während der letzten Tage gesprochen hatte, niederzuschreiben. Die Liste war erstaunlich. Rauns aktives Vokabular hatte sich in dieser einen Woche von bloßen sieben Worten auf die fast unglaubliche Zahl von 75 Worten erweitert.

Später am Morgen nahm Raun Suzi bei der Hand und sagte: »Komm«.

Und wohin führte er sie? Ins Wohnzimmer, um mit der Arbeit zu beginnen. Er ging zum Schrank und fragte klar nach einem Puzzle. Suzi reagierte sofort. Als sie eines herausnahm, bedeutete er ihr, daß er mehrere wolle – alle. Sie legte alle Puzzles, die wir hatten, auf den Boden. Er setzte sich direkt vor sie hin und wartete, daß sie beginnen würden. Aber bevor Suzi auch nur die Gelegenheit hatte, die Puzzles auseinanderzubrechen, griff er nach einem Stück, das eine Kuh darstellte und muhte laut und deutlich.

Raun sagte uns unüberhörbar, was geschehen war. Er wollte wieder arbeiten, wollte lernen, er wollte mit uns zusammensein, er wollte sprechen. In vieler Hinsicht war seine Energie und seine Begeisterungsfähigkeit gewachsen. Eine neue Kraft war zu spüren. Ein neues klares Bewußtsein dessen, was er wollte, und daß er mit uns zusammensein wollte.

Zehn

TAGEBUCH: Zwanzigste Woche – Volles Programm

Bemerkung:
Diese Woche war wie eine Berg- und Talfahrt. Einmal ist Raun überdurchschnittlich kooperativ und kontaktfreudig, dann wieder zieht er sich zurück und wird unberechenbar. Er wirkt oft irritiert und läßt sich leicht stören. Seine Launen wechseln häufig, ebenso die Art, wie er sich verhält.

Beobachtungen:
- Versucht häufig, Sprache zu benutzen
- Scheint die Arbeitssitzungen wirklich zu genießen und drängt immer sehr darauf, daß wir in das Zimmer gehen, in dem wir arbeiten, so daß wir beginnen können
- Hat damit begonnen, Fremden sein Arbeitszimmer, seine Puzzles und Spiele zu zeigen und mit ihnen zu spielen
- Benutzt jetzt von sich aus Sprache als Mittel, um seine Bedürfnisse auszudrücken. Er äußert die Worte verschieden klar. Einige Worte benützt er, um zu bekommen, was er möchte, andere, um Dinge zu benennen, nach denen man ihn fragt. Aktiver Wortschatz: Haare, Nase, Ohren, Augen, Zähne, Hals, Arm, Hand, Finger, Schuh, Bein, Kopf, Penis, komm, ja, raus, nein, mehr, Blume, Wasser, Flasche, Licht, heiß, hinaus, hinab, Stuhl, laß das, Kissen, Musik, Teppich, Ball, Krähe, Hund, Ente, Schweinchen, Lamm, Gans, Kuh, Huhn, Pferd, Junge, Pinguin, Wild, Katze, Hase, Esel, Wagen, Klo, Baby, Puppe, Trommel, Buch, Faß, Fisch, Uhr, Papa, Mama, Thea, Bryn, Maire,

Sascha, Nancy, klatsch in die Hände, Klavier, Tür, Bauch, hübsch, Saft, Bonnie, halt, Banane, geh, die Treppe hinauf
- Der passive Wortschatz ist wesentlich größer. Er kann ebenfalls komplexe Anweisungen befolgen, wie z. B.: »Hol bitte den Ball, Raun, und bring ihn Mama.«
- Fängt von sich aus an mit Familienmitgliedern zu spielen
- Zeigt stärkeres Interesse daran, ins Freie spazierenzugehen
- Interessiert sich für Autonummern und Buchstaben
- Ißt seit einer Woche mit einem Löffel
- Nimmt sich selbst die Puzzlespiele und spielt mit offensichtlichem Vergnügen damit
- Ist noch immer wie hypnotisiert von Musik
- Klettert auf einen Stuhl und reitet darauf
- Spielt Ringelreihen.

Zusätzliche Beobachtungen:
- Sabbert sehr viel. Die Zunge kommt aus dem Mund. Aber er zieht sie ein, wenn man es ihm sagt.

*

Was war geschehen? Was hatte das alles zu bedeuten? Raun hatte sich in sich selbst zurückgezogen und war wieder zu uns gekommen. Hatte er die ihm vertrauten Erfahrungen gesichtet und sie mit denen verglichen, die neu für ihn waren? Es war gleichgültig, wie schwierig und verwirrend das letzte halbe Jahr gewesen war, es war ein reiches und aufregendes halbes Jahr gewesen. Wir hatten Raun soweit gebracht, daß er sein Leben entdeckt hatte und an dem unseren teilnahm. Er wußte jetzt, daß er seine Eindrücke ordnen und verarbeiten konnte, daß er teilnehmen und hinter seiner Wand hervorkommen konnte.

*

TAGEBUCH: Zweiundzwanzigste Woche – Arbeitsplan unverändert

Bemerkung:

Raun arbeitet noch immer gut mit, allerdings nicht regelmäßig. Er ist jetzt zweiundzwanzig Monate alt und fängt an, Streiche zu machen. Er probiert aus, wie weit er gehen kann. Das macht er mit uns, mit Gleichaltrigen und Jüngeren, er übt seinen Willen. – Er ist sehr bereit, soziale Kontakte aufzunehmen, aber er möchte alles unter Kontrolle haben.

Wir Lehrer zeigen ihm, was er durch seine Teilnahme gewinnen kann, wie interessant und nützlich das alles für ihn ist. Wir haben die Imitationsübungen wieder verstärkt. Wenn er in die Hände klatscht, auf den Tisch klopft oder den Kopf schüttelt, und wir ihn nachahmen, ist er begeistert. Wenn wir aber selbst damit anfangen, müssen wir ihn auffordern, es uns nachzutun.

Beobachtungen:

- Die Neigung, das gleiche wieder und wieder zu tun, verstärkt sich
- Da er sich für Buchstaben (Autoschilder) interessiert, haben wir sie in unsere Übungen aufgenommen (Holzbuchstaben und magnetische Buchstaben); wir versuchen, ihm seinen Namen, der vier Buchstaben hat, beizubringen
- Wenn man ihn fragt, wer Wasser und Saft haben will, sagt er »ich« und bestärkt diese Aussage, indem er sich mit den Fäustchen auf die Brust klopft
- Er kann zwischen hart und weich unterscheiden, und den Unterschied klarmachen
- Er beginnt selbst seine Arbeitssitzungen
- Er hat ein größeres Fassungsvermögen, was das Lernen von Wörtern anbelangt. Er nimmt sie schneller auf
- Wir haben angefangen, ihn dazu zu bringen, sich selber auszuziehen
- Spielt intensiver und aktiver mit den Hunden

– Spielt aggressiver mit Bryn und Thea. Spielt ausgezeichnet mit Thea, die fast gleich alt ist.

*

Raun war jetzt zweiundzwanzig Monate alt und wir ließen, wie geplant, in einem der Krankenhäuser ein EEG machen. Wir wurden in die zuständige Abteilung geschleust und von fünf Fachärzten empfangen, von denen jeder für etwas anderes zuständig war. Zwei sollten das EEG durchführen. Ich bestand darauf, daß man mir, bevor ich die Einwilligung geben würde, genau erklären müsse, wie und wo die Prozedur vonstatten gehe. Ich wollte sicher sein, daß mit Raun nichts gemacht würde, was ihm Angst einjagen oder ihn gar zurückwerfen würde.

Einer der Techniker nahm mich mit in den Raum, in dem der Computer stand. Die eine Wand bestand aus einem Spiegel, durch den man von der Hinterseite hindurchsehen konnte. Wir konnten auf diese Weise Raun sehen und alles mit verfolgen. Sie hatten vor, das EEG zu machen, während er wach war. Nur wenn er zu lebhaft werden sollte, wollten sie ihm ein leichtes Sedativum geben. Sobald er bequem auf einem Bett lag, befestigte man zweiundzwanzig Elektroden an seinem Kopf. Jeweils eine an den Schläfen, eine mitten auf der Stirn, die restlichen verteilten sie auf seinem Kopf. Sieben Kurven sollten aufgenommen werden, eine für den Fall, daß durch zu starke Bewegung etwas unleserlich werden würde. Die Elektroden messen elektrische Ströme, die die Funktion der Hirnnervenzellen begleiten. Aus Brüchen oder Unregelmäßigkeiten kann auf ganz bestimmte Gehirnschäden geschlossen werden.

In dieser antiseptischen Umgebung war Raun hyperaktiv, was ganz ungewöhnlich war für ihn. Die Schwestern spielten mit ihm. Wir verließen den Raum, Raun fühlte sich wie zu Hause. Sie gaben ihm, über drei Stunden verteilt, winzige Dosen eines Sedativums, bis er schließlich einschlief. Nachdem alle Elektroden am Kopf befestigt waren und die ganze Maschinerie lief, wachte Raun für nur zehn Sekunden auf – lang genug, um sich umzusehen und alle Drähte von seinem Kopf zu entfernen. Sie begannen von neuem, sobald er wieder eingeschlafen war.

Das harmlose Sedativum bewirkte, daß Raun zwei Tage lang schwindelig und desorientiert war. Der Test ergab nichts – die üblichen Ergebnisse, nichts Auffälliges.

*

TAGEBUCH: Vierundzwanzigste Woche – unverändertes Programm

Beobachtungen:
- Macht mit, wenn wir ihm Spiele vorschlagen
- Wir setzten ihm vier neue Puzzles vor (jedes mit dreizehn Teilen) – er bewältigte sie schnell und leicht
- Das Sabbern geht zurück
- Fängt an, Worte miteinander zu verbinden, z. B. »Vielen Dank«, oder »Ich will«
- Lernt weiter Worte und spricht mehr
- Wenn er im Park ist, interessiert er sich zunehmend stärker für andere Kinder, vor allem für ruhigere Kinder. Geht voller Begeisterung auf sie zu, berührt sie, umarmt sie, kneift sie vorsichtig und liebevoll in die Backen
- Kann Farben unterscheiden – rot, weiß, blau, grün, gelb, schwarz, orange und violett – erkennt die Farbe und kann verschiedene gleichfarbige Dinge benennen
- Kann einen Turm bauen – aus circa sechs Klötzen
- Dreht ein sechsseitiges Steckspiel so lange, bis er die richtige Öffnung findet (das Spiel hat insgesamt dreißig verschiedene Öffnungen)
- Begrüßt und verabschiedet einen und winkt dabei
- Schiebt einen Stuhl durch ein ganzes Zimmer, um sich eine Tasse vom Schrank zu holen.

*

Die Woche darauf kündigte Nancy. Es traf uns völlig unvorbereitet. Sie hatte sich entschieden uns zu verlassen, um etwas anderes zu machen. Sie war sehr bedrückt und wirkte angespannt. Ihr Blick schweifte über den Boden und blieb schließlich an der Decke hängen. War sie ihrer Sache nicht ganz sicher? Vielleicht fühlte sie sich verpflichtet, weiterzumachen oder dachte, sie würde unglücklich sein, wenn sie jetzt damit aufhörte. Ihre Abschiedsworte klangen, als ob sie sie eingeübt hätte, als ob sie sie immer und immer wiederholt hätte, bis sie so klangen, wie sie es wünschte. Sie wollte mit uns befreundet bleiben, aber nicht mehr als Lehrerin mit Raun arbeiten. Nun fürchtete sie, daß sie dies eine Freundschaft kosten könne, die ihr die letzten fünf Jahre sehr viel wert gewesen war.

Ihre langen dunklen Haare verbargen ihr Gesicht teilweise, als sie die Arme vor der Brust kreuzte. Sie hatte sich entschlossen, aber ihre Stimme klang dünn und sie verkroch sich im Sessel. Wir sagten ihr, daß wir es O.K. fänden. Unsere Liebe und unsere Freundschaft galten ihr, nicht ihrer Teilnahme an dem Lernprogramm, das wir für Raun aufgestellt hatten. Sie würde immer ein Teil unserer Familie bleiben, sie würde immer teilhaben an Raun, und sein Vertrauen behalten. Solange sie es wollte, würde die Verbindung so bleiben, wie sie war. Als der Abend zu Ende ging, hatten wir alle Nancys Ankündigung, und was es für uns bedeutete, verdaut.

Als erstes überlegten wir, wie Raun es aufnehmen würde. Und obwohl wir wußten, daß Nancys Hingabe und ihre Fähigkeiten nicht leicht zu ersetzen sein würden, war die Sorge vorrangig, jemanden für sie zu finden und nicht, ihr nachzutrauern. Sie hatte schon einige Monate im Programm mitgearbeitet, und ihr Ausscheiden bedeutete, daß die Gruppe insgesamt umstrukturiert werden mußte.

Nach einigen Tagen, die von zahllosen Vorstellungsgesprächen ausgefüllt waren, hatten wir Louise gefunden, und begannen, sie auszubilden.

Raun reagierte sofort. Er spürte intuitiv, was los war und lehnte Louise ab. Er arbeitete auch nicht kontinuierlich mit ihr zusammen. Erst nach vielen Stunden des Zusammenseins klappte es besser. Er wehrte sich, sein Protest wurde stärker, als eine Erkältung hinzukam. Er redete wieder weniger, sporadischer. Das Schaukeln tauchte wieder auf, allerdings nur sehr wenig. Wir sprachen Louise Mut zu. Uns selbst auch. Wenn er unter dem Verlust von Nancy litt, mußten wir ihm helfen. Wir mußten offen und empfänglich für jeden Hinweis sein.

Während dieser Periode der Umgewöhnung entwickelte Raun eine Vorliebe für die Abfallkörbe in der Küche und im Bad.

Zwei Tage lang interessierte er sich für nichts anderes. Am dritten Tag gingen wir in einen Laden und kauften Eimer, so viele wir sahen. Große Eimer, kleine Eimer, Eimer in verschiedenen Formen und Farben. Insgesamt waren es zum Schluß fünfzehn. Er war überwältigt, begeistert. Er lachte und schrie durcheinander, als wir sie vor ihn hinstellten. Er sprang auf und ab und klatschte in die Hände. Überall Eimer! Zu großen Türmen aufgebaut, ordentlich ineinandergestapelt. Einen gelben Eimer setzte er sich als Hut auf, ein großer roter diente als Versteck. Der kleine blaue Eimer mußte immer mit Wasser gefüllt werden. Er war abgelenkt und beschäftigt. Nancy besuchte uns ab und zu. Raun hatte sich inzwischen vollständig daran gewöhnt, daß sie nicht mehr da war, aber er freute sich immer, sie zu sehen.

Raun war widerstandsfähiger, stärker und unabhängiger geworden. Ich hatte das Gefühl, daß wir es uns leisten konnten, einmal für kurze Zeit zu verreisen, und nachdem ich Suzi schon wochenlang damit unter Druck gesetzt hatte, gab sie schließlich nach und wir entschlossen uns, ein verlängertes Wochenende freizunehmen. Wir waren der Ansicht, daß Raun ziemlich selbständig war, daß er Veränderung ertragen und verarbeiten konnte.

Als wir uns endlich dazu durchgerungen hatten, trafen

wir gründliche Vorbereitungen. Für Bryn und Thea wurden ausführliche Pläne gemacht und Freunde eingeladen. Mein Bruder und seine Frau luden die beiden für einen Tag zu sich ein. Wunderbar!

Dann stellte Suzi Rauns Arbeitsplan auf, genauso wie immer, mit der einzigen Ausnahme, daß sie nicht da sein würde. Louise sollte weitermachen wie bisher. Nancy würde ihr helfen. Zusätzlich würde Victoria einspringen. Während der letzten Monate war Vic sehr viel mit uns zusammen gewesen, und war sehr vertraut geworden mit dem Programm. Obwohl es an einem früheren Zeitpunkt im Sommer Schwierigkeiten gegeben hatte, glaubte sie, daß sie inzwischen sehr viel gelernt hatte und es wesentlich besser anwenden könne. Wir beschlossen, daß Vic Suzi morgens ersetzen könne. Sechs Leute waren nun für die drei Kinder da. Wir reisten ab mit dem Gefühl, daß eigentlich nichts schiefgehen könne. Trotzdem war es ein Wagnis.

Am nächsten Morgen traf Vikki ein und hatte den Eindruck, daß Raun kommunikativer war und mehr sprach als je zuvor. Alles ging glatt. Er arbeitete gut mit und zeigte ihr, daß er sie mochte. Die Zeit verging wie im Flug, während die beiden mit den Spielen und dem verschiedenen Spielmaterial arbeiteten. Nancy und Maire übernahmen am Nachmittag und am Abend. Aber irgend etwas veränderte sich langsam im Lauf des Tages. Ein paarmal rief er nach uns. Obwohl nur ein halber Tag vergangen war, war dies die längste zusammenhängende Zeit, die er von Suzi getrennt war, seit wir das Programm gestartet hatten. Seine Miene verfinsterte sich; seine Begeisterung vom Morgen wich einer gewissen Trägheit.

Obwohl er sich leicht in sich zurückgezogen hatte, bemerkten alle, daß er an ihnen klebte. Er klammerte sich an der Hand an, preßte sich an die Beine. Er suchte in einer ganz neuen Weise Körperkontakt. Aber trotz oder vielleicht durch diese Anstrengung verlor er sein inneres Gleichgewicht.

»Kann ich dir helfen Raun? Möchtest du irgend etwas?«

Alle trösteten ihn. Aber es kam keine Reaktion. Er fiel tiefer hinein in sein eigenes Inneres, in seine Gefühle und Gedanken, wie in einen Brunnen. Sogar Bryn und Thea bemerkten die Veränderung und versuchten sie zu verhindern. Bryn schlug vor, daß Maire uns anrufe, da sie annahm, daß Raun darüber traurig war, daß wir weg waren. Sie machten sich Sorgen und die melancholische Stimmung verstärkte sich.

Am nächsten Morgen kam Vikki wieder und holte Raun herunter. Wieder war er lebhaft, enthusiastisch. Es ging ihm entschieden besser, seine brütende Trägheit war weg. Bevor sie das Wohnzimmer erreicht hatten, blieb er wie angewurzelt vor den Fotografien stehen, die von Suzi und mir an der Wand hingen. Er schlich sich vorsichtig an sie heran, wie ein Jäger an sein Wild. Er überlegte. Dann schrie er in einem einzigen Ausbruch von Aufregung und Freude »Papa!« und deutete auf das Bild.

Er wiederholte es wieder und wieder, aber seine Stimme wurde dabei immer leiser und sein Gesicht verfinsterte sich. Immer und immer wieder rief er nach mir, auf dem Foto war ich doch da. Aber ich antwortete nicht, sein Rufen prallte an dem glatten Glas ab. Es wurde ihm klar, daß er mich verloren hatte. Er war verwirrt, vielleicht hatte er sogar Angst. Schnell drehte er sich zu dem anderen Foto um. Mit der gleichen Begeisterung rief er »Mama! Mama! Mama!«.

Wie zuvor schon wurde sein Rufen immer schwächer, bis es ihm schließlich auf den Lippen erstarb. Immer wieder versuchte er es, er wollte nicht aufgeben. Er ging ganz nahe an das Foto heran, berührte mit seinen kleinen Händen Suzis Nase, strich über ihr Gesicht, streichelte ihre Haare. Er versuchte, diese eindimensionale Welt zu verstehen, versuchte voller Liebe Suzi in ihr zu erreichen. Er zog seine Hand zurück und starrte sie an. Er fühlte sich betrogen. Dann konzentrierte er sich auf Suzis Augen, als ob er versuchte, sie zurückzubringen. Schließlich ließ er schwer die Arme sinken und starrte vor sich hin. Einige Minuten stand er so schweigend, dann wandte er sich zu Vikki um und sagte: »Puzzle, Bikki. Komm. Ich will Puzzle spielen.«

Vikki lächelte ihn voll Wärme an, nahm ihn an der Hand und streichelte ihn. Sie war da.

Raun suchte nicht nur nach seinen Eltern, es war mehr. Er suchte nach sich selbst.

Die Arbeitssitzung begann. Obwohl er mitarbeitete, war er ohne Leben und wirkte zerstreut. Sobald er irgendwo im Haus ein Geräusch hörte, ließ er alles liegen und lauschte angestrengt. Dann fragte er, wie zu sich selbst sprechend: »Mama? Mama?«

Vikki redete mit ihm, während er zur Tür starrte: »Mama ist weggegangen, aber sie kommt zurück. Sie ist nur für ein paar Tage weg. Mama und Papa kommen bald zurück.«

Raun schaute sie an und fragte: »Mama?«

War es eine Frage oder eine Feststellung? Vielleicht war es eine Beschwörung. Es verfolgte ihn. Er heftete seine Aufmerksamkeit auf die beiden Menschen, die er vermißte. Er war auf sie fixiert, er suchte sie. Dann machte er den Mund zu, wie Suzi es ihn gelehrt hatte und begann zu summen. Er schaukelte hin und her, er schien sich damit zu trösten, aber etwas bereitete sich vor. Wie ein Tonband, das zurückspult, fing Raun an, all die Lieder zu singen, die Suzi ihn gelehrt hatte. Eins nach dem anderen, ohne Pause. In diesen freundlichen, vertrauten Liedern suchte er Suzi, suchte er Trost.

Vikki sang mit ihm. Aber sie bemerkte, daß er wegglitt mit jeder Stunde, die verging. Aber diesmal war es anders. Er zog sich eindeutig nicht in sein autistisches Verhalten zurück. Nancy und Maire waren noch aufgeregter über Rauns eigenartiges Verhalten. Vikki war sehr durcheinander, aber sie versuchte mit allen Mitteln, Kontakt zu Raun zu halten.

Abends war er stärker deprimiert, versuchte aber trotzdem an allem teilzunehmen. Allerdings ohne jegliches Engagement.

Am folgenden Morgen war Raun noch zerrissener. Allerdings glich nichts in seinem Verhalten dem, was wir früher mit ihm erlebt hatten. Er zog sich nicht in sich selbst zurück, er kommunizierte weiter. Er schien wütend zu sein. Nach dem Frühstück begannen Vikki und Raun zu arbeiten. Er machte kurz mit, dann hörte er plötzlich auf. Es war, als wenn er eine Tür in sich zugeschlagen und eine andere geöffnet hätte. Er schaute Victoria direkt an, voller Trotz. Er schien nachzudenken, so schnell und so konsequent er konnte.

Dann gab es einen Ruck: Raun veränderte sich blitzartig.

Er griff nach einem der Puzzlespiele und warf es an die Wand. Er beobachtete, wie es in viele Stücke auseinanderbrach. Wie ein Feuerwerk. Er brach die Puzzles auseinander und warf die einzelnen Stücke in die Luft. Vikki lächelte ihm zu und streckte ihre Hand aus. Sie bekam keine Antwort. Er warf einen Stuhl um. Er rannte zum Schreibtisch und fegte alles von der Platte, was darauf lag.

»Was willst du, Raun? Sag es Vikki. Vikki hilft dir.«

Er antwortete, indem er noch mehr umstieß und mit noch mehr Dingen um sich warf. Er sabberte etwas und fing ein wenig an zu starren. Dann warf er noch einige Möbelstücke um, wie ein kleiner Stier, der um sein Leben kämpft. Während er die Sachen umwarf, schrie er ihre Namen.

»Stuhl!«

»Buch!«

»Bauklotz!«

»Tisch!«

Vikki überlegte wie rasend, was sie tun könne. Sie mußte sofort etwas unternehmen. Sie dachte nach, so schnell, so angestrengt sie konnte, sie ging alles durch, was sie inzwischen wußte, sie suchte irgendeinen Ausweg. Sie erinnerte sich an die vielen Gespräche mit Suzi und mit mir. Wieder und wieder hatten wir beschrieben, wie wir Kontakt aufnahmen – durch intensivsten Einsatz, ohne Mißbilligung, ohne Erwartungen. Sie erinnerte sich an die Anfangsphase im

Sommer. Liebe, Vorurteilsfreiheit: Nur so wollten wir ihn ansprechen.

Er sollte so sein können, wie er sein wollte. Blitzartig zogen Bilder an Vikkis innerem Auge vorbei: Suzi, wie sie endlose Stunden lang ohne nennenswerten Erfolg versucht hatte, Kontakt zu Raun aufzunehmen. Suzis Worte klangen ihr noch im Ohr: »Er spürt es, ob du ehrlich oder unehrlich bist«, hatte sie immer wieder gesagt. »Wir vermitteln unsere inneren Einstellungen, wir strömen sie aus wie den Geruch unseres Körpers, durch den Ton unserer Stimme, unsere Körpersprache, unsere Gesten, die Bewegung unserer Augen, unseren Gesichtsausdruck. Wenn ich Raun nachahme, spiele ich nicht nur mit ihm, ich bin ehrlich engagiert. Es bedeutet mir etwas. Ich will, daß er weiß, daß ich ihn liebe, daß er in Ordnung ist, daß ich an ihn glaube. Wenn ich deshalb hin- und herschaukle, nehme ich genauso stark daran Anteil wie er. Ich bin für ihn da, aber es macht mir auch selbst Spaß – und er weiß das.«

Die Worte klangen ihr im Gedächtnis nach. Es war eine Möglichkeit. Vikki sprang auf und warf alle Möbel in Reichweite um, dann ging sie dazu über, alles umzuwerfen. Raun sah ihr einige Sekunden sprachlos zu. Er überlegte, wie er sich verhalten solle. Dann machte er mit. Da sie schneller war als er, ging er plötzlich auf sie zu, schob sie weg und sagte: »Geh weg! Geh weg!«

Sie wehrte sich nicht dagegen, ließ sich wegschieben, ging zu einem anderen Stuhl und warf ihn um. Mehr und mehr steigerte sie sich in eine Art wütende Energie hinein.

Zuletzt verließ sie den Raum, und warf Dinge durch das ganze Haus. Raun rannte neben ihr her und warf alles zur Seite, was ihm in den Weg kam. Zwei geniale Menschen tobten hier in einer bizarren Pantomime ihren Ärger und ihre Liebe aus. Rauns Intensität steigerte sich, er atmete schwerer, Schweiß lief ihm über das Gesicht. Das war nicht nur ein Wutausbruch – es war eine Art Erklärung.

Ab und zu hörte er mit all der frenetischen Aktivität auf,

ging zu Vikki hinüber und umarmte sie. Dann schob er sie wieder weg und machte weiter. Das dauerte zwei Stunden. Schließlich war Raun erschöpft, er kam zu Vikki und legte seinen Kopf in ihren Schoß. Auch sie war noch ganz außer Atem, während sie ihn küßte und streichelte. Dann fragte sie ihn, ob er weiterarbeiten wolle. Er richtete sich auf, nahm ihre Hand und sagte sehr bestimmt: »Komm!«

Raun setzte sich ihr gegenüber. Er rieb sich die Augen, während er seine Puzzles machte und seine Bücher durchschaute. Von Zeit zu Zeit lächelte er sie an, wenn sie mit ihm sprach. Nach etwa einer halben Stunde stand er auf und kam zu ihr herüber. Er lehnte sich gegen sie und legte seinen Kopf an ihre Schulter. So stand er für Minuten.

Als Nancy ihn an diesem Abend ins Bett bringen wollte, fing er an zu schreien. Sie holte ihn wieder herunter, ließ ihn herumlaufen und wartete, daß er müde würde. Er versuchte sich mit aller Kraft wachzuhalten. Vielleicht hatte er Angst, daß sie ebenso verschwinden würde wie wir. Dann übermannte ihn seine Erschöpfung aber doch. Er schwankte wie betrunken. Schließlich gab er nach, legte seinen Kopf in Nancys Schoß und schlief so, noch im Stehen, ein. Es war ein Bild wie von Renoir, in erdhaften Tönen, sanft und rund: ein kleiner Junge, der versuchte, das Beste aus der Situation zu machen. Bleib bei mir, schien er zu sagen. Hab mich lieb, hilf mir, daß ich hierbleiben kann.

Als Suzi und ich am nächsten Tag spät abends zurückkamen, schlief Raun schon. Nancy und Maire waren erschöpft. Sie redeten, als ob sie durch eine Mühle gedreht worden wären. Beide waren besorgt, und irgendwie schienen sie nicht zu begreifen, daß etwas ganz Dramatisches und Phantastisches passiert war. Wir fingen vor Aufregung an zu lachen, als sie uns alles erzählten. Maire drohte empört, daß sie sofort gehen werde, wenn wir nicht damit aufhören würden. Dann begann eine lange und intensive Diskussion, die drei Stunden dauerte. Nachdem ich ihnen erklärt hatte, wie wir die Dinge sahen, konnten wir uns endlich alle über die Ergebnisse, die dieses besondere Wochenende gebracht hatte, freuen.

Es war für uns alle ein Experiment gewesen, aber Raun hatte am meisten daraus gelernt. Entgegen allem, was wir in den einschlägigen Werken gelesen hatten, und entgegen allem, was wir selbst an Erfahrungen mit ihm gemacht hatten, hatte Raun das gänzlich Unerwartete getan: er hatte sich für die Menschen um ihn herum und nicht für seine autistischen Symptome, für den Kontakt mit Menschen und gegen seine selbststimulierende Isolation entschieden. Er hatte seinen Ärger gezeigt und nicht für ein Ziel kapituliert, das vielleicht leichter erreichbar gewesen wäre. Er hatte es gewagt, auf seinen Bedürfnissen zu bestehen und sie wieder und wieder zu äußern. An diesem Wochenende hatte er einen waghalsigen Schritt nach vorne getan. Er hatte sich für seine Familie und für menschlichen Kontakt entschieden – und das, obwohl er unter starkem Druck stand und sehr verwirrt war.

Am Morgen, als er uns sah, freute sich Raun furchtbar. Wir gingen beide zu ihm ins Zimmer, um ihn aus seinem Bettchen zu holen. »Mama. Mama. Papa.«

Er strahlte über das ganze Gesicht und wiederholte unsere Namen immer und immer wieder. Er zeigte uns seinen Stoffhund und sein Tierbuch, die er bei sich im Bett hatte. Er war ganz aufgeregt und sehr glücklich.

Raun sah Suzi an und sagte: »Schmusen. Schmusen.«

Sie nahm ihn in die Arme und streichelte ihn. Seine Hände hatte er fest um ihren Hals gelegt. So blieben sie eine Zeit zusammen, hatten sich lieb und genossen es. Nach einiger Zeit löste sich Suzi von ihm. Er strahlte noch immer, wandte sich mir zu und forderte nochmals: »Schmusen, Schmusen, Papa.«

Ich nahm ihn auf den Arm und drückte ihn fest an mich, sein Kopf lag an meiner Schulter. Er hielt mich fest um die Schulter gepackt. Die Liebe zu diesem kleinen Jungen brachte das Beste in mir zum Leben.

Ich nahm ihn Huckepack und ging mit ihm nach unten. Er lief zu Suzi, sie sollte ihn ins Arbeitszimmer bringen, sogar noch vor dem Frühstück. Er wollte seine Spiele spielen, sie waren ihm vertraut, er liebte sie, er lernte soviel von ihnen.

Vikki wurde in der folgenden Zeit ganz formell als Lehrerin in das Programm eingeführt. Zusätzlich bildeten wir noch zwei junge Leute aus. Führten sie ein in die Art und Weise, wie wir die Dinge sahen, erforschten ihre Einstellung, halfen ihnen, ihre eigenen Überzeugungen zu erforschen und lehrten sie unsere Methode. Es ging uns sehr gut.

Wir waren alle voll Energie. Sehr engagiert. In den Arbeitssitzungen wurde wieder das volle Programm durchgeführt. Raun machte seine Puzzles mit wachsender Geschwindigkeit. Er erkannte Dinge und Farben schnell und mit Begeisterung. Er fing an, sich für Puppen zu interessieren und spielte sogar von sich aus mit einer Stoffpuppe. Oft klatschte er sich selbst begeistert Beifall, wenn er eine Übung beendet hatte. Sein Bedürfnis nach Körperkontakt und körperlichen Spielen wurde täglich stärker. Huckepack, auf und ab springen, kitzeln, auf dem Bett toben – er konnte nicht genug davon bekommen. Seine Fähigkeit zu sprechen, neue Wörter zu lernen, kleine Sätze zu bilden, nahmen zu.

Weil ein Freund es uns sehr empfohlen hatte, beschlossen wir noch einmal mit einer Institution Kontakt aufzunehmen. Obwohl wir alles, was wir entwickelt und erreicht hatten, unserer eigenen Findigkeit, unserer eigenen Kreativität und Energie zu verdanken hatten, wollten wir doch allem gegenüber offen bleiben. Vielleicht gab es jemanden, der uns einen noch neuen Weg zeigen konnte. Wir würden jeden Menschen aufsuchen, überall, wenn wir überzeugt wären, daß er uns und unserem Sohn helfen könnte. Aber bis heute haben wir niemanden gefunden, was wir tun, tun wir auf absolutem Neuland.

Wir besuchten eine weitere Spezialschule. Sie war speziell für Kinder mit Lernschwierigkeiten, mit Verhaltensstörungen, mit emotionalen Störungen gedacht. Sie war gut ausgerüstet, sie hatten viele Therapeuten, die engagiert wirkten, die ganze Schule machte einen tüchtigen Eindruck. Raun reagierte kaum, als er an einer der Klassen teilnahm. Suzi und mir ging es ähnlich. Die Kinder wurden zu den verschiedenen Aktivitäten gedrängt und gezogen. Sie wurden irgendwohin dirigiert. Eines der Kinder, das bei einer der Übungen nicht mitmachen wollte, wurde mit Gewalt in seinem Stuhl festgehalten. Viele der Kinder waren in der angespannten und hektischen Atmosphäre ganz verloren. Vielleicht tat man an dieser Schule das, was man unter diesen Umständen bestenfalls tun konnte. Aber die Chance, ein verlorenes Leben zu retten schien gering, sie bestand eigentlich nicht.

Wieder waren wir auf uns selbst verwiesen worden. Es gab kein Lernprogramm, das intensiver, individueller und besser geeignet war als das, das wir entwickelt hatten.

Bis jetzt gab es keine Institution, die auf dem Grundsatz basierte: »Jemanden zu lieben, heißt, glücklich mit ihm zu sein.«

Epilog

Dreißig Wochen waren vergangen, seit wir unser Programm gestartet hatten. Raun war zwei Jahre alt. Er entwickelte sich weiterhin rapide. Immer noch arbeiteten wir fünfundsiebzig Stunden in der Woche mit ihm. Wir schauten und hörten ihm zu, wie er es lernte, die Sprache zu benutzen und sich verständlich zu machen. Wie er aus der Enge seiner Begrenzungen ausbrach. Er hatte sich Wege neu geschaffen, hatte sich Kanäle aufgesprengt, jetzt wandte er sich der Welt zu. Diese letzten sieben Monate hatten Fortschritte gebracht, zu denen ein anderer vielleicht ein Leben braucht.

Zwei Jahre war er jetzt alt. Wir beschlossen, ihn noch einmal gründlich in demselben Krankenhaus untersuchen zu lassen, das ihn vor vier Monaten untersucht hatte, als er zwanzig Monate alt war. Wieder befanden wir uns im gleichen Raum, zusammen mit den gleichen Leuten.

In der Empfangshalle war Raun lebendig, artikulierte und rannte herum. Während wir darauf warteten, einen Termin zu bekommen, erkannte uns eine Frau aus dem Team, die Raun damals untersucht hatte. Sie kam herüber, um uns zu begrüßen. Als sie Raun erblickte, wurde sie ganz starr vor Erstaunen. Sie starrte ihn mit weit aufgerissenen Augen und offenem Mund an. Raun ging von dem Sofa zum Stuhl, dann zur Lampe. Während er von einem zum anderen ging, benannte er alles, was er sah.

»Das ist doch nicht möglich!« rief die Frau. »Das kann doch nicht das gleiche Kind sein, das sie vor vier Monaten hier untersuchen ließen! So etwas gibt es doch gar nicht! Das ist ja fantastisch!«

Sie führte uns wieder durch die langen Korridore, durch die rechtwinkligen Kurven, an dem monotonen Einerlei der Wände vorbei. Wir kannten es alles schon. Die Strenge dieser Welt wurde nur durch die Fenster unterbrochen, die etwas Sonne hereinließen und durch die man einen Ausblick auf einige Bäume hatte. Raun rannte voraus, es sah fast so aus, als ob er sich auf die Untersuchung freue, als ob er es kaum erwarten könne. Wir betraten den Raum und begrüßten die Mitglieder des Teams, die wir ja schon kannten. Raun schaute jeden an und begrüßte einen der Ärzte, der ihn ebenfalls begrüßt hatte. Sie schauten sich gegenseitig an, sie hatten alles erwartet, nur das nicht, und was sie sahen, verwirrte sie sichtlich.

Sie waren ganz aufgeregt, sie kannten sich gar nicht mehr aus. War dies dasselbe Kind?

Sehr aktiv, aber vollkommen beherrscht, fuhr Raun fort, seine erstaunliche Aufnahmefähigkeit und sein ganzes Wissen unter Beweis zu stellen – ohne daß jemand es von ihm verlangte. Er ging zum Sofa hinüber und sagte: »Sofa, gelbes Sofa.«

Dann ging er zu einem der Stühle, zeigte darauf und sagte: »Stuhl. Blau.«

Dann flitzte er zu den anderen Stühlen und rief:

»Stuhl. Roter Stuhl. Blau. Gelber Stuhl.«

Plötzlich hielt er inne, so als ob er sehen wolle, wie seine Umgebung auf ihn reagierte. Er überflog die Gesichter, versuchte den Ausdruck der Gesichter zu entziffern. Dann zeigte er auf den Leuchtkörper an der Decke und sagte: »Licht.«

Seiner Sache sicher, zeigte er auf den Fußboden und sagte: »Fußboden«.

Und so ging es weiter und das Team schaute ihm zu und machte große Augen. Sogar ich war beeindruckt von der Energie, die er da entfaltete und von der Zielgerichtetheit.

Er schien genau zu wissen, warum er hier war, obwohl das eigentlich ganz unmöglich war.

Einer der Ärzte, der bei der Untersuchung vor vier Monaten keine besonderen Gefühle gezeigt hatte, nahm ihn auf den Schoß und sagte mit großer Wärme: »Hallo, Raun, du bist ja ein ganz toller, kleiner Junge.«

Dann stellte er ihn wieder auf den Boden, wie wenn er Angst hätte, daß ihm seine Vorurteilsfreiheit und seine Objektivität abhanden kommen könnten. Er schlug vor, daß man mit der Untersuchung beginnen solle.

Sie untersuchten Raun drei Stunden lang. Wieder wurde er einem Gesell-Test unterworfen. Dann saßen wir dem Chefarzt und seinen Assistenzärzten gegenüber. Sie eröffneten uns, daß sie erwartet hatten, daß wir im besten Fall mit einem Kind zur Untersuchung kommen würden, das motorisch auf dem Stand von einem Jahr sein würde, dazuhin geistig zurückgeblieben und von der Außenwelt abgeschnitten. Nur vier Monate früher war das so gewesen: Raun war – was Sprache und Sozialisation anbelangte – im Alter von zwanzig Monaten ungefähr auf dem Entwicklungsstand eines acht Monate alten Kindes.

Jetzt zeigten die Tests, daß er im Alter von vierundzwanzig Monaten normal entwickelt war, und zwar auf allen Gebieten. Ja, er lag sogar über dem Durchschnitt! In fast der Hälfte der Testaufgaben waren seine Werte die eines dreißig ja sogar sechsunddreißig Monate alten Kindes. In vier Monaten hatten wir eine schier unglaubliche Entwicklung in die Wege geleitet, Raun hatte die Entwicklung von sechzehn Monaten, ja sechsundzwanzig Monaten geleistet. Der in sich gekehrte, unerreichbare kleine Junge war nun ausdrucksfähig und wie es schien, sehr intelligent.

Die Ärzte waren sehr beeindruckt, aufs äußerste erstaunt. Was Raun gelungen war, rüttelte an ihrer beruflichen Erfahrung. Sie sagten, daß sie bis jetzt gedacht hatten, daß dergleichen eigentlich nicht möglich sei.

Der Chefarzt wog das Resultat, unsere Einstellung,

unsere sehr deutlich geäußerten Überzeugungen, daß immer alles möglich sei, gegeneinander ab. Er und das Ärzteteam schlugen uns vor, mit ihnen zusammen ein Programm für autistische Kinder zu entwickeln. Das war schön, wir wollten es uns bestimmt überlegen. Vielleicht konnte es schon bald Wirklichkeit werden.

Das Treffen endete mit einer ironischen Wendung. Der Chefarzt, der bei der ersten Untersuchung der Meinung gewesen war, daß wir das Programm kürzen sollten, weil Raun sowieso nicht entwicklungsfähig sei, schlug uns jetzt vor, es zu verkürzen, weil er überzeugt war, daß Raun sehr gut entwickelt, ja sogar außerordentlich intelligent sei. War es möglich! Hatten sie nicht begriffen?

Raun arbeitete für das gleiche Ergebnis ungefähr doppelt so hart wie andere Kinder. Er hatte immer noch damit zu tun, den Schaden zu reparieren, der ihm irgendwann zugefügt worden war, mit seinen Eindrücken zu experimentieren und seine Denkfunktionen zu entwickeln. Er war noch immer leicht aus dem Gleichgewicht zu bringen und verletzbar. Wir wußten, daß eine ernsthafte Erkältung, ein Unfall, eine Belastung, eine unvorhergesehene und unkontrollierte Fülle von Sinneseindrücken ihn zu einem Rückzug verleiten konnte und daß jeder Rückzug immer noch endgültig sein konnte. Aber das einzige, was wirklich zählte, war das Wunder, daß es überhaupt zu einer solchen Entwicklung gekommen war, war das Hier und Jetzt.

Die Geschichte von Raun ist nicht zu Ende. Sie beginnt jetzt, da er selbst zu blühen beginnt, da er lächelt, da er spricht, da er seine Gefühle zeigt. Eine bestimmte Eigenart ist aus seinem Verhalten nicht verschwunden. Die autistischen Symptome sind in den Hintergrund getreten, aber ganz verschwunden sind sie nicht.

Er hat das beibehalten, was er beibehalten wollte. Das war es, seine Reise in unsere Welt.

*

Als wir da mit Raun in der Wartehalle des Krankenhauses saßen und warteten, geschah etwas Sonderbares. Suzi saß auf dem Sofa und sah Raun zu. Ich war in Gedanken versunken, starrte auf die Mauer gegenüber und suchte nach Antworten auf meine tausend Fragen. Ein kleines Mädchen und ihre Mutter gingen an uns vorbei. Plötzlich riß sich das Kind von ihrer Mutter los und lief direkt auf Suzi zu, die sie in ihren Armen auffing. Ihre Augen waren graublau und messerscharf. Suzi streichelte sanft ihr Gesicht und redete leise mit ihr. Das Kind schaute Suzi nur in die Augen und berührte mit seinem Kopf Suzis Kopf. Es sah aus, als ob sich zwei alte Freunde begrüßten. Die Mutter kam, nahm das Kind bei der Hand und zog es, ohne ein Wort zu sagen, zur Tür. Das kleine Mädchen drehte sich noch die ganze Zeit nach Suzi um.

Später erkundigten wir uns nach dem Kind. Man sagte uns, daß es autistisch sei, ein Kind, bei dem jede Behandlung bis jetzt ergebnislos verlaufen sei, weil es nicht das geringste Interesse an Menschen zeige. Wie eigenartig.

Wie kurzsichtig doch die Leute waren. Vielleicht hatte das kleine Mädchen etwas in uns erkannt. Vielleicht muß man nicht mehr miteinander reden, wenn eine bestimmte Einstellung zum Teil der eigenen Person geworden ist.

Kleines trauriges Mädchen mit den graublauen Augen. Raun Kahlil. Es gibt keinen Platz für sie. Sie sind so jung und so verletzlich. Man behandelt sie als statistische Masse. Man schiebt sie herum, man zerrt sie irgendwohin, statt daß man sich von ihnen leiten läßt. Es bricht einem das Herz. Diese lebenslängliche Verwahrung. Das viele Geld, das man dafür ausgibt. All die Energie, die vergeudet wird. Raun hat es vielleicht überstanden, für ihn steht die Welt offen. Aber auch andere Kinder könnten daran teilhaben, wenn man früh genug erkennen würde, was mit ihnen los ist. Früh genug: ehe noch ihre Verwundbarkeit und ihre Unfähigkeit eine emotionale Wand um sie herum aufrichtet, hinter der sie kaum mehr erreicht werden können.

Autismus könnte uns zum Baum der Erkenntnis und des Lebens werden, denn er ist eines der unfaßbaren hybriden Gewächse, die nur beim Menschen vorkommen. Es ist möglich, diese kleinen, so besonderen Menschen zu erreichen. Die Freuden dieser Welt können in ihre Abgeschlossenheit dringen. Vielleicht kann dies auch für uns heißen, daß wir neu beginnen können. Raun Kahlil wird für uns alle zum Anstoß, zum Lehrer.

Jeder von uns hat etwas Besonderes in sich, das für andere ein Geschenk sein kann.

Ein neuer Tag beginnt.

Epilog II

Inzwischen sind noch einmal sechs Monate vergangen. Die Zeit ist wie im Fluge verstrichen, noch immer arbeiten wir wöchentlich fünfundsiebzig Stunden mit Raun.

Raun Kahlil ist jetzt zweieinhalb Jahre alt und entwickelt sich weiterhin großartig. Er ist liebevoll, glücklich, kreativ und kommunikativ. Jeden Tag geht eine neue Sonne auf. Raun liebt das Leben und das Leben liebt ihn.

Er genießt es noch immer sehr, mit Menschen zusammenzusein. Er spricht in Sätzen, die bis zu vierzehn Wörter beinhalten. Er erfindet Fantasiegestalten und beherrscht Rollenspiele, indem er die Stimmen und einzelne Züge der Persönlichkeit seiner Lehrer nachahmt. Musik ist noch immer ein Zauberreich für ihn. Da unser Haus von Musik erfüllt ist, spielt Raun die Melodien, die er hört, auf dem Klavier nach. Er hat bereits zwei Lieder komponiert – mit Text und Melodie. Er kennt Zahlen, er kann zählen, er kann addieren und subtrahieren. Er kann sehr gut mit Buchstaben umgehen und kann über fünfzig Wörter buchstabieren.

Rauns Energie wird nur noch durch sein Glück übertroffen. Seine Neugier, seine Freude, seine Weisheit und die Ruhe, die von ihm ausstrahlt, haben uns alle berührt und uns weitergebracht, an Orte, an denen wir schon längst sein wollten. Für jeden von uns war Raun die Tür zu sich selbst, zum Wesentlichsten in jedem von uns und zu dem, was wir füreinander sein können.

Diese Woche verkündete Maire, daß sie unser Programm verlassen und studieren wolle. Ihre Tränen waren ein Symbol dafür, wie sehr sie mit uns verbunden war. Während sie Raun zusah, der mit seinen Bauklötzen eine kleine Stadt baute, sagte sie zu uns, und es klang, als ob sie zu sich selbst sprechen würde: »Ich kann mich gar nicht an den Gedanken gewöhnen, daß ich ihn verlasse, er hat mir so viel gegeben, ich habe so viel von ihm und von euch gelernt. Ihr seid in meinem Leben so wichtig geworden. Ich habe mich so verändert durch eure Liebe. Aber irgendwie habe ich das Gefühl, daß es ganz in Ordnung ist, daß ich euch jetzt verlasse. Raun schafft es. Er ist selbständig geworden.«

Anhang

Für den Leser dieses Buches ist es vermutlich interessant zu erfahren, daß Raun Kahlil, der inzwischen sieben Jahre alt ist, eine normale Schule besuchen kann.

Bibliographie*

autismus, Zeitschrift des Bundesverbandes »Hilfe für das autistische Kind e.V.«

Bartak, L., & Rutter, M.: The use of personal pronouns by autistic children, *Journal of Autism and Childhood Schizophrenia,* 1974, 4, S. 217–222.

Bartak, L., Rutter, M., & Cox, A.: A comparative study of infantile autism and specific developmental language disorders: I. The Children, *British Journal of Psychiatry,* 1975, 126, S. 127–145.

Bettelheim, B.: *The Informed Heart,* New York, The Free Press 1960

–: *The Empty Fortress,* New York, The Free Press 1967

Blarck, M., Freeman, B. J., & Montgomery, J.: Systematic observation of play behavior in autistic children, *Journal of Autism and Childhood Schizophrenia,* 1975, 5, S. 363–371.

Bosch, G.: *Infantile Autism,* New York, Springer-Verlag 1970.

Campbell, M., Friedman, E., Debito, E., Greenspan, L., & Collins, P. J.: Blood serotonin in psychotic and brain damaged children, *Journal of Autism and Childhood Schizophrenia,* 1974, 4, S. 33–41.

Churchill, D. W.: Psychotic children and behavior modification, *American Journal of Psychiatry,* 1969, 125, S. 1585–1590.

Cox, A., Rutter, M., Newman, S., & Bartak, L.: A comparative study of infantile autism and specific developmental language disorders: II. Parental characteristics, *British Journal of Psychiatry,* 1975, 126, S. 146–159.

Cowan, P. A., Hoddinott, B. A., & Wright, B. A.: Compliance and resistance in the conditioning of autistic children. An exploratory study, *Child Development,* 1965, 36, S. 913–923.

Creak, M., & Ini, S.: Families of psychotic children, *Journal of Child Psychology and Psychiatry,* 1960, 1, S. 157–175.

---

*Diese Bibliographie erhebt keinen Anspruch auf Vollständigkeit. Sie möchte lediglich, wie auch die Anschriften und die Liste der Einrichtungen, eine Orientierung ermöglichen. Ich möchte an dieser Stelle Frau Helen Blohm, der Vorsitzenden des Bundesverbandes »Hilfe für das autistische Kind e.V.« danken, die das Adressenmaterial zur Verfügung stellte. (Ursula Locke)

Davison, G. C.: A social learning therapy programm with an autistic child, *Behaviour Research and Therapy*, 1964, 2, S. 146–159. (b)

Delacato, Carl H.: *Neurological organization and reading*, Springfield, Ill., Thomas 1966

–: *A new start for the child with reading problems; a manual for parents*, New York, McKay 1970.

De Myer, M.: The nature of the neuropsychological disability in autistic children, *Journal of Autism and Childhood Schizophrenia*, 1975, 5, S. 109–127.

De Myer, M., Bartak, S., De Myer, W. E. Nortan, J. A., Allen I., & Sterle, R.: Prognosis in autism: A follow-up study, *Journal of Autism and Childhood Schizophrenia*, 1973, 3, S. 199–246.

Diamond, S., Baldwin, R., & Diamond, R.: *Inhibition and Choice*, New York, Harper and Row, 1963.

Eisenberg, L., & Kanner, L.: Early infantile autism, *American Journal of Orthopsychiatry*, 1956, 26, S. 556–566.

Ferster, C. B.: Positive reinforcement and behavioral deficits of autistic children, *Child Development*, 1961, 32, S. 437–456.

Goldfarb, W.: *Childhood Schizophrenia*, Cambridge, Mass., Harvard University Press, 1961.

Gubbay, S., Lobascher, M., & Kingerlee, P.: A neurological appraisal of autistic children: Results of a Western Australia survey, *Developmental Medicine and Child Neurology*, 1970, 12, S. 422–429.

Harlow, H. F., & Harlow, M. K.: Learning to love, *American Scientist*, 1966, 54, S. 244–272.

Hermelin, B.: Recent psychological research, in J. K. Wing (Hrsg.): *Early Childhood Autism: Clinical, Educational, and Social Aspects*, Elmsford, N. Y.: Pergamon Press.

Hermelin, B., & O'Connor, N.: Measures of occipital alpha rhythm in normal, subnormal and autistic children, *British Journal of Psychiatry*, 1968, 114, S. 603–610.

Hewett, F. M.: Teaching speech to an autistic child through operant conditioning, *American Journal of Orthopsychiatry*, 1965, 33, S. 927–936.

Hutt, C., Hutt, S. J., Lee, D., & Ounsted, C.: Arousal and childhood autism, *Nature*, 1964, 204, S. 908–909.

Hutt, C., & Ounsted, C.: The biological significance of gaze aversion with particular reference to the syndrome of infantile autism, *Behavioral Science*, 1966, 11, S. 346–356.

Kanner, L.: Autistic disturbances of affective contact, *Nervous Child*, 1943, 2, S. 217–250.

Kanner, L.: Problems of nosology and psychodynamics of early infantile autism, *American Journal of Orthopsychiatry*, 1949, 19, S. 416–426.
Kanner, L.: To what extent is early infantile autism determined by constitutional inadequacies? *Association for Research in Nervous and Mental Disease*, 1954, 33, S. 378–385.
Kanner, L.: Follow-up of eleven autistic children originally reported in 1943. In L. Kanner (Hrsg.), *Childhood Psychosis: Initial Studies and New Insights.* Washington, D. C.: Winston-Willey, 1973.
Kanner, L., & Eisenberg, L.: Notes on the follow-up studies of autistic children. In P. Hoch & J. Zubin (Hrsg.), *Psychopathology of Childhood.* New York: Grune and Stratton, 1955.
Kanner, L., & Lesser, L.: Early infantile autism. *Pediatric Clinic of North America,* 1958, 5, S. 711–730.
Koegel, R. L. & Wilhelm, H.: Selective responding to the components of multiple visual cues by autistic children, *Journal of Experimental Child Psychology,* 1973, 15, S. 442–453.
Kozloff, Martin A.: *Social and behavioral change in families of autistic children,* Thesis-Washington University 1969.
Kugelmass, Isaac Newton: *Biochemical diseases (chemical pediatrics),* Springfield, Ill., Thomas 1964.
–: *Biochemistry of blood in health and disease,* Springfield, Ill., Thomas 1959.

Levine, M., & Obsan, R. P.: Intelligence of parents of autistic children, *Journal of Abnormal Psychology,* 1968, 73, S. 215–217.
Lotter, V.: Epidemiology of autistic conditions in young children: I. Prevalence, *Social Psychiatry,* 1966, 1, S. 124–137.
Lotter, V.: Factors related to outcome in autistic children, *Journal of Autism and Childhood Schizophrenia,* 1974, 4, S. 263–277.
Lovaas, O. I., Freitag, G., Gold, V. J., & Kassorla, I. C.: Experimental studies in Childhood schizophrenia: Analysis of self-destructive behavior, *Journal of Experimental Child Psychology,* 1965, 2, S. 67–84.
Lovaas, O. J., Schreibmann, L., Koegel, R., & Rehm, R.: Selective responding by autistic children to multiple sensory input, *Journal of Abnormal Psychology,* 1971, 77, S. 211–222.

Mahler, M. S.: On child psychosis and schizophrenia: Autistic and symbiotic infantile psychoses. In *Psychoanalytic Study of the Child,* vol. 7, New York: International Universities Press, 1952
Masters, J. C., & Miller, D. E.: Early infantile autism: A methodological critique. *Journal of Abnormal Psychology,* 1970, 75, S. 342–343.
Moore, C., & Shiek, D.: Toward a theory of early infantile autism, *Psychological Review,* 1971, 78, S. 451–456.

O'Gorman, G.: *Autismus in früher Kindheit,* Ernst-Reinhardt-Verlag 1976.

Ricks, D. M.: *The Beginning of Vocal Communication in Infants and Autistic Children.* Unpublished dissertation, University of London, 1972.

Rimland, B.: *Infantile Autism,* New York: Appleton-Century-Crofts, 1964.

Rutter, M.: The influence of organic and emotional factors on the origins, nature and outcome of childhood psychosis, *Developmental Medicine and Child Neurology,* 1965, 7, S. 518–528.

Rutter, M.: Prognosis: Psychotic children in adolescence and early adult life. In J. K. Wing (Hrsg.), *Childhood Autism: Clinical, Educational, and Social Aspects,* Elmsford, N.Y.: Pergamon Press, 1966.

Rutter, M.: Psychotic disorders in early childhood. In A. J. Cooper (Hrsg.), *Recent Developments in Schizophrenia*, British Journal of Psychiatry, Special Publication 1, 1967.

Rutter, M.: Concepts of autism: A review of research, *Journal of Child Psychology and Psychiatry,* 1968, 9, S. 1–25.

Rutter, M.: The development of infantile autism, *Psychological Medicine,* 1974, 4, S. 147–163.

Rutter, M., & Lockyer, L.: A five to fifteen year follow-up of infantile psychosis: I. Description of sample, *British Journal of Psychiatry,* 1967, 113, S. 1169–1182.

Shaffer, H. R., & Emerson, P. E.: Patterns of response to physical contact in early human development, *Journal of Child Psychology and Psychiatry,* 1964, 5, S. 1–13.

Singer, M., & Wynne, L. C.: Differentiating characteristics of the parents of childhood schizophrenics, childhood neurotics, and young adult schizophrenics, *American Journal of Psychiatry,* 1963, 120, S. 234–243.

Stange, M.: *Autismus-Therapie als Lernprozeß.* (Abschlußarbeit zur Erlangung des Diploms der Erziehungswissenschaften, Univ. Tübingen 1977).

Thieme, G: *Leben mit unserem autistischen Kind,* Gerda Crummeneri-Verlag, 1971.

Tramontana, J., & Stimbert, V.: Some techniques of behavior modification with an autistic child, *Psychological Reports,* 1970, 27, S. 498.

Treffert, D. A.: The epidemiology of infantile autism, *Archives of General Psychiatry,* 1970, 22, S. 431–438.

Treffert, D. A., McAndrew, J. B., & Dreifuerst, P.: An impatient treatment program and outcome for 57 autistic and schizophrenic children, *Journal of Autism and Childhood Schizophrenia,* 1973, 3. S. 138–153.

Weber, D.: *Der frühkindliche Autismus unter dem Aspekt der Entwicklung,* Verlag Hans Huber.

Wing, L.: The handicaps of autistic children: A comparative study, *Journal of Child Psychology and Psychiatry,* 1969, 10, S. 1–40.

Wing, L.: The syndrome of early childhood autism, *British Journal of Hospital Medicine,* September 1970, S. 381–392.

Wing, L.: *Das autistische Kind,* Otto-Maier-Verlag 1976.

Wolf, M. Risley, T., & Mees, H.: Application of operant conditioning procedures to the behavior problems of an autistic child, *Behaviour Research and Therapy*, 1964, 1, S. 305–312.

Yuwiler, A., Ritvo, E., Geller, E., Glousman, R., Scheiderman, G., & Matsuno, D.: Uptake and efflux of serotonin from platelets of autistic and nonautistic children, *Journal of Autism and Childhood Schizophrenia,* 1975, 5, S. 83–98.

Zaslow, R. W., & Breger, L.: A theory and treatment of autism. In L. Breger (Hrsg.), *Clinical Cognitive Psychology*, Englewood Cliffs, N. J.: Prentice-Hall, 1969.

An wen Sie sich in Deutschland wenden können:

Hilfe für das autistische Kind · Bundesverband
Vorsitzende: Helen Blohm
Geschäftsstelle: Bebelallee 141 · 2000 Hamburg 60
Tel.: 040/5 11 56 04

Der Bundesverband gliedert sich in folgende Regionalverbände:
Hilfe für das autistische Kind, Landesverband Berlin e.V.
Vorsitzender: Dr. Lorenz Wilkens
Geschäftsstelle: Integrationskindergarten,
Teglerstr. 43 · 1000 Berlin 65 · Tel.: 030/4 65 60 10

Hilfe für das autistische Kind e.V., Regionalverband Schleswig-Holstein
Vorsitzender: Eva Bergemann-Gorski
Bahnhofstraße 20 · 2300 Kiel · Tel. 0431/7 47 45

Verein zur Förderung autistischer Kinder e.V.
Vorsitzender: Dr. Karl Tjaden
Geschäftsstelle: Bebelallee 141 · 2000 Hamburg 60 · Tel.: 040/5 11 68 25

Hilfe für das autistische Kind, Bremen e.V.
Vorsitzender: Hermann Cordes
Bütower Str. 19 · 2820 Bremen 77 · Tel.: 0421/63 16 87

Verein zur Förderung autistischer Kinder e.V.
Vorsitzende: Brigitte Birschel
Stresemannallee 43 · 3000 Hannover · Tel.: 0511/88 26 91
Geschäftsstelle: Bremeroderstr. 8 · Tel.: 0511/52 07 01

Hilfe für das autistische Kind, Regionalverband
Kassel-Göttingen e.V. – Vorsitzender: Walter Wagner
Am Mühlenberg 32 · 3436 Hessisch-Lichtenau · Tel.: 05602/29 64

Hilfe für das autistische Kind, Regionalverband Düsseldorf-Bergischer Kreis e.V.
Vorstand: Marlen Garcia, Cranachstr. 38 · 4000 Düsseldorf 1
Tel.: 0211/66 32 95
Alfons Hertel, Theodor-Storm-Str. 10 · 4000 Düsseldorf 1
Tel.: 0211/43 34 46
Prof. Dr. Gerhard Müller, Im Stift 14 · 5820 Gevelsberg
Tel.: 02332/8 08 75

Hilfe für das autistische Kind,
Regionalverband Westliches Ruhrgebiet e.V.
Vorstand: Erich Olbrisch, Horster Str. 597 · 4250 Bottrop
Tel.: 0204/4 23 35
Johannes Richtsteig, Graffweg 64 · 4300 Essen 14
Tel.: 0201/51 33 84
Waltraut Rupprecht, Wilhelmstr. 65 · 4200 Oberhausen 11
Tel.: 0208/66 62 77
Fritz Rydzewski, Am Haus Stein 47 · 4300 Essen 1
Tel.: 0201/71 11 29
Evelyne Wepil, Kirchhellener Str. 90 · 4250 Bottrop
Tel.: 02142/2 82 66

Hilfe für das autistische Kind e.V. Regionalverband Münster und Münsterland – Vorsitzender: Ulrich Siepe
Vorländerweg 30 · 4400 Münster · Tel.: 0251/79 33 51

Hilfe für das autistische Kind, Regionalverband Emsland e.V.
Vorsitzender: Franz Denker
Akeleiweg 20 · 4470 Meppen · Tel.: 05931/1 36 60

Hilfe für das autistische Kind e.V. Regionalverein Dortmund und Umgebung – Vorsitzende: Marlies Gulitz
Robert-Koch-Str. 6 · 4712 Werne · Tel.: 02389/63 32

Hilfe für das autistische Kind, Regionalverband Ostwestfalen-Lippe e.V. – Vorsitzende: Lieselotte Knoerich
Flensburger Str. 3 · 4930 Dortmund · Tel.: 05231/5 81 69

Hilfe für das autistische Kind, Regionalverband Rhein/Main e.V.
Vorsitzender: Ernst Gebhard
Raimundstr. 138 · 6000 Frankfurt/Main 1 · Tel.: 0611/56 68 41

Verein zur Förderung von autistisch Behinderten e.V.
Regionalverband Stuttgart – Vorsitzende: Dr. Vera Antons
Sonnenbühl 18c, Tel.: 0711/76 64 01

Hilfe für das autistische Kind, Regionalverband München e.V.
Vorsitzender: Dr. Michael Schindera
Basler Str. 57 · 8000 München 71 · Tel.: 089/75 87 32

»Arbeitskreis Autismus« (Kein Regionalverband)
Lebenshilfe für geistig Behinderte Bonn e.V.
Maria Theisen
Margarethenplatz 10 · 5300 Bonn 1 · Tel.: 0228/67 00 88

Therapeutische Einrichtungen und schulische Maßnahmen für autistische Kinder, die von Regionalverbänden des Bundesverbandes »Hilfe für das autistische Kind e.V.« getragen werden. Stand: Oktober 1980

Berlin:
2 Kindergärten zur Intensivförderung autistischer Kinder im Vorschulalter.
Hilfe für das autistische Kind, Landesverband Berlin e.V.
Tegeler Str. 43, 1000 Berlin 65, Telefon: 030/4 65 60 10
Sponholzstr. 26, 1000 Berlin 41, Telefon: 030/8 52 40 26
1 integrative Hortgruppe für autistische und nicht behinderte Kinder.
Hilfe für das autistische Kind, Landesverband Berlin
Crellestr. 19–20, 1 Berlin 62, Tel. 030/7 81 54 06
1 integrative Vorschulgruppe für autistische Kinder und Kinder mit einer leichten Sprachentwicklungsverzögerung.
Hilfe für das autistische Kind, Landesverband Berlin
Seelbuschring 19, 1000 Berlin 42, Tel. 030/7 02 24 37

Hamburg:
Institut für Therapie autistischer Verhaltensstörungen (Ambulanz)
Bebelallee 141, 2000 Hamburg 60, Telefon: 040/5 11 68 25

Bremen:
»Bremer Projekt«, Sonderklasse für autistische Kinder (Modellversuch – Lehrerfortbildung), Hilfe für das autistische Kind, Bremen e.V.
Am Hulsberg 136, 2800 Bremen, Telefon: 0421/49 09 22
Ambulanz des Bremer Projekts
Feuerkuhle 61, 2800 Bremen, Telefon: 0421/44 15 88

Hannover:
Therapiezentrum für autistische Kinder (Tagesstätte, 5-Tage-Internat und Ambulanz), Dietrich-Bonhoeffer-Haus
Bremeroderstr. 8, 3000 Hamburg 71, Telefon: 0511/52 07 01

Bielefeld:
Therapeutische Behandlung autistisch Behinderter
Hilfe für das autistische Kind, Ambulanz Bielefeld
Teutoburgerstr. 106, 4800 Bielefeld, Telefon: 0521/6 88 00

Düsseldorf:
Musiktherapie für autistische Kinder
Hilfe für das autistische Kind, Regionalverband
Düsseldorf-Bergischer Kreis e.V.
Cranachstr. 38, 4000 Düsseldorf 1, Telefon: 0211/66 32 95

Dortmund:
Therapie für autistische Kinder
Auskunft: Hilfe für das autistische Kind
Regionalverband Dortmund und Umgebung
Robert-Koch-Str. 6, 4712 Werne, Telefon: 02389/63 32

Bottrop:
Ambulanz und Beratungsstelle für autistische Kinder, Jugendliche und deren Eltern
Aegidistr. 71, 4250 Bottrop, Telefon: 02041/3 23 53

Essen:
Ambulanz für autistische Kinder, Jugendliche und deren Eltern
Zweigstr. 37, 4300 Essen-Borbeck, Telefon: 0201/66 77 19

Meppen:
Therapiezentrum für autistische Kinder und Jugendliche (Ambulanz)
Exter Düne 14, 4470 Meppen, Telefon: 05931/1 74 50

Frankfurt:
Institut zur Therapie autistischer Verhaltensstörungen (Ambulanz)
Weserstr. 11 (Alpha-Haus), 6070 Langen/Ffm, Telefon: 06103/2 44 66
Therapiestunden auch in Frankfurt-Innenstadt, Bleichstr. 48
Auskünfte unter obiger Adresse

Veröffentlichungen zum frühkindlichen Autismus, die beim Bundesverband »Hilfe für das autistische Kind e.V.« zu beziehen sind:

Referate der 4. Bundestagung 1979, »Therapie und schulische Förderungen autistischer Kinder in England, USA und Deutschland«.

Bibliographie über den frühkindlichen Autismus, Kehrer 1979

Kompensatorische Erziehung bei autistischen Kindern
Cordes/Wilker 1979

Sprachtherapie bei autistischen Kindern 1977, Cordes/Wilker 1977

Schulische Förderung autistischer Kinder, Cordes/Wilker 1977

Früherkennung und Frühförderung 1977
(Auch in »Autismus 3« enthalten)

Tagungsberichte 1972, Referate der 1. Bundestagung in Lüdenscheid und einer Elterntagung in Münster

Bibliographie zum frühkindlichen Autismus 1973, E. J. Kiphard

Therapie des frühkindlichen Autismus 1976
(Überarbeitete Referate der Bundestagung 1973)

Merkmallisten
Merkmale zur Erkennung autistischer Kinder
Früherkennungszeichen 1. Lebensjahr
Förderung und Therapie autistischer Kinder
Entstehung und Ursache. Die organischen Theorien

3. Mitteilungsblatt, Bundesverband »autismus«-Schrift